华南国际知识产权研究文丛

9+2城市群
知识产权研究报告
（2021）

卢纯昕　曾凤辰　刘洪华　等／编著

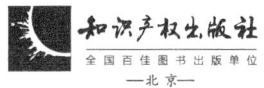
全国百佳图书出版单位
—北京—

图书在版编目（CIP）数据

9+2城市群知识产权研究报告. 2021/卢纯昕等编著. —北京：知识产权出版社，2022.12

ISBN 978-7-5130-8496-3

Ⅰ.①9… Ⅱ.①卢… Ⅲ.①城市群—知识产权—研究报告—中国—2021 Ⅳ.①D923.404

中国版本图书馆 CIP 数据核字（2022）第 230394 号

内容提要

本书着眼于 9+2 城市群成为国际科技创新中心的发展目标，在对比该区域 11 座城市知识产权制度、政策及发展状况的基础上，从宏观层面上对 9+2 城市群知识产权建设中面临的问题进行研究并给出解决思路，探讨并回答了如何能促进区域城市群内知识产权的协同合作，保障区域城市群内知识产权工作的实效，从而实现区域城市群的创新发展建设。

责任编辑：王玉茂　　　　　　　　　　责任校对：谷　洋

封面设计：杨杨工作室·张冀　　　　　责任印制：孙婷婷

9+2 城市群知识产权研究报告（2021）

卢纯昕　曾凤辰　刘洪华　等　编著

出版发行：	知识产权出版社有限责任公司	网　址：	http://www.ipph.cn
社　　址：	北京市海淀区气象路 50 号院	邮　编：	100081
责编电话：	010-82000860 转 8541	责编邮箱：	wangyumao@cnipr.com
发行电话：	010-82000860 转 8101/8102	发行传真：	010-82000893/82005070/82000270
印　　刷：	北京九州迅驰传媒文化有限公司	经　销：	新华书店、各大网上书店及相关专业书店
开　　本：	720mm×1000mm　1/16	印　张：	20.5
版　　次：	2022 年 12 月第 1 版	印　次：	2022 年 12 月第 1 次印刷
字　　数：	330 千字	定　价：	110.00 元

ISBN 978-7-5130-8496-3

出版权专有　侵权必究

如有印装质量问题，本社负责调换。

华南国际知识产权研究文丛
总　序

  党的十九大报告明确指出："创新是引领发展的第一动力，是建设现代化经济体系的战略支撑。"知识产权制度通过合理确定人们对于知识及其他信息的权利，调整人们在创造、运用知识和信息过程中产生的利益关系，激励创新，推动经济发展和社会进步。随着知识经济和经济全球化深入发展，知识产权日益成为推动世界各国发展的战略性资源，成为增强各国国际竞争力的核心要素，成为建设创新型国家的重要支撑和掌握发展主动权的关键。

  广东外语外贸大学作为一所具有鲜明国际化特色的广东省属重点大学，是华南地区国际化人才培养和外国语言文化、对外经济贸易、国际战略研究的重要基地。为了更好地服务于创新驱动发展战略和"一带一路"倡议的实施及科技创新强省的建设，广东外语外贸大学和广东省知识产权局于2017年3月共同组建了省级科研机构——华南国际知识产权研究院。研究院本着"国际视野、服务实践"的理念，整合运用广东外语外贸大学在法学、经贸、外语等领域中的人才和资源，以全方位视角致力于涉外知识产权领域重大理论和实践问题的综合研究，力争建设成为一个国际化、专业化和高水平的知识产权研究基地和国际知识产权智库。

  为了增强研究能力，更好地服务于营造法治化、国际化营商环境，我们决定组织编写"华南国际知识产权研究文丛"。该文丛以9+2城市群这一特定区域内的知识产权情况为研究对象，对区域内具有涉外因素的知识产权创造、保护和运营等情况进行深入研究，为提升9+2城市群乃至全国知识产权创造、保护和运用水平，促进社会经济文化的创新发展，提供智力支持。

该文丛是内容相对集中的开放式书库,包括但不限于以下三个系列。

《广东涉外知识产权年度报告》系列丛书。其以广东省涉外知识产权的司法和行政保护以及广东省企业在国外进行知识产权创造和运用等情况作为研究对象,立足广东,涵盖国内和国际两个市场,从整体上研究我国知识产权的创造、保护和运用情况,为进一步完善我国的知识产权法律制度,提高行政机构的知识产权管理和服务能力,提升知识产权的司法和行政保护水平,增强企业在国内和国外两个市场进行知识产权创造、应用和防范、应对知识产权风险的能力,进而为推动我国"一带一路"倡议、"走出去"等国家政策的实施,提供智力支持。

《9+2城市群知识产权研究报告》系列丛书。其以香港、澳门、广州、深圳等11个城市的知识产权情况为研究对象,全面深入研究各地的知识产权制度以及知识产权创造、保护和运用等情况,力求推动城市群内部的知识产权交流与合作,增强和提升城市群知识产权创造、保护和运用的能力和水平。

《广东涉外知识产权诉讼典型案例解析》系列丛书。其以研究院每年评选出的"广东十大涉外知识产权诉讼典型案例"为研究对象,深入解读典型案例所确立的裁判规则,分析涉外知识产权司法保护中的经验和不足,以推动我国知识产权司法保护工作的发展,增强我国企业、个人防范和应对知识产权诉讼的能力。

我们期望并且相信,经过各方的共同努力,该文丛必将成为知识产权研究的特色、精品佳作,为知识产权创造、运用、保护、管理提供高质量的智力指导。

是为序。

石佑启

2019年7月10日

前 言

推进粤港澳大湾区建设,是以习近平同志为核心的党中央作出的重大决策,是习近平总书记亲自谋划、亲自部署、亲自推动的国家战略,是新时代推动形成全面开放新格局的新举措,也是推动"一国两制"事业发展的新实践。习近平总书记在主持中共中央政治局第二十五次集体学习时,强调"知识产权保护工作关系国家治理体系和治理能力现代化,关系高质量发展,关系人民生活幸福,关系国家对外开放大局,关系国家安全",深刻阐释了知识产权保护工作的时代内涵,为谋划新发展阶段知识产权事业发展提供了根本遵循和行动指南。2021年9月,党中央、国务院印发《知识产权强国建设纲要(2021—2035年)》,对我国未来15年的知识产权事业发展进行了全面谋划和系统部署。2021年10月,国务院印发《"十四五"国家知识产权保护和运用规划》,明确"十四五"期间知识产权事业发展的指导思想、基本原则、主要目标、重点任务和实施保障措施,对未来五年的知识产权工作进行了全面部署。在建设纲要和规划的指引下,本报告全面梳理了2021年9+2城市群知识产权的发展状况,并对发展过程中出现的问题提出了对策与展望。在2021年度,9+2城市群知识产权工作取得了长足的进步,主要的亮点如下。

一是9+2城市群知识产权政策制度不断完善。广东省印发了《广东省知识产权保护和运用"十四五"规划》《广东省工艺美术保护和发展条例》《广东省中医药条例》等地方政策和规章;广东省市场监督管理局印发《广东省战略性产业集群中小企业知识产权保护与运用三年行动计划(2021—2023年)》《直播电商知识产权保护工作指引》《广东省专业市场知识产权保护工作指引》等文件。香港特别行政区重启了《版权条例》的修订工作,并修改了《商标注册处工作手册》《专利审查指引》等,以完善现有的授权审查机制。澳门特别行政区经济局于2021年2月1日重组并更名为经济及科技发展局，增加推动科技创新发展的职能。为贯彻落实国家创新驱动发展战略，广州市出台了《广州市关于强化知识产权保护的若干措施》。深圳市、东莞市、佛山市分别发布了《深圳市知识产权保护和运用"十四五"规划》《东莞市市场监管现代化"十四五"规划》《佛山市国民经济和社会发展第十四个五年规划和2035年远景目标纲要》。中山市修订《中山市企业知识产权质押融资贷款风险补偿办法》《中山市知识产权专项资金管理办法》。

二是9+2城市群知识产权协作不断增强。2021年，广东持续深化区域城市群知识产权交流合作，累计开展合作项目356项，包括组织召开"粤港澳大湾区知识产权工作座谈会"，联合举办"2021年粤港澳大湾区高价值专利培育布局大赛"（以下简称"湾高赛"）和"粤港澳大湾区知识产权人才发展大会"，区域城市群海关开展联合执法专项行动等。2021年，广东省市场监督管理局（省知识产权局）与香港特别行政区知识产权署在内地九市知识产权业务受理窗口面向公众开展香港特别行政区知识产权业务一般咨询服务。广州市开发区出台了《关于港澳建筑工程领域专业企业和专业人士从业服务管理试行办法》及"粤港澳知识产权互认10条"，成立全省首家粤港澳大湾区知识产权联盟。2021年12月，广州市税务局"走出去引进来税收服务中心"黄埔（开发）分中心正式揭牌，探索推动粤港澳大湾区知识产权税务管理与服务。

三是9+2城市群知识产权保护不断强化。广东省检察院设立知识产权检察办公室，整合知识产权刑事、民事、行政、公益诉讼检察职能，由一个部门集中统一履行职责，统一办理知识产权诉讼案件。与此同时，广东省不断强化司法与行政的协同保护。2021年6月，广东省检察院与广东省高级人民法院、广东省公安厅、广东省市场监督管理局等11家单位共同签署了《关于强化广东知识产权协同保护的备忘录》。广州知识产权法院联合广东省市场监督管理局、广东知识产权保护中心共同筹建广东知识产权纠纷调解中心。香港特别行政区立法会将进一步讨论、表决《内地民商事判决（相互强制执行）条例草案》，以加强两地的司法合作。广州市成立了国家海外知识产权纠纷应对指导中心广东分中心，深化司法行政机关等部门的沟通协调，利用大数据的评估和预警作用，建立了资源共享、多部门联动的一体化诉前纠纷解决机制。广州市发布《关于调整广州市知识产权刑事案件管辖的规定》，广州市公安机关连续开展"飓风""昆仑""蓝剑"等专项行动,对侵犯知识产权犯罪持续保持严打高压态势。深圳市市场监督管理局印发《商事主体名称登记驰名商标和知名字号保护办法》。东莞市制定了《东莞市中级人民法院关于加强知识产权司法保护优化营商环境助力粤港澳大湾区建设的意见》。

四是9+2城市群知识产权有效运用也不断加强。广东省有效运用知识产权主要体现在高价值知识产权运用机制不断完善、知识产权质押融资取得显著成效、知识产权资源转化不断强化、不断推动地理标志产品品牌化发展等方面。广东省市场监督管理局(省知识产权局)计划建设20个战略性产业集群知识产权协同运营中心、20个地市重点园区知识产权综合运营服务中心的"二十纵、二十横"知识产权协同运营体系,构建知识产权协同运营体系,集成打造重点产业、重点园区知识产权创造、保护和运用生态系统。深圳市开展了战略性产业集群中小微企业转化对接等5项工程,佛山市也成功举办了第三届湾高赛。

总之,2021年作为"十四五"规划的开局之年,既是需要应对新技术、新业态、新形势对知识产权制度提出重大挑战的一年,也是中国知识产权事业全面推进的一年。广东省坚持以习近平新时代中国特色社会主义思想为指导,深入学习贯彻习近平总书记关于知识产权工作的重要指示精神,认真落实党中央、国务院关于知识产权工作的决策部署,推进知识产权强国先行示范省建设,推动打造新发展格局战略支点。

目 录

第1章 广东省知识产权报告 / 1
 一、广东省知识产权制度和政策 / 1
 二、广东省知识产权发展状况 / 7
 三、建议和展望 / 23

第2章 香港特区知识产权报告 / 26
 一、香港特区知识产权制度和政策 / 26
 二、香港特区知识产权发展状况 / 34
 三、建议和展望 / 38

第3章 澳门特区知识产权报告 / 41
 一、澳门特区知识产权制度和政策 / 41
 二、澳门特区知识产权发展状况 / 48
 三、建议和展望 / 56

第4章 广州市知识产权报告 / 60
 一、广州市知识产权制度和政策 / 60
 二、广州市知识产权发展状况 / 73
 三、建议和展望 / 86

第 5 章　深圳市知识产权报告 / 98
　　一、深圳市知识产权制度和政策 / 99
　　二、深圳市知识产权发展状况 / 107
　　三、建议和展望 / 118

第 6 章　东莞市知识产权报告 / 122
　　一、东莞市知识产权制度和政策 / 123
　　二、东莞市知识产权发展状况 / 130
　　三、建议和展望 / 149

第 7 章　佛山市知识产权报告 / 154
　　一、佛山市知识产权制度和政策 / 155
　　二、佛山市知识产权发展状况 / 161
　　三、建议和展望 / 166

第 8 章　珠海市知识产权报告 / 169
　　一、珠海市知识产权制度和政策 / 169
　　二、珠海市知识产权发展状况 / 181
　　三、建议和展望 / 194

第 9 章　中山市知识产权报告 / 200
　　一、中山市知识产权制度和政策 / 200
　　二、中山市知识产权发展状况 / 208
　　三、建议和展望 / 222

第 10 章　惠州市知识产权报告 / 224
　　一、惠州市知识产权制度和政策 / 224
　　二、惠州市知识产权发展状况 / 230

三、建议和展望 / 239

第 11 章　肇庆市知识产权报告 / 242
一、肇庆市知识产权制度和政策 / 242
二、肇庆市知识产权发展状况 / 247
三、建议和展望 / 261

第 12 章　江门市知识产权报告 / 268
一、江门市知识产权制度和政策 / 269
二、江门市知识产权发展状况 / 278
三、建议和展望 / 299

第 13 章　中新广州知识城知识产权报告 / 303
一、中新广州知识城知识产权制度和政策 / 304
二、中新广州知识城知识产权发展状况 / 305
三、建议和展望 / 312

后　记 / 315

第1章 广东省知识产权报告

2021年是"十四五"规划开局之年,也是中国知识产权事业全面推进的一年。当前,我国正从知识产权引进大国向知识产权创造大国转变,知识产权工作正在从追求数量向提高质量转变。2021年9月,党中央、国务院印发《知识产权强国建设纲要(2021—2035年)》,对我国未来15年的知识产权事业发展进行了全面谋划和系统部署。2021年10月,国务院印发《"十四五"国家知识产权保护和运用规划》,明确"十四五"期间知识产权事业发展的具体施工图。《"十四五"国家知识产权保护和运用规划》确立的知识产权主要指标最重要的特点是体现了知识产权质量和价值导向。

2021年,广东省知识产权系统积极开拓创新,推进知识产权高质量发展,不断加强知识产权保护和运用,推进知识产权强国先行示范省建设,取得显著成效。广东省连续两年在中央对地方知识产权保护检查考核中获评"优秀"等级,知识产权综合发展和保护发展指数连续9年位居全国第一。

本章主要总结分析广东省2021年知识产权发展状况,包括知识产权制度和政策,知识产权创造、保护、运用、管理和服务,知识产权区域和国际合作情况等,并提出相应的建议。

一、广东省知识产权制度和政策

2021年,广东省知识产权政策和法规体系不断健全:广东省政府印发《广东省知识产权保护和运用"十四五"规划》《广东省工艺美术保护和发展条例》《广东省中医药条例》等地方政策和规章,进一步健全地方知识产权保护法规体系;广东省市场监督管理局印发《广东省战略性产业集群中小企业知识产权保护与运用三年行动计划(2021—2023年)》《直播电商知识产权保护工作指引》《广东省专业市场知识产权保护工作指引》等。

（一）《广东省知识产权保护和运用"十四五"规划》

《广东省知识产权保护和运用"十四五"规划》（以下简称《规划》）于2021年12月25日以广东省政府名义印发。

《规划》通过设置翔实的指标数据、布置重点任务等方式展现出广东省知识产权发展的未来图景。《规划》设定了15年总目标和5年分目标；设置了14项广东省知识产权发展主要指标，形成了创造、运用、保护、服务四类指标"3+5+3+3"的整体格局；部署了五大任务，并围绕重点工程、重大项目设置了20个专栏，突出有效抓手，以20个"小切口"任务推动知识产权大变化。

《规划》设定的主要目标为：①15年总目标。展望2035年，广东省知识产权综合竞争力成为我国跻身世界前列的领跑者，知识产权制度系统更加完备，知识产权储备和市场价值大幅增长，知识产权支撑战略性产业集群高质量发展更加显著，全社会知识产权文化自觉基本形成，率先建成知识产权强国先行示范省，建成国际一流的知识产权保护和运用核心区。②5年分目标。知识产权保护水平显著提升，知识产权创造质量全面提高，知识产权运用效益持续增强，知识产权服务更加优化，知识产权人文环境更有活力，知识产权区域和国际合作更加深入，知识产权创造、保护和运用生态系统基本形成。建设知识产权强国先行示范省取得明显成效，为打造国际一流知识产权保护和运用核心区奠定坚实的基础。

《规划》提出14项主要指标，形成了创造、运用、保护、服务四类指标"3+5+3+3"的整体格局。其中对标《"十四五"国家知识产权保护和运用规划》指标8项，自定指标6项。具体是：①每万人口高价值发明专利拥有量20件，这也是我国"十四五"时期国民经济社会发展的主要指标之一，与"十三五"时期"每万人口发明专利拥有量"指标相比，该指标重点突出"高价值"，有利于引导专利从追求数量向提高质量转变。②海外发明专利授权量新增8万件。为对标国家规划指标，反映我国海外专利布局情况，替换"十三五"时期"PCT专利申请量"指标，该指标涵盖《专利合作条约》

(PCT)和《保护工业产权巴黎公约》（以下简称《巴黎公约》）两种申请途径，获得的专利更加全面，同时，从测度申请量转为测度授权量，更能体现创新质量。③商标品牌发展指数90分。该指标为广东省自定指标，有利于评价商标品牌对社会经济发展的贡献。采用中华商标协会构建的"中国商标品牌发展指数"指标体系。④知识产权质押融资登记金额新增2500亿元，项目数新增5000项。该指标为对标国家规划指标，反映了知识产权增信增贷能力，有利于引导社会资本投入科技创新，更好发挥知识产权支撑创新型企业融资发展作用。⑤知识产权使用费年进出口总额1100亿元。该指标为对应国家规划指标，不仅体现我国知识产权海外影响力，也体现高质量创新成果引进利用的情况，有利于促进营造更完善的国际知识产权贸易环境，优化知识产权进出口方式和结构。⑥专利密集型产业增加值占地区生产总值比重19%。该指标为对应国家规划指标，体现专利密集型产业对经济增长的贡献。⑦版权产业增加值占地区生产总值比重9.2%。该指标为对应国家规划指标，体现版权产业对经济增长的贡献。⑧地理标志产品交易额新增1510亿元。该指标为自定指标，体现地理标志对相关贸易的贡献。⑨知识产权维权援助和调解办案量为3000件。该指标为自定指标，体现广东省知识产权维权援助服务能力。⑩知识产权民事一审案件服判息诉率85%。该指标为对标国家规划指标，反映知识产权司法审判的专业性、审判质量与效率，有利于引导知识产权司法水平提升。⑪知识产权保护社会满意度83分。该指标为对应国家规划指标，反映社会各界对知识产权保护的主观满意程度，有利于引导加强知识产权保护、塑造更优营商环境。⑫知识产权信息公共服务网站访问量50万人次/年。该指标为自定指标，直观体现知识产权信息公共服务资源供给的覆盖广度，有效指示知识产权信息公共资源供给能力。⑬知识产权信息公共服务节点、网点数量40家。该指标为自定指标，直接体现知识产权信息公共服务网络覆盖面和资源可及度。⑭广东发明专利申请代理授权率为60%。该指标为自定指标，体现广东省专利代理服务业能力和水平。各项指标既适当超前，也留有余地，增速基本上与广东省的经济社会发展水平保持一致。

《规划》明确五大主要任务，围绕重点工程、重大项目设置20个专栏，突出有效抓手，以20个"小切口"任务推动知识产权大变化：一是全面加强知识产权保护，激发全社会创新活力。包括加强知识产权制度建设、加强知识产权司法保护、加强知识产权行政保护、加强知识产权协同保护和加强海外知识产权保护。重点是树立知识产权严保护政策导向，构建知识产权大保护工作格局，突破知识产权快保护关键环节，打造知识产权同保护优越环境，加强企业知识产权海外保护，夯实高标准市场体系制度基础，建设支撑国际一流营商环境的知识产权保护体系。其中，专栏任务有7个：打击知识产权犯罪、专业市场和中小企业知识产权保护、商业秘密保护、地理标志保护、知识产权维权援助"一张网"、加强国际展会知识产权保护、知识产权海外侵权责任保险推广。二是促进知识产权高质量创造，支撑创新驱动发展。包括突出知识产权高质量创造导向、加强高价值知识产权创造和储备、推动知识产权与标准深度融合。重点是以高质量发展为主题，完善以企业为主体、市场为导向的高质量创造机制。加强关键领域自主知识产权创造和储备，培育更多具有自主知识产权的创新型企业，提升产业核心竞争力。其中，专栏任务有4个：高价值专利培育、高价值商标品牌培育、版权创新发展、标准必要专利发展。三是强化知识产权高效益运用，赋能实体经济发展。包括完善知识产权转化运用机制、提升知识产权转化运用效益、推动知识产权融入产业创新发展。重点是坚持以市场为导向，更好发挥政府作用，推动有效市场和有为政府更好结合，提升知识产权转化运用效益，赋能实体经济高质量发展。其中，专栏任务有3个：战略性产业集群和园区知识产权协同运营体系建设、专利转化助力中小企业创新发展、知识产权金融创新。四是构建便民利民知识产权服务体系，促进创新成果更好惠及人民。包括优化知识产权公共服务体系、促进知识产权服务业高水平发展、加强知识产权人才队伍建设、加强知识产权人文社会环境建设。重点是强调市场导向，构建便民利民的知识产权公共服务体系，支持知识产权服务业高水平发展，加大知识产权人才培养与文化宣传力度，营造尊重知识价值的社会氛围。其中，专栏任务有3个：知识产权"一站式"集成服务、实施知识产权信息公共服务体系、建设粤港澳大湾区知识产权人才港。五是统筹知识产权区域布局和国际合作，助力打造新发展格局战略支点。包括强化粤港澳大湾区知识产权保护和运用合作、强化"两个合作区"和"双城联动"引领区域协调发展、统筹推进知识产权领域国际合作。重点是以粤港澳大湾区为主要平台，强化"两个合作区"和深圳、广州中心城市引领功能，推动区域知识产权优化布局，积极参与知识产权领域国际合作和竞争，统筹安全与发展。其中专栏任务有 3 个：粤港澳大湾区知识产权交易博览会，暨中国（国际）地理标志产品交易博览会、粤港澳大湾区知识产权创造、保护和运用生态示范区，粤港澳大湾区知识产权国际合作高地建设。

（二）《广东省工艺美术保护和发展条例》

《广东省工艺美术保护和发展条例》已由广东省第十三届人民代表大会常务委员会第三十二次会议于 2021 年 5 月 26 日通过，自 2021 年 7 月 1 日起施行。该条例旨在以法规规范工艺美术保护工作，促进工艺美术事业发展，共 7 章 45 条，设立了认定管理、保护规定、人才培养、产业发展专章。该条例在全国率先将"新兴工艺美术"纳入了立法保护和发展范围，给予其与"传统工艺美术"同等地位。广东省作为工艺美术大省，其中以深圳为代表"新兴工艺美术"占全省工艺美术总产值的 90%，成为行业主力军，该条例的颁布回应了广东省工艺美术事业发展的需求，体现出政府对工艺美术扶持的力度加大。

（三）《广东省中医药条例》

《广东省中医药条例》已由广东省第十三届人民代表大会常务委员会第三十三次会议于 2021 年 7 月 30 日通过，自 2021 年 10 月 1 日起施行。该条例是贯彻落实习近平总书记关于中医药重要论述的实际行动，将广东省在中医药领域改革成果予以法治化，为中医药的发展提供法律保障。该条例共 8 章，分别为总则、中医药服务、中药保护与产业发展、中医药人才培养与科技创新、中医药传承与文化传播、保障措施与监督管理、法律责任和附则。该条例共 59 条，强调"坚持中西医并重、促进中西医结合"原则，鼓励"西学中"，鼓励中西医融合发展，重点对完善中医药服务体系、加强中药保护和产业发展、加强中医药人才培养与科技创新、促进中医药传承和文化传播、完善保障措施与监督管理等方面作出了规定。

（四）《广东省战略性产业集群中小企业知识产权保护与运用三年行动计划（2021—2023年）》

2021年11月，广东省市场监督管理局印发《广东省战略性产业集群中小企业知识产权保护与运用三年行动计划（2021—2023年）》（以下简称《行动计划》）。《行动计划》是深入贯彻《知识产权强国建设纲要（2021—2035年）》《关于强化知识产权保护的意见》以及广东省委"1+1+9"工作部署的具体举措，是落实《广东省人民政府关于培育发展战略性支柱产业集群和战略性新兴产业集群的意见》的一项重要内容，也是以知识产权工作服务广东产业创新发展的一项亮点工作。《行动计划》包括以下九项内容：坚持中小企业知识产权战略引领；强化中小企业知识产权保护意识；加强中小企业知识产权合规管理体系建设；加大打击侵犯中小企业知识产权行为的力度；加强中小企业知识产权援助体系建设；实施中小企业知识产权"强筋壮骨"工程；促进中小企业知识产权高效运用；支持中小企业实施商标品牌战略和开展地理标志助力乡村振兴行动；优化中小企业知识产权公共服务。《行动计划》将在战略性产业集群中小企业的知识产权创造、保护、运用、布局等方面发挥积极作用，将培育一批拥有高质量知识产权的"专精特新"企业、科创上市企业和隐形冠军企业，进而助力地区经济社会高质量发展。

（五）《直播电商知识产权保护工作指引》

2021年10月，广东省知识产权局发布《直播电商知识产权保护工作指引》。该指引旨在更好引导直播电商进行知识产权保护全流程管理，推动该行业持续提升知识产权合规管理水平，保障直播电商平台经营者和知识产权权利人的合法权益，增强直播电商从业人员的知识产权保护意识，提升直播电商行业知识产权合规管理水平，维护直播电商行业的市场秩序，推动直播电商行业良性发展。该指引重点包括直播电商知识产权保护和直播电商知识产权维权工作两个方面的内容，坚持问题导向，对于主播/多频道网络（Multi-Channel Network，MCN）如何进行知识产权保护、品牌方与非品牌方两类直播电商商家如何加强知识产权管理等作出了指引，此外，对电商直播平台如何设立知识产权侵权投诉流程、权利人面对侵权如何处理等作出了引导。

(六)《广东省专业市场知识产权保护工作指引》

2021年10月,广东省知识产权局印发《广东省专业市场知识产权保护工作指引》。该指引分为工作目标、工作原则、工作内容三部分,主要对如何加强专业市场知识产权监管和服务、如何提升专业市场开办方知识产权保护能力、如何完善专业市场知识产权保护行业商协会服务支撑体系、如何开展鼓励消费者参与专业市场知识产权保护行动作出了具体引导。该指引将为本地专业化、特色化产业发展提供良好环境,助力地区经济社会高质量发展。

二、广东省知识产权发展状况

(一)广东省企业知识产权发展状况

企业作为创新主体,在科技创新和高质量发展方面具有支撑和引领作用,2021年,广东省政府工作报告提出要强化企业创新主体地位,鼓励领军企业组建创新联合体。企业创新已经成为广东区域创新能力的核心优势,《中国区域创新能力评价报2021》显示,广东区域创新能力的实力指标和潜力指标均居全国首位,效率指标居全国第三,与2020年相比,实力指标和效率指标保持不变,潜力指标从第五位上升到第一位,在该报告建立的5个一级评价指标(企业创新、创新环境、创新绩效、知识创造、知识获取)中,在"创新环境"指标上,广东省重回全国首位,"企业创新"指标也居全国第一位,广东省该指标已经是连续五年全国居首,"知识创造""知识获取"2个指标居全国第二位,下文将从广东省高新技术企业等着手,全面展示广东省企业知识产权发展状况。

1. 高新技术企业

高新技术企业是经过国家相关部门(主要是科学技术部)认定的企业,其认定工作始于20世纪90年代初。高新技术企业数量在一定程度上反映了一个区域的科技创新能力。截至2021年,广东省高新技术企业已达6万家,

数量持续保持全国第一。❶

2. 第22届中国专利奖评选情况

2021年5月10日,国家知识产权局发布了第22届中国专利奖评审结果公示,共评选出中国专利金奖30项(其中发明29项,实用新型1项),外观设计金奖10项,中国专利银奖60项(其中发明56项,实用新型4项),外观设计银奖15项,中国专利优秀奖826项(其中发明805项,实用新型21项),以及外观设计优秀奖56项。在40项中国专利金奖中,广东省独揽8项;同时,广东省共计获得专利银奖22项,专利优秀奖296项,金奖数和奖牌总数均居全国首位。❷

(二)广东省知识产权取得情况

1. 专利

(1)授权量、发明专利授权量(见图1-1和图1-2)

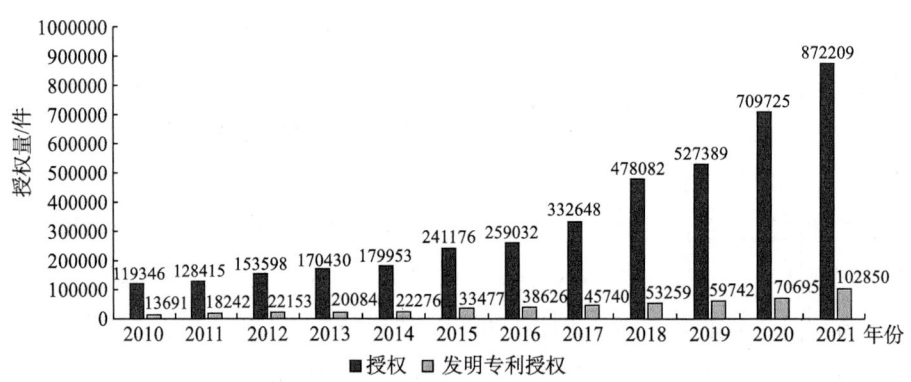

图1-1　2010—2021年广东省专利授权量、发明专利授权量对比❸

---

❶ 广东各地高新企业数量排名,深圳高企超2万家[EB/OL].(2022-04-17)[2022-05-05]. https://zhuanlan.zhihu.com/p/500117812.

❷ 国家知识产权局关于第二十二届中国专利奖授奖的决定[EB/OL].(2021-06-25)[2022-03-20]. https://www.cnipa.gov.cn/art/2021/6/25/art_75_160303.html

❸ 广东省市场监督管理局政府信息公开平台[EB/OL].[2022-03-20]. http://amr.gd.gov.cn/gkmlpt/index.

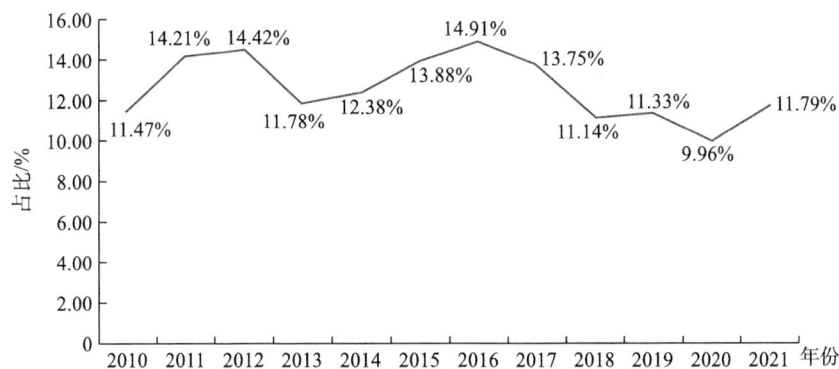

图1-2 2010—2021年广东省发明专利授权量占专利授权总量的比例变化

据图1-1和图1-2可知，广东省专利授权量逐年增加表明广东的创新活力一直在不断提升。发明专利作为技术含量最高的专利类型，更能体现专利水平和自主创新能力，发明专利授权量在2013年小幅度下降之后，一直保持增长态势，其在专利授权量中的占比近两年有所提升，表明广东省的专利价值有所提高。

此外，2021年，广东全省专利授权量872209件，同比增长22.89%。专利授权量和发明专利授权量均保持全国首位。截至2021年底，全省累计专利授权量462.71万件，占全国总量的18.06%；全省专利有效量2895945件，占全国总量的20.09%，同比增长26.12%；全省发明专利有效量439607件，占全国总量的15.85%，同比增长25.42%，其中，全省高价值发明专利量210896件，占全国总量的19.90%，同比增长22.32%，发明专利有效量和高价值发明专利量均居全国首位。❶

（2）PCT专利申请量

PCT是企业进行海外专利布局的必经之路，中国的产品和技术想要进入其他国家，首先要获得各国的知识产权（专利权、商标权等）保护。我国申请人通过PCT途径提交的专利申请量是反映企业创新能力的风向标（见图1-3）。

---

❶ 《2021年广东省知识产权保护状况》白皮书［EB/OL］.（2022-04-26）［2022-05-20］. http：//amr.gd.gov.cn/zwdt/xwfbt/content/post_3919845.html.

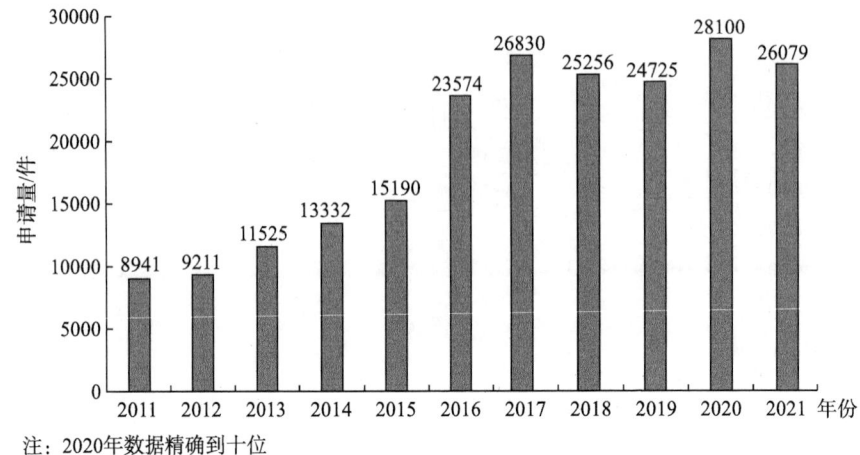

图1-3　2011—2021年广东省PCT专利申请量年度变化❶

据图1-3可知,近五年来,广东省PCT专利申请量总体来说保持平稳发展,其中广东省2021年的PCT专利申请量相对于2020年有所下降。

2021年,广东全省PCT专利申请量26079件,居全国首位。截至2021年底,全省累计PCT专利申请量23.33万件,占全国总量的48.36%,连续20年保持全国第一。

2021年,广东省9家企业、3所高校PCT申请量分别入围全球企业、高校前50名,华为蝉联全球企业第一。知识产权运用成果更加丰硕。❷

(3) 每万人口发明专利拥有量、每万人口高价值发明专利拥有量

"每万人口发明专利拥有量"指每万人拥有经国内外知识产权行政部门授权且在有效期内的发明专利数量,是衡量一个国家或地区科研产出质量和市场应用水平的综合指标,近年来已经成为我国实施创新驱动发展战略和国家知识产权战略中体现创新能力的重要指标(见图1-4)。

---

❶ 一册在手,读懂2019广东省知识产权统计数据[EB/OL]. (2020-05-09) [2022-03-20]. http://amr.gd.gov.cn/zwgk/sjfb/xsfx/content/post_2991519.html;【一图读懂】2020年度广东省知识产权统计数据[EB/OL]. (2021-04-26) [2022-05-20]. http://amr.gd.gov.cn/zwgk/sjfb/xsfx/content/post_3270385.html;广东发布2021年广东省知识产权保护状况白皮书[EB/OL]. (2022-04-26) [2022-05-20]. http://amr.gd.gov.cn/zwdt/xwfbt/content/post_3919845.html.

❷ 广东省发布《高价值专利布局工作指南》系列地方标准[EB/OL]. (2022-04-26) [2022-05-20]. http://www.cacem.com.cn/n15/n71/n86/c46962/content.html.

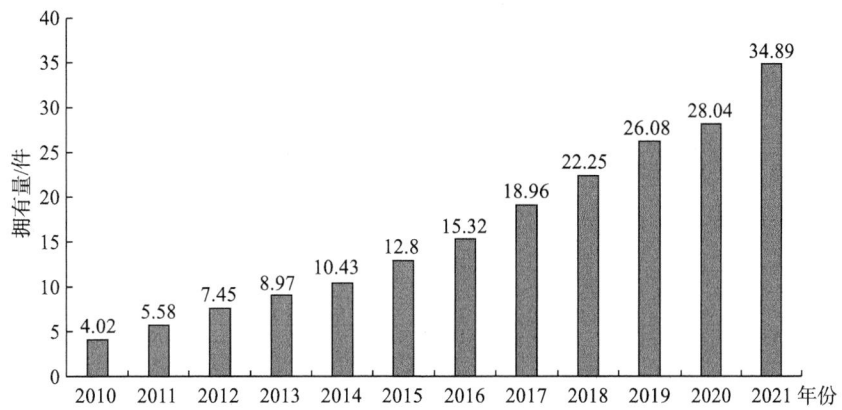

图 1-4　2010—2021 年广东省每万人口发明专利拥有量❶

据图 1-4 可知，2010—2021 年，广东省"每万人口发明专利拥有量"逐年上升。2021 年，全省每万人口发明专利拥有量 34.89 件，比全国平均水平高 15.25 件。

《中华人民共和国国民经济和社会发展第十四个五年规划和 2035 年远景目标纲要》（以下简称《"十四五"规划纲要》）首次设定了"每万人口高价值发明专利拥有量"指标，提出到 2025 年"每万人口高价值发明专利拥有量"达 12 件。❷

"每万人口高价值发明专利拥有量"是指每万人口本省居民拥有的经国家知识产权局授权的符合下列任一条件的有效发明专利数量：一是战略性新兴产业的发明专利；二是在海外有同族专利权的发明专利；三是维持年限超过 10 年的发明专利；四是实现较高质押融资金额的发明专利；五是获得国家科学技术奖、中国专利奖的发明专利。

2021 年，广东全省每万人口高价值发明专利拥有量 16.74 件，较 2020 年

---

❶　一册在手，读懂 2019 广东省知识产权统计数据［EB/OL］.（2020-05-09）［2022-03-20］. http://amr.gd.gov.cn/zwgk/sjfb/xsfx/content/post_2991519.html；【一图读懂】2020 年度广东省知识产权统计数据［EB/OL］.（2021-04-26）［2022-05-20］. http://amr.gd.gov.cn/zwgk/sjfb/xsfx/content/post_3270385.html；广东发布 2021 年广东省知识产权保护状况白皮书［EB/OL］.（2021-04-26）［2022-05-20］. http://amr.gd.gov.cn/zwdt/xwfbt/content/post_3919845.html.

❷　为便于阅读，本书中相关法律文件标题中的"中华人民共和国"字样都予以删除。

同期增加 3.06 件,比全国平均水平高 9.24 件。

2. 商标

(1) 商标申请量、注册量、累计有效注册量(见图 1-5)

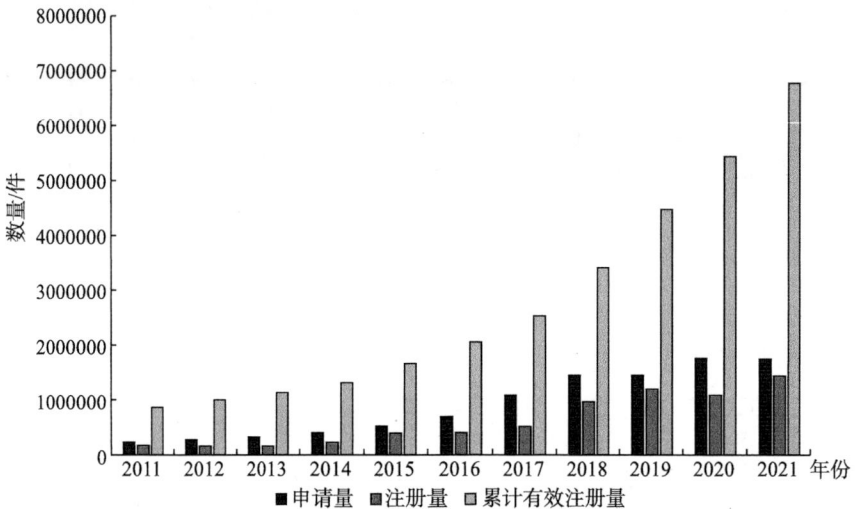

图 1-5　2011—2021 年广东省商标申请量、注册量和累计有效注册量年度变化❶

据图 1-5 可知,近十年来,广东省商标申请量逐年上升,商标注册量总体呈上升趋势,个别年份有小幅下降。

2021 年,广东全省商标申请量 1738500 件,居全国首位;商标注册量 1437978 件,居全国首位,同比增长 33.16%;截至 2021 年,有效商标注册量 6766377 件。

(2) 马德里商标申请量

马德里商标申请量是企业国际化的标志,其持续增长表明企业商标海外布局的步伐逐步加快(见图 1-6)。

---

❶ 国家知识产权局商标局 [EB/OL]. [2022-05-20]. http://sbj.cnipa.gov.cn/sbtj/.

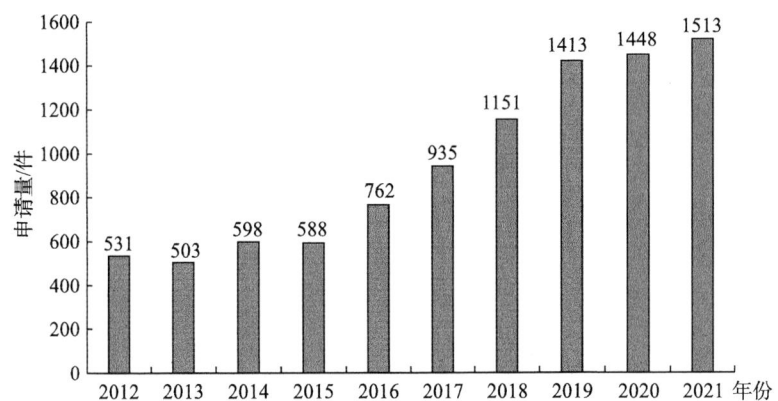

图 1-6 2012—2021 年广东省马德里商标注册申请量❶

据图 1-6 可知，2012—2021 年，广东省马德里商标注册申请量总体稳中有增，除 2013 年和 2015 年相较前一年小幅下降外，其他年份均保持增长。

2021 年广东省马德里商标注册申请量 1513 件，同比增长 4.49%，占全国总量的 25.52%，居全国首位。

（3）每万市场主体高价值商标拥有量

"每万市场主体高价值商标拥有量"是指每万市场主体拥有的经国家知识产权局商标局注册登记的符合下列任一条件的有效商标数量：一是持续时间超过 10 年的商标；二是实现较高质押融资或许可金额的商标；三是同时注册马德里商标的；四是规模以上企业、高新技术企业、上市企业拥有的核心商标；五是具有一定规模的地理标志商标、有较高知名度的老字号商标、驰名商标、集体商标、证明商标等；六是占有一定市场份额的市场主体拥有的核心商标。

2020 年，广东全省每万户市场主体的平均有效商标拥有量为 3921.00 件，

---

❶ 2012—2019 年数据：国家知识产权局商标局［EB/OL］.［2022-05-20］. http://sbj.cnipa.gov.cn/gjzc/202008/t20200824_321000.html；【一图读懂】2020 年度广东省知识产权统计数据［EB/OL］.（2021-04-26）［2022-05-20］. http://amr.gd.gov.cn/zwgk/sjfb/xsfx/content/post_3270385.html；广东发布 2021 年广东省知识产权保护状况白皮书［EB/OL］.（2021-04-26）［2022-05-20］. http://amr.gd.gov.cn/zwdt/xwfbt/content/post_3919845.html.

比 2019 年同期提高 348.77 件，全省平均每 2.55 个市场主体拥有 1 件有效商标。❶

2021 年，广东全省每万户市场主体拥有商标 4432.79 件，比上 2020 年同期提高 511.79 件，全省平均每 2.26 个市场主体拥有 1 件有效商标。

（4）商标品牌发展指数

商标品牌发展指数是用于衡量我国各地区具有生产或服务行为的商标品牌整体发展水平以及区域和产业公用商标品牌总体建设成效的指数化工具。商标品牌发展指数已被列入《广东省知识产权保护和运用"十四五"规划》自定义指标。

2020 年，在国家知识产权局知识产权运用促进司指导下，中华商标协会编制发布了首个《中国商标品牌发展指数（2020）》，实现了从无到有的突破，初步成为衡量我国各地区商标品牌的整体发展水平和建设成效的指数化工具。

2020 年 11 月 6 日，在第三届中国国际进口博览会上，首个《中国商标品牌发展指数（2020）》发布。该指数显示，浙江省以 88.51 分位居全国第一，北京市和广东省分别以 88.06 分和 87.95 分别排在第二和第三位。❷

2021 年，《中国商标品牌发展指数（2021）》发布，广东省以 89.31 分居全国首位。❸

3. 著作权、地理标志、植物新品种

2021 年，广东全省作品登记总量为 33.69 万件，同比增长 4.5%。其中，一般作品登记量为 6.69 万件，同比增长 10.8%；计算机软件作品登记量为 27 万件，同比增长 12.5%，位居全国第一。❹

---

❶ 2020 年广东省知识产权保护状况 [EB/OL]．(2021 - 04 - 26) [2022 - 05 - 20]．http://amr.gd.gov.cn/ztzl/2021zscqbh/zzjj/content/post_3269808.html.

❷ 中国商标品牌发展指数（2020）发布 浙江、北京和广东位居前三 [EB/OL]．(2020 - 11 - 09) [2022 - 05 - 20]．http://ip.people.com.cn/n1/2020/1109/c136655 - 31923807.html.

❸ 中国商标品牌发展指数 2021 [EB/OL]．(2021 - 12 - 24) [2022 - 05 - 20]．http://cta.org.cn/ttzs/202112/W020211224650595091566.pdf.

❹ 这 2 项指数，广东连续 9 年全国第一！[EB/OL]．(2022 - 04 - 26) [2022 - 05 - 20]．http://www.163.com/dy/article/H5TONM1E0514Q3T9.html.

2021年，广东全省获批地理标志产品3个，获准使用地理标志产品专用标志企业187家，新增注册地理标志商标16件。截至2021年12月底，全省累计获批地理标志产品162个，累计获准使用地理标志产品专用标志企业799家，累计注册地理标志商标101件。"北乡马蹄""新会陈皮""莞香""化橘红""凤凰单丛（枞）茶"被公示纳入《国家知识产权局地理标志运用促进重点联系指导名录》。

2021年，广东全省新增地理标志农产品8个，同比增长14.8%；累计获批地理标志农产品62个。广东组织实施"徐闻菠萝""龙门胡须鸡""饶平狮头鹅"3个国家地理标志农产品保护工程项目，助推地理标志农产品产业化发展与品牌化建设。2021年，全省获得林业植物新品种授权70件。

（三）广东省知识产权保护状况

1. 司法保护

2021年，广东全省法院新收各类知识产权案件196796件，同比增长0.37%；审结195055件，同比增长1.06%。其中，新收一审案件173637件，同比减少1.99%；二审案件21123件，同比增长19.21%；申请再审案件1971件，同比增长73.66%；再审案件65件，同比增长20.37%。[1]

广东全省法院新收知识产权民事案件194967件，同比增长0.3%；审结193273件，同比增长1.02%，约占全国总量1/3。在大力推进纠纷源头治理和诉前调解工作背景下，案件增长速度趋缓。新收知识产权民事一审案件172145件，其中，著作权、商标权、专利权、不正当竞争纠纷案件分别为134217件、20457件、9647件、1312件（单独案由）。在审结的一审案件中，有86060件为调撤结案，调撤率为50.30%。

广东全省法院新收知识产权刑事一审案件1449件，同比增长7.17%；审结1427件，同比减少2.74%。同期判处刑事处罚2615人，其中，有期徒刑三年以上324人。假冒注册商标罪案件655件；销售假冒注册商标的商品罪

---

[1] 广东法院知识产权司法保护状况（2021年度）[EB/OL].（2022-04-25）[2022-04-28]. http://www.gdcourts.gov.cn/index.php?v=show&cid=226&id=56552.

案件 619 件；非法制造、销售非法制造的注册商标标识罪案件 103 件；侵犯著作权罪案件 61 件；侵犯商业秘密罪案件 9 件；销售侵权复制品罪案件 2 件。

广东全省法院新收知识产权行政一审案件 43 件，同比增长 207.14%；审结 31 件，同比增长 287.50%。其中，专利行政纠纷案件 15 件；商标行政纠纷案件 20 件；著作权行政纠纷案件 8 件。充分发挥司法审查监督职能，强化对行政执法行为合法性的审查，及时明确法律标准，促进行政机关依法行政。

2021 年，广东全省检察机关共批捕侵犯知识产权犯罪案件 1308 件 2087 人，案件数量同比上升 15.5%，犯罪人数同比上升 6.4%；起诉 1344 件 2508 人，案件数量同比上升 8%，起诉人数同比上升 13.5%。深圳铭科魅影科技有限公司、王某等侵犯著作权抗诉案入选最高人民检察院发布的 2020 年度检察机关保护知识产权典型案例。广州卡门实业有限公司涉嫌销售假冒注册商标的商品立案监督案入选最高人民检察院第 26 批指导性案例。广东省检察院设立知识产权检察办公室，整合知识产权刑事、民事、行政、公益诉讼检察职能，由一个部门集中统一履行职责，统一办理知识产权诉讼案件。

2021 年，广东全省公安机关共立侵犯知识产权犯罪案件 1691 宗，破案 1982 宗，涉案金额 30 亿元。持续开展为期 3 年（2020—2022 年）的打击侵犯知识产权犯罪"蓝剑"行动，重点打击侵犯商业秘密犯罪、加密注册商标犯罪以及跨国境实施制假售假犯罪。成功发起"蓝剑"专案 169 宗，"飓风"专案 33 宗，组织开展"飓风 2021"专项行动，重点打击高发性、地缘性侵犯知识产权犯罪活动，在打击规模、收网战果、社会影响等方面取得实效。

2. 行政保护

首先，从行政保护的机制设置来看。知识产权维权援助体系不断健全。13 家国家级知识产权维权援助机构、15 家省级维权援助分中心、9 家市县级维权援助机构、190 个工作站已建设完成；由广东省知识产权保护中心搭建的广东省知识产权维权援助公共服务平台，已为省内 1500 多万市场主体提供维权援助全流程线上服务；中国中山（灯饰）知识产权快速维权中心成为全国首批开展实用新型快速预审试点工作的快维中心；中国（深圳）知识产权保护中心成为全国首批开展专利权评价报告预审试点工作的保护中心。

其次，分别从广东省市场监督管理部门、版权执法部门、海关部门等政府部门以及知识产权保护中心、快速维权援助中心、海外知识产权纠纷应对指导中心、公证机构、人民调解组织等单位的知识产权行政保护情况来看。

（1）2021年，广东省市场监督管理部门共查处商标案件4001宗，案值38177.67万元，罚没款7118.75万元，移送司法机关159宗，分别同比增长1.09%、13.60%、13.34%、11.19%；查处专利案件378宗，案值205.28万元，罚没款111.26万元，移送司法机关1宗，案值、罚没款、移送司法机关案件数分别同比增长448.14%、21.90%、100%。共办理各类专利纠纷案件6773宗，其中专利侵权纠纷6754宗，其他专利案件19宗。进驻第129届、第130届中国进出口商品交易会（以下简称"广交会"）开展知识产权保护工作，处理商标、专利知识产权纠纷303宗。

广东省市场监督管理部门组织开展重点领域反不正当竞争执法专项行动。加大对互联网等重点领域仿冒混淆、虚假宣传、侵犯商业秘密等不正当竞争行为的监管执法力度。查处侵犯商业秘密案件14宗，结案8宗，罚没金额129万元，移交公安机关2宗。

（2）2021年，广东全省版权执法监管部门出动执法人员20135人次，检查单位4628家次，累计查处侵权盗版案件135宗，捣毁窝点25个。广东省版权局联合广东省电影局开展打击院线电影盗录传播专项行动，联合广东省通信管理局、广东省公安厅、广东省互联网办公室等单位开展打击网络侵权盗版"剑网2021"专项行动。在第17届中国（深圳）国际文化产业博览交易会、第12届中国国际影视动漫版权保护和贸易博览会等展会上设立版权服务工作站。全省文化市场综合执法机构扎实开展文化和旅游系统知识产权保护工作，重点打击网络、出版等领域侵犯著作权行为，规范卡拉OK领域版权市场秩序，办结行政处罚案件73宗。

（3）广东省内海关按照海关总署统一部署，开展"龙腾行动2021"、寄递渠道知识产权保护"蓝网行动"、出口转运货物知识产权保护"净网行动"等一系列专项行动，加强出口防疫医疗物资知识产权保护，持续保持打击侵权的高压态势。2021年，广东省内海关实际扣留进出口侵权货物18111批次，数量3106.4万件；其中，海关总署广东分署牵头省内海关与香港海关、澳门海关共同开展3次知识产权海关保护联合执法行动，省内海关在行动中共查获侵权货物超过4036批次，数量超284万件。

(4) 2021年，广东全省农业农村部门开展农资打假和保护种业知识产权专项整治行动，共出动农业执法人员3.38万人次，整顿农资市场1208个，检查农资生产经营主体12728个。

(5) 2021年，中国（广东）知识产权保护中心、中国（佛山）知识产权保护中心、中国（深圳）知识产权保护中心分别接收专利预审申请4351件、2223件、6380件，分别有2823件、1144件、4275件预审合格进入国家知识产权局专利快速审查通道。中国（广东）知识产权保护中心平均预审周期压缩至4.5天。

(6) 2021年，广东省知识产权调解组织共调解知识产权案件13875件；广东知识产权纠纷人民调解委员会被评为"全国模范人民调解委员会"；广州知识产权法院驻院调解律师受理诉前调解案件7126件，已办结案件中调解成功率达32.78%。全省仲裁机构处理知识产权案件463件；中国（深圳）知识产权仲裁中心挂牌成立。全省公证机构共办理知识产权公证47916件。

3. 知识产权协同保护

广东省不断强化司法与行政的协同保护。2021年6月，广东省检察院与广东省高级人民法院、广东省公安厅、广东省市场监督管理局等11家单位共同签署了《关于强化广东知识产权协同保护的备忘录》，凝聚合力加强知识产权协同保护。2022年4月26日，广州知识产权法院联合广东省市场监督管理局、广东知识产权保护中心共同筹建广东知识产权纠纷调解中心，旨在整合人民调解、行政调解、司法调解等各方调解力量，进一步健全完善知识产权纠纷调解工作体系，努力形成知识产权协同保护的最大合力。

4. 海外知识产权保护

知识产权海外纠纷应对机制建设不断加强。国家海外知识产权纠纷应对指导中心佛山分中心于2021年成立，是广东省第三个国家海外知识产权纠纷应对指导中心地方分中心，也是广东省唯一一个由地级市建设的地方分中心。

大力推广海外侵权责任险，2021年10月27日，全国首个知识产权保险中心——中国人保粤港澳大湾区知识产权保险中心在广州成立，标志着粤港澳大湾区知识产权服务体系正式加入"保险"这一风险转移手段，首单海外侵权责任险赔付业务落地广州。

发布国内首个企业知识产权国际合规管理地方标准。《企业知识产权国际合规管理规范》编制工作于2021年3月启动，该规范由广东省市场监督管理局（知识产权局）支持和指导，由广东省知识产权保护中心联合广东省海外知识产权保护促进会进行编制。该规范是国内首个企业知识产权国际合规管理地方标准，于2022年4月正式发布。该标准的发布实施和推广运用，将会有效帮助企业提升知识产权国际合规管理能力和水平，推动广东乃至中国企业更好地"走出去"。

（四）知识产权运用状况

知识产权能否有效运用意味着知识产权能否产生实际效益，能否真正对实体经济的发展提供支撑作用。2022年，国务院政府工作报告特别强调"加强知识产权保护和运用"，同时《"十四五"国家知识产权保护和运用规划》提出，提高知识产权转移转化成效，支撑实体经济创新发展。

下面将从知识产权运用机制、协同运营情况、质押融资情况、知识产权资源转化情况等四个方面来展示广东省知识产权的运用状况。

第一，高价值知识产权运用机制不断完善。主要体现在：为了加强产业知识产权储备，围绕"十个支柱战略性产业集群和十个新兴战略性产业集群"，新建省级高价值专利培育布局中心40个，累计273个，加强产业知识产权储备；为了促进高校、企业和科研机构在知识产权方面的协同发展，2021年先后成立了广东省现代农业与食品产业知识产权协同运营中心和广东省半导体与集成电路产业知识产权协同运营中心；广东省内10所高校建设知识产权运营中心；组织开展半导体与集成电路等5个战略性产业集群专利导航，建成20个战略性产业集群专利数据库，建设专利导航服务基地28家；启动第6批省级制造业创新中心培育建设工作和第20批省级企业技术中心认定管理工作，持续推动提升制造业创新能力。支持高水平医院建立知识产权专员体系，推动提升高水平医院知识产权能力。

第二，知识产权质押融资取得显著成效。首先，为了降低中小微企业的融资成本，广东省完善了知识产权质押融资的扶持政策，政策惠及专利、商标、地理标志、版权等知识产权门类以及各种类型的市场主体，每个权利人均有机会获得知识产权融资。此外，广东省已建立覆盖全省的知识产权质押融资风险补偿基金。其次，广东省不断提高知识产权公共服务的水平。2021年，广东省获批开展知识产权质押登记线上办理试点，简化了银行办理知识产权质押登记流程。2021年12月，广东省知识产权局与广东银保监局、广东省发展和改革委员会联合印发《广东省知识产权质押融资"入园惠企"专项行动计划（2021—2023年）》，从完善政策体系、搭建服务平台、创新知识产权质押融资模式等方面加强合作。在政策、平台、产品、服务等方面为有知识产权融资需求的企业提供更加便利的融资服务。在知识产权质押登记服务方面，国家知识产权局专利局广州代办处在服务大厅专设综合咨询窗口，实现专利商标质押"一站式"办理。加强企业专利权质押合同登记的预审工作，提前介入企业专利权质押登记，提高企业登记一次性通过率。最后，为了拓宽融资渠道，帮助中小微企业可以在证券市场上直接获得融资，自2019年起广东省在全国率先开展知识产权证券化试点，2021年10月广州开发区发行全国首单商标权证券化产品，形成具有创新特色的知识产权证券化"广东模式"。

2021年，广东全省专利及商标质押金额442亿元，居全国第二位，同比增长32.61%。其中，专利质押金额404亿元，同比增长31.96%，商标质押金额38亿元，同比增长39.85%，全省新发行32支知识产权证券化产品，累计融资规模近70亿元。《2020年中国知识产权金融化指数报告》显示，广东位居全国知识产权金融化指数榜首。

第三，知识产权资源转化不断强化。为全面贯彻落实中央全面深化改革委员会关于赋予科研人员职务科技成果所有权或长期使用权试点改革任务，广东省积极开展赋予科研人员职务科技成果所有权或长期使用权改革试点工作，不断加强对试点工作的指导和服务。2021年，全省共认定登记技术合同49261项，同比增长23.63%；合同成交额4292.73亿元，同比增23.86%；其中技术交易额3240.46亿元，同比增长22.19%。全省专利实施许可合同备案金额17.27亿元，专利出让次数69068次，专利受让次数64913次，均居全国首位。

第四，不断推动地理标志产品品牌化发展。地理标志是产品产地来源的重要标志，属于知识产权的一种重要类型。经过品牌培育和宣传推广，"北乡马蹄""新会陈皮""莞香""化橘红""凤凰单丛（枞）茶"入选国家知识产权局发布的《国家知识产权局地理标志运用促进重点联系指导名录》。"新会陈皮""化橘红"等6个产品被纳入第二批《中华人民共和国政府与欧洲联盟地理标志保护与合作协定》（以下简称《中欧地理标志协定》）互认名单，目前广东省已经累计互认产品10个。

（五）广东省知识产权管理和服务情况

1. 专利代理服务情况

2021年，新增专利代理机构96家，累计共有专利代理机构及分支机构1200多家，规模居全国第二。深入开展知识产权代理行业"蓝天"专项整治行动，依法严厉打击代理行业违法违规行为，共立案32宗。

2. 知识产权公共信息服务情况

一是依托广东知识产权公共信息综合服务平台等，不断夯实知识产权数据基础，及时更新、深度开发全球发明创造信息基础数据，累计集成战略性产业集群或地方特色产业专利专题数据库65个，收录全球专利数据超过1.4亿条，全球商标数据7200多万件，地理标志产品2300多个，集成电路布图4万多件，提供社会公众和创新创业主体免费使用。二是加强市级知识产权信息公共服务骨干节点建设，依托各地市国家级知识产权保护中心、快速维权中心和省级维权援助分中心等机构建设市级知识产权信息公共服务节点，为社会公众提供一体化知识产权综合信息公共服务。三是推进知识产权信息公共服务网点布局，推动国家和省级知识产权信息公共服务网点建设，目前，广东全省拥有6家技术与创新支持中心（TISC）、5家高校知识产权信息服务中心、6家国家知识产权信息公共服务网点和15家区域知识产权分析评议中心，有效提升知识产权信息服务覆盖范围和数据资源传播利用效能。四是上线国内首个国际商标信息查询官方系统——欧盟商标查询系统（EUTMS），可为社会公众和创新创业主体提供快速、便捷、全面的欧盟商标信息查询服务，有助于对国外商标信息进行挖掘利用，提高知识产权数据利用水平，累计提供欧盟商标数据205.66万件。五是在"粤商通"增加搜专利、查商标功能，满足用户便捷快速获取数据信息的需求。六是广东省知识产权保护中心完成广东省知识产权质量监控平台建设，该平台对专利情报、商标信息等知识产权数据进行整合与加工，形成区域内知识产权最新发展动态和质量情况，为知识产权管理和服务部门的决策提供数据支持。

3. 知识产权服务业集聚区建设

拓展国家知识产权服务业集聚区功能。佛山市、深圳市福田区和广州开发区进一步拓展国家知识产权服务业集聚区功能，吸引知识产权高端服务机构和高层次服务人才落户，形成代理、法律、信息、商用化、咨询、培训等全链条服务体系，支撑产业结构转型升级。深圳市福田区和广州开发区建设知识产权服务出口基地，全面加强知识产权创造质量、运用效益、保护水平、管理效能、服务能力和国际竞争力，提升知识产权服务业和服务贸易发展水平。

（六）广东省知识产权区域和国际合作情况

1. 粤港澳三地合作

粤港澳三地一直坚持知识产权协同发展，取得丰硕成果。2021年，广东省持续深化粤港澳大湾区知识产权交流合作，累计开展合作项目356项，包括组织召开"粤港澳大湾区知识产权工作座谈会"，联合举办"2021年粤港澳大湾区高价值专利培育布局大赛"（以下简称"湾高赛"）和"粤港澳大湾区知识产权人才发展大会"，粤港澳海关开展联合执法专项行动等。

2021年，广东省知识产权局与香港特区知识产权署积极回应市场需求，在大湾区内地九市知识产权业务受理窗口面向公众开展香港特区知识产权业务一般咨询服务，全省共有12个知识产权业务窗口设置"香港特别行政区知识产权问询点"，民众无须赴港即可了解香港知识产权一般性业务办理流程和相关资讯服务。这体现了粤港澳大湾区知识产权公共服务合作领域的又一个重要进步。

2. 国际合作

为了加强中日企业在知识产权领域的交流合作,"2021年中日知识产权实务(广东)研讨会"由广东省市场监督管理局与日本贸易振兴机构联合举办,与会人员通过该会议分享企业知识产权创造、运用、保护、服务和管理方面的宝贵经验,促进双方企业共同创新发展。此外,广东省法院、检察院等多次派员参加知识产权国际会议,促进了广东省知识产权国际交流与合作。

为庆祝2021年世界知识产权日,世界知识产权组织(WIPO)开展了一系列活动,包括中小企业使用知识产权案例研究。其中,作为一家自动驾驶飞行器(AAV)技术公司,广州亿航智能技术有限公司入选世界知识产权组织中小企业利用知识产权最佳案例。

三、建议和展望

面对日益升温的全球科技竞争,2021年中共中央、国务院印发《知识产权强国建设纲要(2021—2035年)》,首次将"知识产权强国"提升到国家战略层面。知识产权强国必然要求知识产权的高质量发展,2021年,国务院印发《"十四五"国家知识产权保护和运用规划》,更加强调知识产权质量指标。我国已从追求知识产权数量转变为追求知识产权质量。质量的变革是一个系统庞大的工程,笔者将从知识产政策、创造、保护、运用等方面围绕如何高质量发展提出若干建议。

第一,在知识产权制度和政策方面,总体来看,广东省知识产权法规体系较为完善,但是在产品技术新形态等新业态新领域方面尚不完备,特别是对于目前比较重要的数字经济,数字经济正在成为改变世界竞争格局、重塑世界经济结构的核心力量,其重要性不言而喻,而对于数字经济的核心要素——数据来说,目前尚没有形成完备的法规体系。《知识产权强国建设纲要(2021—2035年)》和《"十四五"国家知识产权保护和运用规划》均专门明确提出"加快大数据、人工智能、基因技术等新领域新业态知识产权立法""探索开展数据知识产权保护相关立法研究,推动完善涉及数据知识产权保护的法律法规"。广东省已于2021年9月施行《广东省数字经济促进条例》,该条例为数字经济立法的先行先试，其中知识产权保护也被列入条例，但是目前尚未形成关于数据等新业态新领域知识产权保护规则和体系。综上，对于知识产权制度和政策，提出以下建议：一是紧紧围绕价值和质量导向，知识产权相关政策和制度应向高价值知识产权的创造、运用和保护等倾斜；二是面对新业态新领域，积极回应相关企业的创新创业需求，在现有法律制度的框架下，逐步形成适应新业态新领域发展的知识产权规则和体系。

第二，在知识产权创造方面，知识产权创造质量的好坏关系后续知识产权保护和运用的效果。近年来，为了提升知识产权创造质量，广东省相关部门采取了一系列措施，包括建设广东省高价值专利培育布局中心（累计建设省市两级高价值专利培育布局中心273个）、深入开展专利导航构筑产业专利池（截至2021年底，共完成38个战略性新兴产业领域的专利导航，形成专利分析及预警报告180余份，召开系列报告会120余场，向政府部门和逾1.3万家企事业单位发布成果，建立38个战略性新兴产业专利信息专题数据库，促进重点产业提质增效和企业创新发展）、举办湾高赛、持续优化实施专利奖励制度、支持创建全国知识产权试点示范高校、建设商标品牌培育指导站等。由此广东省知识产权质量得以不断提升。

为了更好地响应《知识产权强国建设纲要（2021—2035年）》《"十四五"国家知识产权保护和运用规划》《广东省知识产权保护和运用"十四五"规划》对知识产权质量提出的更高要求，提出以下建议：一是落实好《"十四五"国家知识产权保护和运用规划》《广东省知识产权保护和运用"十四五"规划》中的知识产权考核指标，特别是"每万人口高价值发明专利拥有量"指标；二是将知识产权的估值纳入企业的经济效益评价中，激励知识产权高质量发展；三是引导专利等知识产权的发展不断回应产业创新发展的需求，特别应大力培育适应产业发展需要的标准必要专利。

第三，在知识产权保护方面，知识产权行政执法和司法保护"双轨制"是我国知识产权保护的特色和优势，两者均发挥着重要作用，但两者之间采用的标准不同，时有冲突，尚需有效衔接。2022年3月发布的《广东省知识产权保护条例》也强调加强司法保护与行政司法衔接，该条例第22条规定负责知识产权保护的主管部门、相关部门和司法机关建立和完善知识产权保护行政执法和司法衔接机制，推动知识产权领域行政执法标准和司法立案追诉、裁判标准协调衔接；负责知识产权保护的主管部门和相关部门在处理知识产权案件中发现犯罪线索的，应当及时向司法机关移送。

为了更好地促进行政保护和司法保护的衔接，提出以下建议：政府机关和司法机关建立常态化的联络机制，加强沟通；建立健全信息共享机制；共同开展知识产权保护等业务培训，加强不同知识产权保护系统之间对于知识产权保护的共识。

第四，在知识产权运用方面，目前知识产权质押融资的总体规模依然有限，原因在于提供融资的银行不具备专业的评估能力，业界缺乏标准的估值方法，评估机构对评估结果不承担法律责任，导致评估额度与知识产权真正能够转化的额度往往相差甚远，银行提供融资的信心不足，此外，在整个质押融资过程中，往往涉及银行、政府、担保机构等各个部门，由于各个部门之间尚未实现数据共享，导致质押融资效率很低，时间成本过高。价值评估是知识产权质押融资关键环节，是核定放贷额度的重要依据。面对知识产权估值难的问题，广东省知识产权保护中心已于2020年12月推动建立了广东省知识产权保护中心估值中心，目前该中心完成约59万件发明和实用新型专利估值，并发布《2019年广东省发明专利估值研究报告》《粤港澳大湾区实用新型专利价值分析评价报告》，但尚未建立专业的知识产权估值体系。

面对知识产权质押融资难的问题，提出以下建议：一是加快知识产权估值体系建设，规范知识产权价值评估方法，形成客观权威的价值评估方法，明确评估机构的法律责任，加强对评估机构的监管与评价。二是加强质押融资的数字化建设，建议由政府牵头，加强政府部门、银行、担保机构等质押融资整个流程中涉及的机构之间的数据互联互通，实现数据共享，筑牢数据基础支撑，节约时间成本。

第 2 章 香港特区知识产权报告

一、香港特区知识产权制度和政策

（一）知识产权相关政策的实施概况

2021 年，《"十四五"规划纲要》提出支持香港特区建设区域知识产权贸易中心、国际创新科技中心以及中外文化艺术交流中心。香港特区行政长官林郑月娥在 2021 年香港施政报告中指出：香港特区政府会从多方面推动香港知识产权贸易发展，包括提升知识产权署的专利实质审查能力，以进一步推广和发展原授专利制度；与内地研究将 PCT 的适用范围扩展至包括香港的原授专利制度，并将其他主要知识产权国际条约适用于香港特区。报告还指出：提升私营企业知识产权人力资源是建设香港特区成为知识产权贸易中心的关键，香港特区知识产权署会优化和举办更多知识产权管理人员计划培训课程，以协助中小企业建立知识产权保护、管理和商品化的人力资源。同时，香港特区行政长官林郑月娥还在 2021 年香港施政报告中提出：政府会把握香港中外文化荟萃的独特创意氛围，将香港打造为亚洲文化及创意之都的品牌，从五大方向落实香港的新文化定位，包括建立世界级的文化设施和多元文化空间，加强与海外艺术文化机构的关系，加强与内地的文化交流合作，善用科技及培育人才。同时，加强香港的文化领导，有效统筹和推动现在分散在不同政策局的文化及创意产业工作，并考虑成立专责的文化局。❶

---

❶ 行政长官 2021 年施政报告［EB/OL］．（2021-10-06）［2022-04-24］．https：//www.policyaddress.gov.hk/2021/chi/pdf/PA2021.pdf．

香港特区自 2020 年起首次引入原授专利制度,允许发明人直接向香港特区政府寻求标准专利保护,而不仅是依据在中国国家知识产权局、英国知识产权局或是欧洲专利局的专利获得转录标准专利保护。截至 2022 年 3 月 31 日,专利注册处共接获 563 件原授专利申请;2021 年 6 月,专利注册处审核通过了首件标准专利,审批期自申请提交日起不到 14 个月,原授专利制度运行稳健。❶ 2021 年,香港特区政府重启《版权条例》的修订工作,并修改了审查商标及专利注册申请的相关工作手册,以完善现有的授权审查机制。未来,香港特区政府计划继续强化对知识产权的保护。香港特区财政司司长陈茂波在财政预算案中指出,保护知识产权对香港发展知识型经济以及建设国际创新科技中心的方向相辅相成。为强化香港特区的知识产权制度,进一步推广和发展香港特区的原授专利制度,香港特区预计在未来 3 年合共增拨约 8500 万元予香港特区知识产权署,以提升香港特区处理原授专利申请的实质审查能力。❷

(二) 知识产权相关法律法规修订

1. 重启《版权条例》的修订工作

2021 年 11 月 24 日,香港特区政府宣布就更新香港的版权制度展开为期三个月的公众咨询,欢迎公众就《版权条例》的修订提出意见。香港特区商务及经济发展局局长邱腾华表示:"一直以来,香港致力完善版权制度,以期配合发展所需,力求在版权拥有人和使用者的合法权益之间取得适当平衡,并符合香港整体的最佳利益。"香港特区政府自 2006 年起便就《版权条例》的修订进行了三次公众咨询,并分别在 2011 年、2014 年向香港特区立法会提交了修订草案。尽管香港特区立法会法案委员会两次皆支持通过上述修订条例草案,但由于版权人和使用者在某些版权权益议题上出现严重分歧以及部

---

❶ 香港批出首项原授标准专利 [EB/OL]. (2021 - 06 - 05) [2022 - 04 - 24]. https://www.info.gov.hk/gia/general/202106/05/P2021060400845.htm?fontSize=1.
❷ 2022 至 23 财政年度政府财政预算案 [EB/OL]. (2022 - 02 - 23) [2022 - 04 - 24]. https://www.budget.gov.hk/2022/chi/budget21.html.

分香港特区立法会成员的阻挠,前两次的修订案均未能在当届香港特区立法会会期届满前通过,导致"香港版权制度较国际发展落后超过十年"。❶

此次重启《版权条例》修订工作延续之前的既定方针,以加强互联网领域的版权保护为目标,香港特区政府建议以2014年的《版权条例草案》为基础,进一步征询社会各界意见。2014年的《版权条例草案》经香港特区政府、香港特区立法会、版权人、网络服务提供者和版权使用者多方讨论,达成了广泛共识,平衡了不同利益相关者的权益。草案的立法建议主要涉及以下五个范畴:①版权人在互联网的传播权利;②侵犯上诉传播权利的刑事责任;③修订及新增版权豁免情形;④网络服务提供商的避风港规则;⑤判予版权人额外损害赔偿时的法定考量因素。草案亦涵盖四个仍存在较大争议的议题,分别是应否沿用现行安排在法例中列举所有豁免以及继续允许合同凌驾豁免、是否应新增专门条款处理非法串流装置以及司法封锁网站事项。草案亦列举一些可作进一步研究的新议题,以持续加强版权保护工作。❷ 下面将具体介绍草案中的主要修改提议。

(1) 作品的传播权利

当前《版权条例》赋予版权人多项专有权利,包括以有线或无线的方式提供作品的复制件,使公众可从其各自选择的地点及于其各自选择的时间观看或收听该作品,广播或通过有线电视传播作品,以及公开表演、放映或播放作品,但无法涵盖互联网直播、在线观看等新的传播方式。为确保给予版权人的传播保护涵盖所有电子传送模式,2014年版权条例草案建议在版权制度下引入科技中立的专有传播权利,让版权人能限制通过任何电子传送模式向公众传播其作品的行为。

(2) 侵犯作品传播权的刑事责任

为配合引入科技中立传播权利的立法建议,条例草案建议新增条文,对未获授权的人在以下情况向公众传播版权作品施加刑事制裁:①为任何包含为牟利或报酬而向公众传播作品的贸易或业务的目的或在该等贸易或业务的

---

❶ 政府就更新香港版权制度展开公众咨询[EB/OL].(2021-11-24)[2022-04-24]. https://www.info.gov.hk/gia/general/202111/24/P2021112400476.htm.

❷ 更新香港版权制度:公众咨询结果和建议未来路向[EB/OL].(2022-04-19)[2022-04-24]. https://www.legco.gov.hk/yr2022/chinese/panels/ci/papers/ci20220419cb1-141-3-c.pdf.

过程中作出；②达到损害版权人的权利的程度。建议的刑事制裁与现行《版权条例》中针对分发侵权复制品的制裁相同。

（3）修订及新增的版权豁免

现行的《版权条例》载有超过60种版权豁免情形，规定如属允许作为（例如为研究、私人研习、教育、批评和评论时事等目的），可合理使用他人的版权作品。为配合新引入的传播权利，草案计划修订和扩展合理使用的范围，以在保护版权与合理使用版权作品之间维持合适的平衡。具体包括：让教育界在为授课（特别是在远程教育方面）而传播版权作品时有更大弹性，以及便利图书馆、档案室和博物馆保存的珍贵作品及其他日常运作；为使数据传送过程顺畅，服务提供者在技术上有需要借缓存处理制作短暂储存或复制作品的；允许声音记录的媒体转换（即把声音记录从一种媒体复制到另一种媒体，或从一种格式复制成另一种格式，一般为方便聆听有关作品），供私人和家居使用。同时，条例草案建议新增公平处理豁免，涵盖以下用途：为戏仿、讽刺、营造滑稽和模仿目的、评论时事以及引用（引用的程度不大于为某特定目的所需要的程度），以便公众在网络和传统环境中表达意见和进行讨论。

（4）网络服务提供商的避风港原则

为鼓励网络服务提供商与版权人合作打击网上盗版活动，以及为他们的行为提供足够保护，条例草案增加了避风港原则，订明服务提供者如符合若干订明条件，包括在获告知侵权活动后采取合理措施遏制或停止有关活动，便只需对用户在其服务平台上所犯的侵权行为承担有限的法律责任。该等条文与属自愿遵守性质的实务守则配合，当中载述供服务提供者在收到侵权通知后可依循的实务指引和程序。

（5）判予版权人额外损害赔偿时的法定考量因素

一般而言，损害赔偿属补偿性质，版权人须证明其蒙受的损失以及有关侵权行为是导致其蒙受损失的原因。考虑到版权人可能难以证明其实际损失，现行的《版权条例》容许法庭在考虑一系列法定因素后，向申索方判予额外损害赔偿，以达到案件的公正性。因应数字环境的挑战，条例草案建议在《版权条例》增订两项因素，供法庭在决定是否判予额外损害赔偿时考虑。这两项因素是：①侵犯版权人在获悉其侵权行为后的不合理行为；②因该侵权行为而令侵犯版权复制品广泛流传的可能性。

此外，草案还就以下四项内容进行了讨论。

第一，是否应在条例中列出所有版权豁免。当前的《版权条例》第Ⅱ部列出超过60项版权豁免，包括为教育、图书馆及档案室、立法和司法程序，照顾阅读残障人士等用途规定的豁免；同时，条例还规定了多项公平处理豁免，包括为研究、私人研习、批评、评论及新闻报道、在教育机构教学或接受教学而处理作品等。香港特区政府于2004年就多个版权议题进行公众咨询时，曾提出香港应否引入不在法例中尽列所有版权豁免的制度，收到的意见两极分化。考虑需要给予版权人和使用者清晰的指引，同时世界各地大部分司法管辖区均采用在法例中订明所有豁免的做法，香港特区政府认为不应推行一般性、不列明所有版权豁免的制度，但邀请公众就这一议题提出意见。

第二，是否应禁止合同"凌驾"某些公平处理豁免。版权人为了充分利用其作品的经济价值，可能会通过合同授权使用者以合同约定的条款及条件使用其作品。虽然《版权条例》提供法定豁免，容许为某些特定用途而无须版权人同意使用版权作品，但合同仍可按各合同方议定的条款，排除或限制这些法定豁免条文的应用。这种通常被称为"合同凌驾豁免"。但该限制通常只会约束合同各方，对其他版权作品使用者而言，法定版权豁免的效果维持不变。《版权条例》没有明文禁止合同各方利用合同凌驾版权豁免，海外司法管辖区就立法禁止以合同凌驾豁免的做法不一。澳大利亚、加拿大、新西兰及美国的做法与中国香港特区相若，都没有在其版权法律中加入条文，禁止利用合同凌驾版权豁免。欧盟和英国则不容许利用合同凌驾某些指明豁免，例如涉及使用计算机程序及数据库、文本及数据挖掘、与阅读残障有关的豁免，以及某些与教育用途有关的指定豁免等。《版权条例》第37（1）条订明，法定版权豁免只关乎侵权法律责任的问题，这些豁免不会影响个别合同方议定的合同安排。在香港特区立法会法案委员会审议2014年条例草案期间，一名香港特区立法会议员提出一项委员会审议阶段修正案，禁止利用合同凌驾某些公平处理豁免。香港特区政府认为：鉴于没有实证支持使用者因合同凌驾性条款而无法使用现有的版权豁免，以致利益受损，同时考虑到维护合同自由的重要性，香港特区政府的立场是维持现行做法，不干预版权拥有人与使用者议定的合同安排，但邀请公众对此提出建议。

第三，是否增加专门条款规制"非法串流"装置。机顶盒是连接电视或其他显示器的装置，通常通过软件应用程序的索引或类似列表，让使用者可搜寻、观看或收听互联网上的视听材料。然而，用户亦可能通过使用某些机顶盒或应用程序串流观看或收听涉嫌侵权的网上材料，该等装置通常被称为非法串流装置。《版权条例》没有特定条文处理非法串流装置的问题，但多项涉及处理网上侵犯版权活动的条文也可用于打击非法串流装置。政府认为，《版权条例》已载有多项处理网上侵犯版权活动的条文，同时，条例草案所载的传播权利被纳入香港的法例框架后，将进一步完备用以打击网上侵权行为的工具。鉴于大部分海外司法管辖区均没有在其版权法律中订立关于非法串流装置的特定条文，因此，政府的立场是不在《版权条例》中引入打击非法串流装置的特定条文，但公众可就此发表意见。

第四，是否增加司法封锁网站的规定。司法封锁网站是一项司法程序，版权人可借此程序向法庭申请强制令，要求服务提供者采取措施，防止或终止其本地用户或使用者接达通常在境外地区运作并已确定为未经授权而专为分发版权作品（如音乐、电影和游戏）的侵权内容或便利这类分发（如档案分享、储存和串流）的网站或联线位置。网站封锁令旨在遏制在特定网上平台或通过该等平台进行的侵犯版权活动。视乎相关司法管辖区的法例，法庭可行使其固有管辖权，或根据一般或针对侵犯知识产权的法律条文，发出网站封锁令或强制令。近年，许多司法管辖区的法庭均有应版权拥有人的申请，发出网站封锁令。不同司法管辖区会根据不同的法律依据发出有关命令。澳大利亚、新加坡和英国已在其版权法律中订立特定的明确条文，授权法庭发出网站封锁令，另有一些国家则凭借一般条文发出封锁令。香港现时并没有专为版权而制定的封锁网站强制令法律条文，在香港特区立法会法案委员会审议2014年版权条例草案期间，有版权人建议政府引入司法封锁网站命令，以防止用户获取网上侵权内容。香港特区政府认为，现行《高等法院条例》已可让版权拥有人就网上侵犯版权行为申请强制令。由于未有证据证明现有的救济不能赋权法庭发出封锁网站强制令，加上为避免公众关注潜在滥用可能对获取信息自由带来负面影响，香港特区政府的立场是不须引入专为版权而制定的司法封锁网站机制，但邀请公众就此发表意见。

此外，咨询文件还提出部分可作进一步研究的版权保护新议题，包括延长版权保护期限、就文本及数据挖掘引入特定的版权豁免、人工智能与版权等。香港特区政府认为，应该首先处理在 2014 年版权条例草案中尚未完成、最迫切和根本的议题。但香港特区政府亦会审慎考虑在咨询期间所收集到的意见，以拟备新的修订条例草案提交予香港特区立法会审议。❶

2. 修订《商标注册处工作手册》

《商标注册处工作手册》是香港特区知识产权署商标注册处为审查注册申请和处理其他法律程序提供的工作指引。2022 年，香港特区知识产权署商标注册处修改了工作手册的部分章节，以进一步完善商标注册的相关规定。具体而言，包括修订"以不予使用为理由撤销注册"章节，以规定合并注册商标部分撤销时的日期计算问题；修改"查册"章节，以反映注册处在考虑拒绝注册的绝对理由时作字典和互联网检索的最新做法；以及修改"查核申请的不足之处"章节，进一步阐明通过书写或绘图方式表述气味标记的要求。❷

（1）对合并注册的商标以不予使用为理由撤销时注册日期的计算

撤销注册是要求把整个或部分注册商标从注册记录册中删除。《商标条例》第 52（8）条规定，就第（2）（a）款而言，该款所述的 3 年期间，可自商标的详情根据第 47（1）条记入注册记录册的实际日期（实际注册日期）当日或之后的任何时间开始计算。因此，提出以不予使用为理由撤销注册的申请，以及撤销注册的生效日期，最早可以是由实际注册日期起计不少于 3 年的日期。新修订的工作手册增加下列内容：由两个或以上的原先注册商标合并而成的合并注册商标，各原先注册商标的实际注册日期于注册合并后维持不变。提出撤销合并注册商标的申请人经仔细考虑其寻求撤销注册的范围后，应参照合并前的各原先注册商标的个别记录以查明有关原先注册商标的实际注册日期，❸ 明确了合并注册商标不予使用的起算日期。

---

❶ 更新香港版权制度：公众咨询结果和建议未来路向 [EB/OL]. (2022 - 04 - 19) [2022 - 04 - 24]. https://www.legco.gov.hk/yr2022/chinese/panels/ci/papers/ci20220419cb1 - 141 - 3 - c.pdf.

❷ 2022 年修订章节的记录 [EB/OL]. [2022 - 04 - 24]. https://www.ipd.gov.hk/chi/intellectual_property/trademarks/registry.htm.

❸ 以不予使用为理由撤销注册 [EB/OL]. (2022 - 03 - 25) [2022 - 04 - 24]. https://www.ipd.gov.hk/chi/intellectual_property/trademarks/registry/log_of_change_2022/Revocation_of_registration_on_grounds_of_non - use_log.pdf.

(2) 修改查册时互联网及字典检索的适用

《商标条例》第42条规定香港特区知识产权署商标注册处须审查商标注册申请,以决定申请是否符合该条例的规定。在审查申请时,香港特区知识产权署商标注册处须进行"查册",以考虑拒绝的理由。关于查册,修订前的工作手册规定:"我们考虑基于绝对理由拒绝注册申请时,会参考字典、电话簿和互联网的资料,以确立我们的反对理由。我们主要参考下列工具书和互联网站……"修订后的工作手册规定:"我们考虑基于绝对理由拒绝注册申请时,会在适当的情况下作字典和互联网检索。我们不会依据任何使用者均可撰写或编辑的字典及/或百科全书以支持我们的反对理由,因为当中可能含有未经核实甚或错误的资料。不过,我们可在适当的情况下援引互联网上(包括其他司法管辖区网址等)的检索结果,以支持我们的反对理由,例如申请注册的标记在香港和其他司法管辖区同样适合作描述性质的使用。以下列举我们主要参考的互联网址和工具书籍,但此列表并非详尽无遗……"同时也修改了查册时可参考的网站。这一修订反映了香港特区知识产权署商标注册处对字典及互联网资料的态度变化,适应了当下互联网信息泛滥、真伪难辨的现状,使得商标拒绝注册申请的标准更为权威及可预测。❶

(3) 描述气味商标的商标注册形式要求

此次工作手册修订还增加了关于气味商标形式审查的相关规定。修订后的工作手册增加了下列内容:"注册气味标记的主要障碍是缺乏一种获普遍接受的方式,能借书写或绘图表述气味标记以符合条例第3(1)条所述'商标'的法定定义及条例第38(2)(a)(v)及(b)(iv)条所述提交申请注册商标的规定……已有裁决指出,气味标记的书面陈述/描述/化学公式、气味标记的气味样本的寄存或上述方式的任何组合均不能满足借书写或绘图方式表述商标的规定",但没有指出满足商标注册形式要求的气味表述方式。❷

---

❶ 查册[EB/OL]. (2022-04-02) [2022-04-24]. https://www.ipd.gov.hk/chi/intellectual_property/trademarks/registry/log_of_change_2022/Search_log.pdf.

❷ 查核申请的不足之处[EB/OL]. (2022-01-28) [2022-04-24]. https://www.ipd.gov.hk/chi/intellectual_property/trademarks/registry/log_of_change_2022/Deficiencies_checking_log.pdf.

3. 修订《专利审查指引》

2021年11月26日，香港特区知识产权署专利注册处对《专利审查指引》作出了小幅修改，涉及医疗或诊断用途发明的权利要求、专利申请的提交方式、专利申请的形式审查、原授标准专利和短期专利申请的实质审查。修订后的《专利审查指引》第5.43条规定，申请人须注意，在没有"应用的"一词（或其他类似的字眼）的情况下，由于旁人无法清楚辨别有关权利要求是指适用于指定用途的产品，还是受限于某医疗用途，该种独立或从属权利要求格式可能不获接受；第13.90条明确申请人可以通过专人交付、邮寄、电子提交系统或传真（只适用于转录标准专利申请）提交申请；第14.28条规定，如该项申请在形式上有不能更正的不足之处，则有关申请须予拒绝。同时，新增的第15.5A条规定，一般而言，实质审查在三个月的修订限期届满后开始。如申请人向处长提交确认无须上述修订的书面陈述，实质审查可提前开始，从而缩减整个审查过程所需的时间。❶

二、香港特区知识产权发展状况

（一）知识产权申请和授权

香港特区原授标准专利制度自2019年12月19日起适用，根据香港特区知识产权署公布的数据，从2021年1月1日到2021年12月31日，专利注册处共收到257件原授标准专利申请，与2020年接收的252件原授专利申请基本持平。❷ 其中，119件申请来自韩国，80件申请来自中国香港本地，22件

---

❶ 2021年修订《专利审查指引》的记录［EB/OL］.（2021-11-26）［2022-04-24］.https://www.ipd.gov.hk/chi/intellectual_property/patents/Log_of_changes_2021.pdf.

❷ 有关商标、专利、外观设计及版权特许机构：申请及注册/获批予的统计资料［EB/OL］.［2022-04-24］.https://www.ipd.gov.hk/chi/intellectual_property/ip_statistics/2022/IPD_D1_D28-Statistics_chi.pdf.

申请来自中国内地，少量申请来自美国、新加坡、德国等地。❶ 同时，香港特区知识产权署专利注册处在2021年首次授权了7项原授标准专利，分别来自韩国（4项）和中国香港（3项），较2020年实现了零的突破，但其专利实质审查能力及审查效率仍有待提升。

2021年转录专利的申请数量也小幅提升。2021年香港特区知识产权署专利注册处共收到21686件转录专利申请，较2020年的21302件申请实现小幅增长；其中大部分申请来自中国内地（6949件），其他申请则大多来自德国、法国、澳大利亚、比利时、加拿大等地。❷ 审批通过的转录专利则从2020年的7658件迅猛增长至2021年的14655件，尤其是对来自中国内地的转录专利申请审查速度明显提升，在转录专利申请数量基本持平的情况下，审批通过的中国内地专利从2020年的578件增加到2021年的3446件，反映出两地的专利审查合作效率不断提升。❸ 与此同时，短期专利申请数量持续下降，反映出中国香港专利申请的质量正不断提升。短期专利申请数量从2019年的791件、2020年的689件下降到2021年的552件，其中绝大多数申请人来自中国香港（394件）和中国内地（114件），国外申请人寥寥；同时，因申请量下降使得审查效率有所提升，2021年审批通过的短期专利数量为684件，基本与申请数量持平。❹

2021年，香港特区的商标注册申请量较2020年有所回升，从2020年的

---

❶ 有关原授标准专利申请的统计资料（按申请人所属国家/地区划分）历年年度报告［EB/OL］．［2022 - 04 - 24］．https：//www.ipd.gov.hk/chi/intellectual_property/ip_statistics/2022/ip_statistics_of_std_patent_o_appl_tc.pdf.

❷ 有关转录标准专利申请的统计资料（按申请人所属国家/地区划分）历年年度报告［EB/OL］．［2022 - 04 - 24］．https：//www.ipd.gov.hk/chi/intellectual_property/ip_statistics/2022/ip_statistics_of_std_patent_r_appl_tc.pdf.

❸ 有关商标、专利、外观设计及版权特许机构：申请及注册/获批予的统计资料［EB/OL］．［2022 - 04 - 24］．https：//www.ipd.gov.hk/chi/intellectual_property/ip_statistics/2022/IPD_D1_D28 - Statistics_chi.pdf；有关获批予转录标准专利的统计资料（按所有人所属国家/地区划分）历年年度报告［EB/OL］．［2022 - 04 - 24］．https：//www.ipd.gov.hk/chi/intellectual_property/ip_statistics/2022/ip_statistics_of_std_patent_r_granted_tc.pdf.

❹ 有关商标、专利、外观设计及版权特许机构：申请及注册/获批予的统计资料［EB/OL］．［2022 - 04 - 24］．https：//www.ipd.gov.hk/chi/intellectual_property/ip_statistics/2022/IPD_D1_D28 - Statistics_chi.pdf；有关短期专利申请的统计资料（按申请人所属国家/地区划分）历年年度报告［EB/OL］．［2022 - 04 - 24］．https：//www.ipd.gov.hk/chi/intellectual_property/ip_statistics/2022/ip_statistics_short_patent_appl_tc.pdf.

33708 件增加到 2021 年的 35240 件，但较之 2018 年、2019 年仍有所下降。❶香港特区商标申请量的变化主要是受到中国内地申请的影响，来自中国内地的商标申请量从 2018 年的 7302 件回落到 2021 年的 5918 件，而来自中国香港的申请量则基本保持在 14000 件左右。❷ 与此同时，2021 年外观设计注册申请量仍在持续下降，从 2019 年的 4974 件、2020 年的 3878 件下降到 2021 年的 3858 件，其中来自中国香港和中国内地的申请均有下滑，审批通过的外观设计数量也从 2020 年的 5045 件下降到 2021 年的 4206 件。❸

总的来说，较之 2020 年受到新冠肺炎疫情的影响，香港特区 2021 年的专利、商标申请量均有回升，并首次授予了原授专利；同时，中国香港对来自中国内地的转录专利审批速度大幅提升。但受到中国香港与中国内地疫情政策的影响，来自中国内地的商标申请数量较之峰值仍有所下滑，反映出两地的商业交流有所受阻。

（二）知识产权行政和司法保护

1. 香港、内地相互认可和执行部分知识产权判决的安排

在司法执行方面，在 2019 年 1 月 19 日，最高人民法院与香港特区律政司签署了《关于内地与香港特别行政区法院相互认可和执行民商事判决的安排》（以下简称《安排》），将部分知识产权案件纳入两地相互认可和执行的判决范围，但不包括内地人民法院审理的有关发明专利、实用新型专利侵权的案件，香港特区法院审理的有关标准专利（包括原授专利）、短期专利侵权的案件，以及内地与香港法院审理的有关确认标准必要专利许可费率的案件。《安排》第 29 条规定：该安排在最高人民法院发布司法解释和香港特区完成有关

---

❶ 有关商标、专利、外观设计及版权特许机构：申请及注册/获批予的统计资料 [EB/OL]. [2022 - 04 - 24]. https://www.ipd.gov.hk/chi/intellectual_property/ip_statistics/2022/IPD_D1_D28 - Statistics_chi.pdf.

❷ 有关商标申请的统计资料（按申请人所属国家/地区划分）历年年度报告 [EB/OL]. [2022 - 04 - 24]. https://www.ipd.gov.hk/chi/intellectual_property/ip_statistics/2022/ip_statistics_tm_appl_tc.pdf.

❸ 有关商标、专利、外观设计及版权特许机构：申请及注册/获批予的统计资料 [EB/OL]. [2022 - 04 - 24]. https://www.ipd.gov.hk/chi/intellectual_property/ip_statistics/2022/IPD_D1_D28 - Statistics_chi.pdf; 有关外观设计申请的统计资料（按申请人所属国家/地区划分）历年年度报告 [EB/OL]. [2022 - 04 - 24]. https://www.ipd.gov.hk/chi/intellectual_property/ip_statistics/2022/ip_statistics_design_appl_tc.pdf.

程序后,由双方公布生效日期。❶

目前,《内地民商事判决(相互强制执行)条例草案》已于2022年5月4日提交香港特区立法会讨论,目前中止在二读阶段,仍有待香港特区立法会进一步讨论、表决。香港特区律政司表示,新安排将"提升香港作为国际法律及争议解决服务区域中心的竞争力"。在承认和执行判决机制下,胜诉方可以申请在香港本地法院登记内地的生效判决,并在香港特区以同样的方式执行。香港本地法院亦可发出核证副本及证明书,以便内地认可香港的判决。草案通过后,当事人便可凭借香港或内地法院作出的生效判决,请求另一地法院执行该判决,以进一步加强两地的司法合作。❷

2. 广东省市场监督管理局设立首批香港特区知识产权问询点

在行政保护方面,为有效加强粤港两地知识产权保护交流,经广东省市场监督管理局与香港特区知识产权署共同协商,广东省市场监督管理局决定首批在广州、深圳、佛山、东莞等地的12个国家知识产权局广东业务受理窗口设立香港特区知识产权问询点,提供在香港特区申请商标、专利以及外观设计注册等相关的业务咨询服务,首批问询点已于2021年10月20日正式开始服务。❸ 广东省市场监督管理局有关负责人表示,在内地业务窗口开展香港特区知识产权业务咨询,能够加强粤港澳大湾区的知识产权合作,进一步实现大湾区知识产权公共服务互融互通,营造良好的营商环境,更满足社会公众对知识产权服务的需求,为未来构建"一站式"大湾区知识产权公共服务平台进行了有益探索。❹

---

❶ 关于内地与香港特别行政区法院相互认可和执行民商事判决的安排[EB/OL].(2021-01-18)[2022-04-24]. https://www.court.gov.cn/zixun-xiangqing-139501.html.

❷ Mainland judgement in civil and commercial matters creciprocal enforcements bill [EB/OL]. [2022-04-24]. https://www.gld.gov.hk/egazette/pdf/20222616/es3202226168.pdf.

❸ 广东省市场监督管理局.广东省市场监督管理局关于设立首批香港特别行政区知识产权问询点的通告[EB/OL].(2021-10-15)[2022-04-24]. http://amr.gd.gov.cn/zwgk/tzgg/content/post_3577880.html.

❹ 国家知识产权局广东窗口承接香港知识产权一般咨询服务[EB/OL].(2021-10-27)[2022-04-24]. https://www.163.com/dy/article/GNBLTDK70514R9KQ.html.

3. 知识产权保护国际合作

在国际合作方面，自 2022 年 5 月 5 日起，《马拉喀什条约》在中国正式生效，并适用于香港特区。香港特区早在 2020 年 6 月便通过 2020 年版权（修订）条例优化了与阅读残障人士有关的版权豁免，使香港特区的《版权条例》完全符合《马拉喀什条约》的标准。香港特区知识产权署发言人也表示：《马拉喀什条约》适用于香港特区使阅读残障人士更易获取版权作品的无障碍格式版，显示和肯定香港特区致力维护有关国际标准。同时，2022 年 4 月 6 日，中国香港特区知识产权署与澳大利亚知识产权局更新了中国香港特区与澳大利亚 2019 年在知识产权领域合作签订的备忘录，为期 3 年。根据备忘录，中国香港与澳大利亚将在包括识产权保护及商品化、提升专利审查的能力、推行国际商标注册制度、知识产权争端解决宣传，以及建立管理知识产权审查及批予的信息科技系统等方面交流经验和分享信息。❶

三、建议和展望

（一）推进《版权条例》的修订工作

版权制度是知识产权制度的重要一环，对鼓励创造、文化艺术发展以及促进知识传播都极为关键，是知识经济的基石。香港特区政府自 2006 年起一直试图修订《版权条例》，以适应互联网等传播技术的发展，可惜一直受到各种阻挠，以致耽误了十年之久，使得香港特区的版权法规远远落后于其他司法区域，不仅无法规制未经许可通过互联网直播、在线播放等方式利用版权保护作品的行为，甚至也没有规定互联网侵权中的"避风港原则"。为实现《"十四五"规划纲要》支持香港特区建设区域知识产权贸易中心、国际创新科技中心及中外文化艺术交流中心的要求，香港特区应把握机会，争取早日

---

❶ 香港与澳洲更新知识产权领域合作备忘录 [EB/OL]．[2022-05-06]．https://www.ipd.gov.hk/sc/whats_new/news.htm；香港与澳洲就知识产权领域合作签订谅解备忘录 [EB/OL]．(2019-03-26)[2022-05-06]．https://www.info.gov.hk/gia/general/201903/26/P2019032600423.htm．

完成搁置已久的《版权条例》修订工作，将其滞后的版权保护措施提升到国际水平。

目前，《版权条例》修订的公共咨询已经结束，政府公布了所收到的62份书面意见，并作出了相关回应。知识产权署表示：考虑到大部分回应者整体上支持以草案作为此次条例修订工作的基础并希望尽早通过修订条例草案，政府确认其将建议香港特区立法会以草案作为基础修订《版权条例》，并更新数字环境中的版权制度。香港特区知识产权署计划在2022年上半年向香港特区立法会提交有关修订条例草案，草案将对个别条文作出适当的澄清或调整，例如修订《版权条例》中某些由2020年版权（修订）条例引入或修订的关于阅读残障人士的条文，就《版权条例》中不同的罪行给予香港特区的海关调查人员一定的执法权力，以及废除一些过时的条文，包括现行《版权条例》中某些关于连环图册租赁权的条文。❶ 但正如部分建议所指的那样，在完成当前《版权条例》修订工作的同时，香港特区政府还应当考虑如何提高执行能力，以确保《版权条例》赋予的权利能得到有效保护，例如赋予香港特区政府相关的执法权、适用版权内容过滤系统、版权监测系统等，以提高其执法能力和侵权阻止手段，以及高水准的版权保护。

（二）提高专利实质审查能力

原授标准专利制度的设立要求香港特区从零开始建立专利实质审查能力。目前，香港特区知识产权署每年收到的原授专利申请仅为250件左右，申请数量仍相对较低，不能实现其应有的制度价值。❷ 其中，专利注册处2021年仅审查通过了7件原授标准专利，虽然实现了零的突破，但其专利实质审查能力及审查效率仍有待提升。❸ 只有专利实质审查能力提升，原授专利的申请

---

❶ 更新香港版权制度：公众咨询结果和建议未来路向 [EB/OL]. [2022-04-24]. https://www.cedb.gov.hk/assets/resources/citb/(Chi)%20CI%20Panel%20paper%20for%2019.4.2022%20(Item%20III)_final.pdf.

❷ 有关商标、专利、外观设计及版权特许机构：申请及注册/获批予的统计资料 [EB/OL]. [2022-04-24]. https://www.ipd.gov.hk/chi/intellectual_property/ip_statistics/2022/IPD_D1_D28-Statistics_chi.pdf.

❸ 有关获批予原授标准专利的统计资料（按所有人所属国家/地区划分）历年年度报告 [EB/OL]. [2022-04-24]. https://www.ipd.gov.hk/chi/intellectual_property/ip_statistics/2022/ip_statistics_of_std_patent_o_granted_tc.pdf.

量才有望提升，原授专利才能发挥其价值，吸引更多发明人到香港特区研发、投资高新技术。对此，除了培养香港特区本地的专利审查人员外，香港特区知识产权署还可以吸引内地有经验的专利审查人员交流任职，以帮助香港特区专利实质审查队伍的建设，并加强两地在专利申请及审查方面的合作。同时，香港还应与内地研究将 PCT 的适用范围扩展至包括香港的原授专利制度，以增加香港原授专利对发明人的制度吸引力。

（三）加强两地知识产权保护合作

香港与内地拥有各自的知识产权体系，加强两地知识产权保护的合作，包括行政及司法合作，是促进香港特区长期繁荣稳定、构建大湾区一体化的重要一步。随着两地民商事判决相互执行的安排实施在即，两地在司法方面的合作将进一步深化。在现有的安排下，双方可以考虑在未来扩大互认的判决范围，涵盖与专利相关的民商事判决。在行政保护方面，在广东省设立香港特区知识产权问询点是有益的尝试。下一步，香港应考虑如何便利内地的知识产权人申请注册香港的商标、专利及外观设计，例如在内地设立受理申请点等，充分利用香港特区建立的原授专利审查制度及商标、外观设计审查机制。两地还可就知识产权联合执法、人才培养等进一步探索交流合作机制，发挥两地的制度优势，提高知识产权保护水平，吸引更多的高新科技产业。

第3章 澳门特区知识产权报告

一、澳门特区知识产权制度和政策[1]

(一) 知识产权制度

依据澳门特区行政长官贺一诚在2020年12月16日颁布第45/2020号行政法规,澳门特区经济局于2021年2月1日重组并更名为经济及科技发展局,增加推动科技创新发展的职能,增设科技厅及其下设两个处级单位,负责协调和推动科技领域的工作。此外,强化专利范畴的管理及服务,提供到位支援,营造有利的发展环境。

(二) 知识产权政策支持

1. 知识产权公共行政服务优化与电子化

(1) 公共行政程序优化

为向公众提供高效便捷的优质服务,以达至便民简政及优化公共行政服务的目的,澳门特区经济及科技发展局持续优化内部工作业务流程管理,建立良好运作机制,提高对外服务水平,进一步提升公共行政的效能。澳门特区经济及科技发展局除了不断加强电子化建设,为公众提供更多网上申请服务外,亦持续处理公众以亲临方式向澳门特区经济及科技发展局递交各项服

---

[1] 本章所涉政府政策均来自澳门特区经济及科技发展局网站之规范与新闻。

务的申请。2021 年,澳门特区经济及科技发展局二楼综合接待中心——知识产权接待柜台接获公众亲临办理工业产权相关服务共 5838 人次,涉及处理各类工业产权的注册申请共 5470 件,其他行为申请共 12367 件,分别占全年处理总量的 3.76% 及 34.83%。

(2)推动知识产权电子政务

澳门特区经济及科技发展局一直致力提高公共行政效率和服务质量,通过实施"知识产权公共服务电子化"计划,持续加强对知识产权的电子申请、信息提供服务及信息基础设施建设,提升知识产权公共服务的便捷程度。截至 2021 年,澳门特区经济及科技发展局已先后推出 20 项有关工业产权申请的电子服务。自 2014 年 11 月开通"商标注册申请电子服务"后,实现了商标注册申请的实时处理电子化。商标注册申请人可于澳门特区经济及科技发展局网站登记成为电子提交服务用户,通过服务系统以电子方式提交申请。随着该项服务日渐被申请人了解和熟悉,以及其他工业产权电子申请服务功能的增加和系统的不断完善,提高了用户的支持和参与度,用户人数不断增加。2021 年,通过电子申请系统提交的商标申请占总申请量的 70.58%,所占比例较 2020 年增加 2.39%。

1)推出"工业产权检索报告电邮发送"服务

为持续完善及扩展工业产权申请电子化服务内容,提高服务质量,澳门特区经济及科技发展局于 2021 年 6 月 28 日推出"工业产权检索报告电邮发送"服务,申请人在申办工业产权检索报告时,可选择以电子邮件的方式或亲临澳门特区经济及科技发展局领取报告。此服务的推出既能节省申请人的时间,亦可让申请人及时掌握工业产权信息。

2)推出网上提交"国家知识产权局发明专利的延伸申请"及"宣布失效"服务

为配合澳门特区政府电子政务的发展,切合公众对知识产权服务不断提高的需求,澳门特区经济及科技发展局于 2021 年 10 月 18 日推出网上提交国家知识产权局发明专利的延伸申请,以及工业产权宣布失效申请。随着新项目的推出,知识产权服务便利化水平得到进一步提升,为科技创新提供有力支撑。自服务系统推出后至 2021 年 12 月 31 日,国家知识产权局发明专利的延伸申请的网上申请量占同期申请总量的 50.35%。

3）继续推行"商标注册申请网上填表与提交备案"服务

"商标注册申请网上填表与提交备案"服务是为没有使用电子证书的申请人而设，其目的除了为该等用户提供便利的电子表格外，亦提供申请档案储存和管理等服务功能。自2009年推出此项服务以来，澳门特区经济及科技发展局因应用户意见，不断完善系统功能，以确保服务系统更方便易用。随着系统的日益完善，该项服务已得到商标注册申请人的认可。2021年，通过该系统提交的商标申请占总申请量的2.14%，较2020年减少0.03%，占比偏低的主要原因是更多申请人转用了网上申请服务。

2. 深化跨域知识产权保护与合作之政策

（1）与国家知识产权局的合作与交流

1）专利保护工作

为促进澳门特区经济及科技发展局与国家知识产权局在知识产权领域的合作交流，双方于2003年签署了《国家知识产权局和澳门特别行政区政府经济局关于在知识产权领域合作的协议》，并于2020年在上述协议的基础上进一步签署了《国家知识产权局和澳门特别行政区政府经济局关于深化在知识产权领域交流合作的安排》。通过国家知识产权局的积极支持和技术援助，澳门特区的专利保护工作取得一定的成效，截至2021年12月31日，澳门特区经济及科技发展局寄送国家知识产权局作实质审查的发明专利申请1194件，实用专利申请255件。按照合作安排，已向国家知识产权局提出发明专利申请的申请人以及已获国家知识产权局授予发明专利的权利人，为获得澳门特区的保护，可根据澳门特区《工业产权法律制度》的规定，在澳门特区经济及科技发展局办理相关的延伸手续。此项快捷方便取得保护的申请方式，吸引了更多企业将其在内地的发明专利延伸至澳门生效。截至2021年12月31日，澳门特区经济及科技发展局共受理5688件国家知识产权局发明专利要求延伸至澳门特区生效的申请，其中已获准在澳门特区生效的达5036件，占申请总量的88.54%。

2）数据和文献合作

2021年澳门特区经济及科技发展局继续与国家知识产权局展开数据和文献合作，定期向国家知识产权局寄送澳门特区的各类专利数据和文献资料，以便及时跟踪相关信息的动态,为国家知识产权局信息化业务发展提供参考。

3)行政交流

为进一步深化内地与澳门知识产权合作交流,澳门特区经济及科技发展局于 2021 年 5 月 24—25 日派员赴北京拜访国家知识产权局,就知识产权政策规划和加强合作等事宜进行了深入交流。双方围绕国家《"十四五"规划纲要》《区域全面经济伙伴关系协定》等政策举措,就完善知识产权政策体系和管理体系,全面加强知识产权的创造、运用和保护,着力提升知识产权引领创新驱动能力等方面进行深入交流,并就开展新模式的数据传输方案进行了讨论。澳门特区经济及科技发展局一行拜访国家知识产权局商标局,了解商标局的最新工作情况,以及商标图形智能检索系统和商标网上服务系统的运作,并到访专利局专利审查协作北京中心,与专利审查人员进行交流,加深对内地商标、专利审查工作进展的了解。

(2)泛珠三角区域合作与交流

2021—2022 年泛珠三角区域知识产权公务人员交流活动"落实《"十四五"规划纲要》,推动知识产权贸易发展"会议于 2021 年 7 月 23 日通过在线形式举行,澳门特区经济及科技发展局代表出席了会议。此次会议分别邀请了一邦国际网上仲调中心有限公司及香港特区生产力促进局汽车科技研发中心的代表对知识产权贸易发展作专题介绍。通过专题演讲及互动交流,加强区域内各方的进一步合作,共同推动泛珠三角区域在知识产权贸易的进一步发展。

(3)粤港澳大湾区合作与交流

1)人才流通与培养

2021 年 5 月 18 日,广东省市场监督管理局(知识产权局)、香港特区知识产权署和澳门特区经济及科技发展局在广州联合主办"粤港澳大湾区知识产权人才发展大会暨知识产权人才供需对接系列活动"开幕式及专题论坛。专题论坛包括"聚焦国际产业竞合机遇与挑战,共商知识产权人才培养与提升"主论坛,以及"知识产权人才市场需求论坛""知识产权院长论坛"两个分论坛,另特设人才供需对接展位。此次活动成功为知识产权人才领域提供了研讨交流平台,共同推动粤港澳大湾区人才流通和培养发展,以知识产权人才助力粤港澳大湾区高质量发展建设。活动现场吸引来自粤港澳三地和全国的企业机构、高校、科研院所等近300人参加,并同步通过视频直播。

2)合办"2021年湾高赛"

由广东省知识产权局、香港特区知识产权署、澳门特区经济及科技发展局和佛山市人民政府共同主办的"2021年湾高赛"于2021年5月28日在佛山市正式启动。湾高赛是自2019年起举办的粤港澳大湾区首个以专利培育布局为主题的活动,面向内地及港澳地区各类创新主体展开,重点考察项目整体技术先进性和市场竞争力、前期专利布局质量、高价值专利培育布局成果等三方面,分为宣传推广、初赛、复赛、决赛四个阶段。通过发掘一批技术领先、市场潜力大、专利价值培育工作开展较好的专利创新项目,以点带面增强粤港澳大湾区的创新能力和高价值专利培育布局水平,加快粤港澳大湾区高质量发展。此次湾高赛以"汇聚高价值专利,筑梦大湾区未来"为主题,所有参赛项目以发明初创组、发明成长组、外观设计和集成电路布图设计组划分,设金奖和优秀奖合共35个奖项,共收到902个有效报名项目。此次赛事澳门特区参赛团队共获得一个金奖、二个优秀奖的佳绩。

3)合办"粤港澳大湾区专题论坛"

2021年12月2日,由广东省市场监督管理局(知识产权局)、香港特区知识产权署、澳门特区经济及科技发展局、香港贸易发展局共同主办的"粤港澳大湾区专题论坛"在"第十一届亚洲知识产权营商论坛"期间于广州以在线结合线下形式举行,澳门特区经济及科技发展局代表参加专题论坛并作致辞。

此次专题论坛以"十四五"规划下知识产权在粤港澳大湾区的发展机遇为主题,邀请到来自国家知识产权局和粤港澳三地多名知识产权专家学者及业界人士作演讲,介绍了国家知识产权战略规划以及粤港澳三地知识产权行业发展情况。论坛有效促进粤港澳三方在知识产权成果转化、信息共享、高端人才培训等方面的交流与合作,对推动知识产权保护、助力粤港澳大湾区创新发展发挥积极作用。

(4)粤澳合作与交流

1)出席"珠澳知识产权公共服务平台共建签约暨粤澳合作中医药科技产业园知识产权权培育指导站揭牌仪式"

2021年4月26日,澳门特区经济及科技发展局派员出席由珠海市市场监督管理局（知识产权局）及珠海横琴新区市场监督管理局（知识产权局）在粤澳合作中医药科技产业园主办的"琴澳知识产权公共服务平台共建签约暨粤澳合作中医药科技产业园知识产权培育指导站揭牌"仪式活动。

活动现场举行系列签约仪式，澳门知识产权服务中心与横琴国际知识产权交易中心签订协定，联手共建琴澳知识产权公共服务平台，围绕门户框架、大数据检索、知识产权运营、维权援助、产业联盟及专利池、培训和专利数据库等方面加强合作。同时，粤澳合作中医药科技产业园知识产权培育指导站正式揭牌，该服务站将深入园区为企业提供针对性的咨询服务，提升企业品牌意识，协助企业完善知识产权管理体系，引导企业发展品牌。

2）出席"澳门国际贸易投资展览会"知识产权分论坛

由广州开发区知识城国际知识产权促进会及澳门技术创新协会共同主办，以"穗澳创新赋动能，知识产权助发展"为主题的第二十六届"澳门国际贸易投资展览会"知识产权分论坛于2021年12月11日举行，澳门特区经济及科技发展局代表出席论坛并作出致辞。论坛内容围绕粤澳地区在现代金融服务、文旅会展、高新技术产业和现代制造四大行业进行交流探讨，旨在宣扬知识产权对企业创新发展的重要性，催化粤澳知识产权业界的交流合作与两地企业的互相对接，有助于促进澳门特区知识产权的发展及企业拓展境外市场，成功吸引来自粤港澳大湾区多家企业人员、科研院所及知识产权服务机构代表参加。

3）协助澳门澳门特区考生参加"专利代理师资格考试"

根据《内地与澳门关于建立更紧密经贸关系的安排》第二阶段达成的协议中有关专利代理服务领域对澳门特区扩大开放的内容，符合资格的澳门特区居民自2004年起，可报名参加每年由国家知识产权局举办的"专利代理师资格考试"，考试合格者可取得《专利代理师资格证书》。2021年度"专利代理师资格考试"原定于2021年11月6日至7日在全国多个城市举行，鉴于新冠肺炎疫情影响，考试延至2022年1月15日至16日在全国25个城市举行。另外，因应部分省市疫情防控等原因，北京、天津、西安、广州、郑州等考点的考试延期举办，具体时间视疫情形势择时确定。2021年度"专利代理师资格考试"澳门特区共有9人成功报名参加。

(5) 港澳合作与交流

加强双方信息资源共享为了让公众方便快捷获得内地和港澳地区三地知识产权制度的相关信息，广东省市场监督管理局（知识产权局）、香港特区知识产权署和澳门特区经济及科技发展局于 2003 年 12 月共同创建了"粤港澳知识产权数据库"网站（网址：www.ip-prd.net）。通过网页，公众可浏览粤港澳三地知识产权的最新资料，包括相关的法律法规、注册制度和执法工作等内容。为持续建设相关的知识产权信息平台，澳门特区经济及科技发展局与香港特区知识产权署不定期地就有关信息的更新工作交换意见，不断完善数据库的内容，并适时对数据库作出更新，使信息更全面，以确保相关信息交流渠道的畅通。

3. 支持市场主体发展与保护知识产权的政策

（1）支持商会为澳门企业提供商标申请的咨询及对接

为协助澳门企业做好在内地的品牌保护和维权工作，更有效地拓展内地市场，澳门特区经济及科技发展局自 2016 年与澳门连锁加盟商会签署《关于支持澳门企业在内地注册商标的合作协议》起，一直支持该会设立"内地商标注册咨询服务中心"，为澳门需要在内地注册商标的企业及个人提供内地商标注册咨询及申请对接的免费服务。考虑知识产权的保护在促进企业发展和经济增长方面的重要作用，以及适应内地与港澳地区日益发展的经贸关系，澳门特区经济及科技发展局与澳门连锁加盟商会于 2021 年 12 月 11 日签订《关于支持澳门企业在内地、香港及澳门取得知识产权保护的合作协议》，支持该会将"内地商标注册咨询服务中心"升级为"大湾区知识产权咨询服务中心"，为澳门特区中小企业和市民提供更全面的服务，包括在内地与香港、澳门取得知识产权的咨询及申请对接等服务，进一步推动澳门品牌发展，协助澳门品牌"走出去"。截至 2021 年 12 月 31 日，该中心共接获 771 宗查询和预约，已委托内地代理公司提交商标申请 239 件。

（2）持续推动"澳门特色老店"品牌传承和创新发展

2021 年，"特色老店扶持小组"持续跟踪特色老店的发展，组织"澳门特色老店"评定委员会成员实地走访 12 家特色老店了解其经营现况，获特色老店商号负责人肯定"扶助计划"成效，亦有澳门和内地多个知名品牌向特色老店发出跨界联名合作邀请，涉及旅游、服装、餐饮、影视、超商、电商平台等行业，对特色老店建立品牌形象、提升品牌知名度、彰显品牌独特性、增加消费者信心等均有显著作用。此外，特色老店亦获澳门特区邮电局支持，发行以"澳门特色老店"为主题的新邮品，并于 2021 年 12 月 11 日由澳门连锁加盟商会举办了"澳门特色老店"主题邮品发布会暨"澳门特色老店"专题论坛，论坛邀请专家学者及特色老店商号负责人分享特色老店品牌发及创新传承的心得与经验。

二、澳门特区知识产权发展状况[1]

2021 年，面对席卷全球的新冠肺炎疫情，澳门特区整体经济活动承受着前所未有的压力，大中小企业的经营持续面临挑战。与 2020 年相比，澳门特区经济仍有所复苏，各项工业产权注册申请呈平稳向上的态势。商标、设计及新型的申请量较 2020 年获得正增长，同比分别增加 9.41% 及 27.54%，发明专利、国家知识产权局发明专利延伸及实用专利合计申请量较 2020 年上升 55.77%，凸显出现今社会通过知识产权工具扩展事业的新趋势及企业创新能力的持续提升（见表 3-1）。

表 3-1 澳门特区 2020—2021 年各类工业产权注册/登记申请年度状况

年份	商标/件	营业场所名称及标志/件	发明专利/件	发明专利的延伸/件	实用专利/件	设计及新型/件	药品补充证书/件	嘉奖/件	原产地名称或地理标记/件
2020	13475	16	66	628	43	207	2	1	1
2021	14743	8	37	1080	31	264	5	—	—

（一）商标申请与注册

2021 年澳门特区的商标申请量较 2020 年平稳上升 9.41%，全年共受理 14743 件申请。在各类工业产权申请量中，商标申请量持续高居榜首，占全年

---

[1] 本节所涉及数据均来自澳门特区经济与科技发展局网站之统计数据。

申请总量的 91.19%。2021 年，澳门特区经济及科技发展局受理的商标注册申请中，产品商标的申请量为 9237 件，服务商标的申请量为 5506 件，截至 2021 年 12 月 31 日，商标注册的累计申请总量为 207572 件，其中产品商标 139206 件，服务商标 68366 件，各占申请总量的 67.06% 和 32.94%。对比 2020 年，分别增加 7.28% 和 13.18%。此外，2021 年获准注册的商标共 13136 件。

2021 年，在澳门特区提出商标注册申请数量最多的十个类别包括：第 35 类（广告，实业经营，实业管理，办公事务）；第 9 类（科学仪器，计算机，数字存储媒介等）；第 5 类（药品，婴儿食品，卫生用品等）；第 41 类（教育，提供培训，娱乐，文体活动）；第 43 类（提供食物和饮料服务，临时住宿）；第 3 类（洗衣用漂白剂，清洁、擦亮、去渍及研磨用制剂，肥皂，香料，化妆品，洗发水，牙膏等）；第 30 类（咖啡，茶，谷类制品，糕点，糖，鲜酵母，发酵粉，食盐，调味用香料等）；第 25 类（服装，鞋，帽）；第 42 类（科学技术服务，工业分析与研究等）及第 29 类（肉，鱼，家禽及野味等）。该十类产品或服务共有 9373 件申请，占 2021 年全年商标注册申请量的 63.58%，其余 35 个类别共有 5370 件申请，占 2021 年全年商标注册申请量的 36.42%（见表 3-2）。

表 3-2　澳门特区 2020—2021 年商标注册申请量按产品和服务类别划分年度状况

类别	2020 年/件	2021 年/件
第 1 类	89	64
第 2 类	24	22
第 3 类	802	807
第 4 类	55	80
第 5 类	1044	1207
第 6 类	70	56
第 7 类	114	115
第 8 类	75	54
第 9 类	1126	1214
第 10 类	341	264
第 11 类	176	179

续表

类别	2020年/件	2021年/件
第12类	143	207
第13类	7	2
第14类	240	295
第15类	22	23
第16类	315	360
第17类	31	25
第18类	312	353
第19类	51	77
第20类	126	141
第21类	234	240
第22类	9	10
第23类	4	5
第24类	131	149
第25类	646	678
第26类	36	45
第27类	19	55
第28类	359	330
第29类	474	534
第30类	654	787
第31类	110	110
第32类	400	350
第33类	263	280
第34类	108	119
第35类	1575	1721
第36类	337	363
第37类	143	149
第38类	249	267
第39类	202	157
第40类	42	58
第41类	769	919
第42类	535	647

续表

类别	2020 年/件	2021 年/件
第 43 类	640	859
第 44 类	274	237
第 45 类	99	129

2021 年，来自中国内地的商标申请占据全年申请总量的首位，其后依次是中国澳门、美国、中国香港、日本、英国、法国、新加坡、瑞士等，它们的申请量占 2021 年申请总量的 84.01%。从申请人来源地统计的情况与 2020 年相比，排名前五位的情况与 2020 年相同，分别是中国内地、中国澳门、美国、中国香港及日本。❶

（二）专利申请与授权

1. 发明专利

2021 年在澳门特区提交的发明专利申请共有 37 件，较 2020 年减少 43.94%。申请类别主要集中在 A63F 类及 G07F 类，该两个类别的申请共占全年类别申请总量的 60.00%。此外，2021 年获授权的发明专利共 15 件❷（见表 3-3）。

表 3-3 澳门特区 2021 年按申请人所属国家/地区划分发明专利注册申请量

国家/地区	2021 年/件
美国	11
日本	10
中国（不包含港澳台数据）	3
中国台湾	3

---

❶ 2020 年，在澳门特区提交的申请中，来自中国内地的商标申请占据全年申请总量的首位，其后依次是中国澳门、美国、中国香港、日本等，它们的申请量占 2020 年申请总量的 83.08%。

❷ 2020 年全年发明专利的申请共有 66 件，申请主要集中在 A63F 类、G06K 及 G07F 类，该三个类别的申请共占全年申请量的 65.22%，同年获授权的发明专利共 23 件。

续表

国家/地区	2021年/件
比利时	3
中国香港	2
中国澳门	2
新加坡	1
英国	1
库克群岛	1
合计	37

2021年，在澳门特区提出发明专利注册的申请人分别来自10个国家或地区，包括美国、日本、中国（含港澳台）、比利时、新加坡、英国和库克群岛，其中美国和日本的申请分别占全年申请量的29.73%和27.03%。

与2020年相比，在澳门特区提出发明专利注册的申请人的来源情况变化比较大。❶ 此外，2021年送往国家知识产权局作实质审查的发明专利申请共62件，较2020年增加113.79%，2020年寄送国家知识产权局作实质审查的发明专利申请共29件。

特别值得注意的是，2021年申请延伸至澳门特区生效的国家知识产权局发明专利共有1080件，较2020年增加71.97%，同年获准延伸至澳门特区生效的共869件。❷

2021年的申请含多类别申请，主要集中在A61P类（化合物或药物制剂的治疗活性）、A61K类（医用、牙科用或梳妆用的配制品）及C07D类（杂环化合物），这三个类别占所有类别全年申请量63.13%。

2021年，国家知识产权局发明专利延伸至澳门特区生效的申请人来自36个国家/地区，包括中国、美国、瑞士、日本、新加坡、荷兰、韩国、英国及德国等，其中，中国、美国及瑞士的申请分别占全年申请量的25.09%、

---

❶ 2020年，在澳门特区提出发明专利注册的申请人分别来自12个国家/地区，包括新加坡、中国（含港澳台）、日本、英国、美国、斯洛文尼亚、土耳其、韩国和澳大利亚，其中，新加坡的申请占全年申请量的34.85%。

❷ 2020年申请延伸至澳门特区生效的国家知识产权局发明专利共有628件，获准延伸至澳门特区生效的共590件。

24.17%及12.04%，主要的申请来源地的情况较2020年有所变化。❶

2. 实用专利

2021年在澳门特区提交的全年实用专利的申请共有31件，较2020年减少27.91%。❷ 此外，同年获授权的实用专利共10件。2021年的实用专利申请以F04B类（液体变容式机械；泵）较多，占申请总量的8.82%。申请人来自中国澳门、中国香港和中国内地，分别占全年申请量的51.61%、32.26%及16.13%❸（见表3-4）。

表3-4 澳门特区2021年实用专利注册申请量按申请人所属/地区划分对比

地区	2021年/件
中国澳门	16
中国香港	10
中国内地	5
合计	31

（三）设计及新型

2021年全年在澳门特区提交的设计及新型的申请共有264件，较2020年增加27.54%。❹

2021年在澳门特区提交的设计及新型申请主要集中在第11类（装饰品）、第9类（用于商品运输或装卸的包装和容器）、第10类（钟、表和其他计量仪器、检测和信号仪器）、第3类（其他类未列入的旅行用品、箱子、阳

---

❶ 2020年，国家知识产权局发明专利延伸至澳门特区生效的申请人来自31个国家或地区，包括美国、中国、瑞士、日本、荷兰、德国、韩国、瑞典、英国等，其中，美国、中国及瑞士的申请分别占全年申请量的27.55%、19.43%及13.85%。
❷ 2020年全年在澳门特区提交的实用专利的申请共有43件，同年获授权的实用专利共6件。
❸ 2020年在澳门特区提交的实用专利申请人来自中国（包含澳门和台湾地区）、日本、库克群岛和澳大利亚，其中，中国内地、中国澳门及中国台湾的申请分别占全年申请量的58.14%、23.26%及11.63%。
❹ 2020年全年在澳门特区提交的设计及新型的申请共有207件。

伞和个人用品）及第 14 类（录音、通讯或信息再现设备），这五个类别的申请占全年申请量 70.41%，同年获授权的设计及新型共 177 件。

2021 年，在澳门特区提交的设计及新型注册的申请人来自 17 个国家或地区，包括中国（含港澳数据）、法国、瑞士等，来自这些国家或地区的申请占全年申请量的 78.79%（见表 3-5）。

表 3-5　澳门特区 2021 年设计及新型的注册申请量按申请人所属国家/地区划分对比

国家/地区	2021 年/件
中国（不包括港澳台数据）	68
法国	52
瑞士	32
中国澳门	29
中国香港	27
意大利	20
美国	13
日本	9
韩国	2
瑞典	2
德国	2
卢森堡	2
中国台湾	1
西班牙	1
英国	1
澳大利亚	1
合计	264

（四）其他工业产权申请与授权

1. 营业场所名称及标志的申请与登记❶

2021年全年澳门特区营业场所名称及标志的申请共有8件，较2020年减少50.00%；2021年获准登记共7件。截至2021年12月31日，营业场所名称及标志的累计申请量为313件，申请类别主要集中在餐饮业及零售贸易，此等服务类别共有189件申请，占申请总量的60.38%。

2. 发出药品及植物药剂产品保护补充证明书❷

截至2021年12月31日，澳门特区共受理23件有关请求发出药品及植物药剂产品保护补充证明书的申请。

3. 嘉奖的申请与登记❸

截至2021年12月31日，澳门特区共受理5件有关嘉奖的申请。

---

❶ 参见澳门《工业产权法律制度》第三编"工业产权类型"之第五章"营业场所名称及标志"之规定，仅有符合法律规定之任何供某企业营运之营业场所之显著标记，方可透过营业场所之名称及/或标志证书成为工业产权法之保护对象。①为着产生本法规之效力，任何单纯由图案或图画构成之外部标记，或由图案或图画与营业场所之名称或其他词语等联合构成之外部标记，均视为营业场所之标志。②商铺、仓库或工厂之外墙装饰及向公众展示之部分之装饰，以及组成某旗帜之颜色，均得构成能完全区分有关营业场所之标志。

❷ 特殊专利保护规则，参见澳门《工业产权法律制度》第三编"工业产权类型"之第一章"专利"之第三节之规定，要求发出药品及植物药剂产品之保护补充证明书（以下简称"补充证明书"）之申请，须以该地区正式语文作成之请求书作出；该请求书须指明申请人之姓名或商业名称、其国籍以及住所或营业场所之所在地点，并须附同以下资料：①专利编号以及受该专利所保护之发明之名称；②将产品投放澳门市场之首个许可之编号及日期。

❸ 在澳门特区，以下为"嘉奖"，下列者可通过嘉奖登记证成为工业产权法之保护对象：①该地区或其他国家或地区所授予之功绩或优质勋章；②在官方举办或获该地区或其他国家或地区官方承认之展览会、展销会及竞赛上所得之奖章、证书、奖金或其他性质之奖励；③由该地区之实验室及其他机关，或就有关目的具有资格之机构所发之证书、分析证明或所给予之表扬；④该地区、其他国家或地区之官方机构、其他官方实体或场所之供应人证书；⑤具官方性质之其他奖励或首选表示。参见澳门《工业产权法律制度》第三编"工业产权类型"之第七章"嘉奖"之规定。

4. 原产地名称/地理标记的申请与登记❶

截至2021年12月31日，澳门特区共受理3件有关原产地名称/地理标记的申请。

三、建议和展望

2021年疫情持续影响，澳门特经济遭受冲击非常大，整体经济活动放缓，各行各业、大中小企业面对各种困难和挑战。但通过专利、商标申请量来看，申请量并未受到太大影响，国家知识产权局专利申请在澳门特区的延伸及国家知识产权局授权专利在澳门特区的延伸申请方面，呈现上升的趋势，另外在原产地证书及地理标志的申请方面，开始实现零的突破；以上反映了行业对澳门特区经济适度多元的期待以及体现了澳门特区经济的潜在活力，澳门特区知识产权发展出现了新趋势，企业创新能力正在稳步慢速提升。但同时我们应该客观看到澳门特区知识产权数量与质量都还存在提升空间。

（一）在澳门特区知识产权法律方面

应正视法律与社会经济生活之滞后性问题，澳门域内知识产权法律制度源起于葡萄牙之知识产权法律制度，在回归之前制度基本没有变化；随着澳门特区回归及相关知识产权公约的约束，澳门特区知识产权法律制度进行了法律本地化，但效果不甚明显；另外，对于知识产权国际公约在澳门特区的效力问题，也应该进行一定的检视，如《巴黎公约》对澳门特区具有约束力，但与该公约配套的专利及商标国际注册体系，例如《专利合作公约》《商标国际注册马德里协定》《商标国际注册马德里议定书》都对澳门特区没有约束力，这对于澳门特区专利、商标的国际保护是不足的，需要进一步完善。

---

❶ 澳门《工业产权法律制度》第三编"工业产权类型"之第六章"原产地名称及地理标志"之规定，下列者，方可通过原产地名称证书成为该法规之保护对象①某个区域、地方、国家或地区之名称，用以表示或识别某一产品来自该区域、地方、国家或地区，而该产品因地理条件，包括自然因素及人之因素而具有根本或独特之质量或特征，且产品必须在限定之地理区域内生产、加工及制作；②地理或非地理上之某些传统名称，用以表明产品来自某特定区域或地方，并符合上项所定之条件。

（二）在澳门特区知识产权政策方面

应加强与澳门特区产业政策的对接，以政策的灵活性来补充法律滞后性带来的规则对产业激励之不足。

2021年澳门特区在知识产权政策方面，无论是电子化还是跨域知识产权政策支撑方面，都采取了积极主动推进的态度。紧紧围绕促进澳门特区经济适度多元发展这条主线，做好加快横琴粤澳深度合作区建设这篇大文章。建立共商共建共管的体制机制，尽最大努力聚焦优势领域发展新产业，构建横琴与澳门一体化高水平开放的新体系。在这种政策利好的前提下，澳门特区未来应该抓住政策红利，以横琴粤澳深度合作区为契机，扩展中国与葡语国家商贸合作服务平台功能，打造以中华文化为主流、多元文化共存的交流合作基地，支持澳门特区发展中医药研发制造、特色金融、高新技术和会展商贸等产业，促进经济适度多元发展，在此基础上需要继续对知识产权相关行业加大力度培训，应当对诸如医药专利类似的符合澳门特区发展需求的专利给予更多的政策上的支持，对于不同体系下的知识产权制度也需要更深层次的理解。

澳门与内地高校和科研机构之间应继续深化合作，可在资金、设备、人员互通方面加强合作，建立以企业为主体、市场为导向、产学研深度融合的技术创新体系，实施粤澳科技创新合作发展计划，完善利益分享机制。

澳门特区应当在其中医药研发制造、特色金融、高新技术和会展商贸等产业，加大政策力度，招纳符合其特点的人才、设立符合其发展需求的企业。在粤港澳大湾区出入境、工作、居住、物流等领域继续放宽政策，持续优化区域创新环境，促进科技和学术人才的交流。粤澳两地应继续推进港澳在创业孵化、科技金融、成果转化、国际技术转让、科技服务业等领域开展深度合作，继续提升大湾区知识产权服务业的水平。

在未来发展中，粤澳合作中医药科技产业园开展中医药产品海外注册公共服务平台的建设，充分显示澳门特区作为粤港澳大湾区中心城市的作用，可以依靠横琴粤澳深度合作区和经济适度多元的新平台，便于澳门经济的新发展，使澳门发展成为中医药研发制造、特色金融、高新技术和会展商贸等产业的中心平台。在此基础上，澳门特区可以发挥自身优势，作为中国与葡语国家的服务平台，同样葡语国家的知识产品也可以通过粤港澳大湾区和"一带一路"倡议的对接，走进东南亚国家和中国内地，以进一步的具体政策吸引葡语国家在澳门特区申请知识产权，带来高质量、高价值的专利；支持将澳门特区作为中国与葡语国家知识产权争议解决乃至贸易争议解决的首选之地。运用好澳门特区自身优势，使葡语国家与粤港澳大湾区的知识产权交流与合作发挥到最大作用，可进一步协助内地与葡语国家的知识产权基本法律问题的查明。提升自身知识产权数量和质量，吸引葡语国家的跨国公司落户大湾区，支持和参与大湾区的建设。

（三）继续加强知识产权跨域保护的协调

粤港澳大湾区涉及三个关税地区、三种不同的海关治理制度，协调粤港澳大湾区内监管制度、创新边境合作模式将是发展粤港澳大湾区的重要举措。随着电子商务的迅速发展，加强跨区行政知识产权保护很有必要。港澳在与内地对于知识产权保护协同方面，规则的衔接很重要，我们可以通过研究港澳与内地的知识产权保护制度的异同，进行制度融合，甚至引入制度去促进粤港澳三地知识产权保护水平的提高。我们看到澳门特区在专利代理师资格考试方面的协调工作，但未来需要进一步考虑粤港澳三地知识产权相关专业资格互认或承认的问题。基于社会及历史原因，三地均存在自身评审各种专业和执业资格的办法；考虑到评审方式、考核范围以及资格认定方面存在一定的差异性，可以建议对于已经取得的专业行业的资格采用备案转化，可以使港澳地区的知识产权从业者在内地进行知识产权的相关工作；抑或是设置培训乃至可行的专门考核制度，例如澳门考生亦可参加广东省举行的全国专利代理师资格考试。也可以参照粤港澳大湾区律师考试制度一样，进而推广到知识产权相关领域。

总而言之，两地应继续加强知识产权行政保护与司法保护，积极应对数字科技、人工智能、大数据对知识产权保护带来的挑战，乐观面对新冠肺炎疫情对营商环境的冲击，继续探索对知识产权行业进行金融财税方面的支持，加快科技发展体制机制改革，推动知识产权服务业创新发展，打造市场化、法治化、国际化的营商环境，深化粤港澳大湾区知识产权贸易自由化。同时应该加强粤港澳大湾区知识产权争议解决机制的建设，大力推进粤港澳大湾区知识产权仲裁与知识产权调解机制的完善。

第4章 广州市知识产权报告

一、广州市知识产权制度和政策

(一) 广州市知识产权制度

广州市是广东省省会、国家中心城市、国家历史文化名城。它是中国通往世界的南大门,是广东省首个国家知识产权强市创建市,国家知识产权运营服务体系建设城市,也是国内领先、国际有影响力的知识产权强市和具有集聚、引领和辐射作用的知识产权枢纽城市。"十四五"时期,国家大力支持粤港澳大湾区建设,作为粤港澳大湾区区域发展核心引擎之一,广州市紧抓广东省以支持深圳市同等力度支持广州市改革发展的重大历史机遇,围绕构建"3+5+X"战略性新兴产业梯次发展格局,❶加快集聚高端要素,引领科技创新,打造更具竞争力和吸引力的智慧之城。

为贯彻落实国家创新驱动发展战略,广州市人民政府发布了一系列规范性文件鼓励自主创新。2021年1月出台的《广州市关于强化知识产权保护的若干措施》,从总体目标、强化机制建设、拓展方法举措、优化工作流程、加强统筹协调等五个方面25项具体举措,打造广州知识产权司法保护、行政保护、仲裁调解、行业自律、社会共治新模式。力争到2022年,侵权易发多发现象得到有效遏制,维权难维权贵的情况明显改变,科学严格的知识产权保

---

❶ 广州市人民政府. 广州市人民政府关于印发广州市国民经济和社会发展第十四个五年规划和2035年远景目标纲要的通知 [EB/OL]. (2021-05-19) [2022-03-10]. http://www.gz.gov.cn/zwgk/fggw/szfwj/content/post_7288094.html.

护机制基本形成,全市知识产权保护能力水平和社会满意度明显提升;到2025年,知识产权法治环境更加优化,知识产权保护体系更加完善,知识产权制度激励创新的基本保障作用得到充分彰显,尊重知识价值的营商环境更加优化。《广州市关于强化知识产权保护的若干措施》明确了当前和今后一个时期广州市知识产权保护工作的指导思想、基本原则和总体目标,为各区、各部门强化知识产权保护提供了重要依据和遵循,对改革全市知识产权保护机制,构建更加完善的保护工作体系,促进保护能力和保护水平整体提升提供了有力的政策保障。❶此外,广州市市场监督管理局印发了《2021年广州市知识产权工作专项资金(资助资金)申报指南》,进一步规范市级知识产权发展资金使用管理,提高资金使用效益,发挥财政资金对知识产权事业发展的引领和促进作用,助力全市知识产权事业提速发展。

(二) 广州市知识产权政策

1. 知识产权管理

在知识产权管理方面,广州市深化知识产权综合管理改革试点,探索建立可行有效的知识产权管理体制机制,形成了建设国家知识产权强市和枢纽城市的目标定位,积极优化营商环境,全面提高城市知识产权管理能力和服务水平,为实施创新驱动发展战略提供强有力支撑。

(1) 完善知识产权政策体系

为优化自主创新环境,保护和激励自主创新,广州市以《广州市知识产权保护和运用"十四五"规划》为统领,引领知识产权强市建设,以创新要素集聚、转化运用流畅、保护制度完善、服务体系健全、高端人才汇聚为目标,涵盖强化高标准保护、推动高质量创造、促进高效能运用、提供高水平服务和扩大交流合作、夯实发展基础的六大主要任务共50项任务内容。❷贯

---

❶ 广东省人民政府. 广州:出台25项措施构建知识产权"严、大、快、同"保护体系[EB/OL]. (2021-02-23) [2022-03-10]. https://www.gd.gov.cn/zwgk/zdlyxxgkzl/zscq/content/post_3229562.html.

❷ 信用中国. 广州发布知识产权"十四五"规划[EB/OL]. (2021-11-29) [2022-03-10]. https://zscq.creditchina.gov.cn/zcfg/dfzc/202111/t20211129_249874.html.

彻落实《民法典》的相关规定，加快完善地方知识产权法治体系，结合广州地方特色和新领域新业态，修改完善专利、商标、著作权、商业秘密、反不正当竞争等领域法规规章，推进修订《广州市专利管理条例》。为适应科技进步和经济社会发展形势需要，依法及时推动知识产权地方法规"立改废释"。❶ 调整优化现有知识产权法规、规章和政策文件，增强知识产权政策措施的科学化、规范化、法制化水平，逐步构建完善知识产权政策体系，强化对于科技企业的保护力度。

（2）深化知识产权综合改革试验

先行先试、大胆实践，广州市注重贯彻新发展理念，深化知识产权运用和保护综合改革试验，统筹推进国家知识产权运营服务体系重点城市建设探索知识产权与产业融合新途径。❷ 广州市积极打造知识产权金融服务链，大力发展知识产权质押融资，设立多元化知识产权风险投资集群，发行全国首单纯专利知识产权证券化产品，落地全国首单知识产权海外侵权责任保险，率先开展知识产权助力科创企业上市工程，形成"投资基金—质押融资—证券化—上市辅导—海外保险"知识产权金融服务链。先后组建了4000万元规模的广州市知识产权质押融资风险补偿基金、2000万元规模的广州开发区知识产权质押融资补偿资金池，创新推出政府、银行、保险和评估机构共同分担风险的质押融资广州模式。2021年，全国首个纯商标知识产权证券化产品——"长城嘉信—国君—广州开发区科学城知识产权商标许可资产支持专项计划"在广州正式发行。该产品总发行规模为2.89亿元，由科学城（广州）投资集团有限公司提供增信支持，项目底层资产包括12家企业的58个商标，涵盖了新一代信息技术、智能制造、新能源环保等战略新兴行业，商标总价值高达3.9亿元。❸

---

❶ 广州市市场监督管理局（知识产权局）. 广州市知识产权工作领导小组关于印发《广州市知识产权保护和运用"十四五"规划》的通知 [EB/OL]. (2021-11-18) [2022-03-10]. http://scjgj.gz.gov.cn/zwgk/zfxxgkml/zfxxgkml/zfxxgkml/qt/zjjh/content/post_7922648.html.

❷ 信用中国. 广州开发区知识产权综合改革五周年硕果累累 [EB/OL]. (2021-07-19) [2022-03-18]. https://zscq.creditchina.gov.cn/dxal/202107/t20210716_239702.html.

❸ "无形知产"变"有形资产"，2021年广州专利商标质押融资规模破百亿 [EB/OL]. (2022-02-25) [2022-03-18]. https://www.sfccn.com/2022/2-25/3OMDE0MDVfMTY5OTc3OA.html.

(3) 推动知识产权项目落地

广州市知识产权局共计发放市知识产权工作专项资金356万元，惠及178家企业。通过推动高价值专利培育布局中心建设项目、战略性支柱产业和战略性新兴产业专利导航项目等多个项目，激活广州市知识产权改革动力，深化知识产权保护工作体制机制改革，有力支撑广州市知识产权高质量发展。❶广州开发区在广东省率先提出建设"知识产权助力科创企业上市"工程。该项目采用政府引导，市场化运作的模式。前期诊断报告由政府出资，帮助企业发现问题。后期由服务机构与企业自行协商，达成市场化合作，解决个性化问题。通过为区内拟上市科创企业提供知识产权"把脉治疗"服务，对标科创板上市知识产权要求，为企业挖亮点、找差距、查问题、避风险和作规划。❷随着项目的推进，项目模式也从前两期的精准对接迭代至第三期的"普惠化"路线。服务受惠面更广，从原来辅导20家左右拟上市科创企业，扩张至服务1000家以上培育企业、100家潜力企业、40家以上重点企业。服务资源也更丰富，从原来的3家辅导机构，到征集10家以上在各专业领域水平领先的服务机构。服务内容更精准，通过召开项目座谈会、项目服务征询会，并开展大量调研的方式，聚焦企业反映的共性需求和存在的普遍性问题，制订更为精准的服务措施、更为丰富的服务手段，更大程度提升企业获得感。❸

为顺应区域优势产业知识产权服务需求，广州市海珠区率先在全省成立会展与数字经济知识产权保护中心项目，其任务包括：建立集政策法规公告、展会公示备案、行业资讯服务、典型案例公示、会展与数字经济维权服务等功能于一体的广州市会展和数字经济知识产权中心运营服务平台；通过组建知识产权专家库、知识产权纠纷调解队伍，发挥在知识产权战略规划、重大评议、服务咨询等方面的作用；组织开展各类知识产权宣传培训及高端国际性论坛，助力营造良好的知识产权保护氛围，助力推动国际国内知识产权要

---

❶ 国务院关于印发"十四五"国家知识产权保护和运用规划的通知[EB/OL].(2021-10-09)[2022-03-19]. http://www.gov.cn/zhengce/content/2021-10/28/content_5647274.htm.

❷ 用"知产"敲开上市之门："知识产权助力科创企业上市工程"为企业"把脉"[EB/OL].(2021-08-20)[2022-03-19]. http://www.hp.gov.cn/gzjg/qzfgwhgzbm/kfqzscqj/xxgk/content/post_7730417.html.

❸ 黄埔人才服务网.助力企业上市，1500+份专属「科创报告」开始申领[EB/OL].(2022-03-25)[2022-03-29]. https://www.hprcfw.com/article/index.php?c=show&id=83.

素资源集聚。广州市海珠区还成立了广州市会展和数字经济知识产权保护中心项目，有力推进知识产权运营服务体系建设，有利于广州全面推进知识产权强市建设。❶

（4）规范知识产权资金使用

为进一步规范创新主体专利申请行为，提高资金使用效率，调整优化专项资金用途，广州市市场监督管理局发布关于进一步规范广州市专利资助政策的通知，从三个方面进一步规范创新主体专利资金的使用，推动专利创造高质量发展。第一，优化专利资助政策文件。启动《广州市知识产权工作专项资金管理办法》修订工作，各区同步对相关政策进行调整，优化专利资助相关财政资金的使用管理，逐步减少对专利授权的资助，重点加大对专利后续转化运用、行政保护和公共服务的支持。第二，调整市知识产权专项资金资助资金的资助范围和标准。停止专利年费、专利代理中介服务费、PCT国际申请的资助。国内外授权发明专利资助标准调整为不高于其获得专利权所缴纳的官方规定费用的50%，国内（含港澳台）授权发明专利缴纳官费主要包括发明专利申请费、审查费和公告费（以知识产权管理部门公布的现行收费标准计算，获得减缴的按减缴后费用计算），国外授权发明专利缴纳官费按申请费、检索费、审查费标准计算（以主要国家和地区收费标准作参考，分档计算）。第三，调整财政支持项目绩效指标。在新的市、区财政支持项目中不得将专利申请量作为绩效指标，不得将专利申请、授权数量及增长率作为项目申报、奖励的条件。❷ 此外，广州市市场监督管理局发布2021年知识产权工作专项资金（资助资金）申报指南，❸ 充分发挥资金在支持市级知识产权创造、运用、保护、服务能力提升等方面的作用，加快广州市知识产权强市建设，推进广州知识产权事业发展。

---

❶ 李焕坤. 广州市会展和数字经济知识产权保护中心项目落户琶洲［EB/OL］.（2021-11-01）［2022-03-20］. https://ycpai.ycwb.com/ycppad/content/2021-11/01/content_40364225.html.

❷ 广州市市场监督管理局. 广州市市场监督管理局关于进一步规范我市专利资助政策的通知［EB/OL］.（2021-03-10）［2022-03-17］. http://scjgj.gz.gov.cn/zwdt/tzgg/content/post_7129940.html.

❸ 广州市财政局. 广州市财政局关于转下达2021年度省促进经济高质量发展专项资金（市场监督管理：知识产权创造运用保护及省部会商、专利奖励）的通知［EB/OL］.（2021-01-04）［2022-03-17］. http://czj.gz.gov.cn/zwgk/zfxxgkml/bmwj/qtwj/content/post_7010931.html.

2. 知识产权保护

知识产权保护是科技创新驱动发展的刚需，也是国际贸易的标配。广州市不断完善知识产权保护体制机制建设，筑牢保护基础，形成行政、司法、仲裁、调解、维权援助多位一体、协调运作、统一高效的知识产权大保护格局。❶

（1）完善知识产权海外维权机制

随着全球化背景下贸易摩擦的不断升级，知识产权纠纷日益成为广东企业走出去的"拦路虎"。在此背景下，经国家知识产权局批准，广州市成立了国家海外知识产权纠纷应对指导中心广东分中心，开展海外知识产权纠纷应对指导工作，为广东省创新主体提供公益性指导服务。分中心主要围绕四大任务，为广东省创新主体提供坚实的基础支撑和保障。第一，收集与报送海外知识产权纠纷信息，分类整理和分析研究广东省企业遭遇的海外知识产权纠纷基本信息和典型案例，分析当地海外知识产权纠纷态势。第二，接受广东省企业海外纠纷应对指导申请，开展海外知识产权纠纷案件业务指导，做好受理案件的咨询答复、指导协调和跟踪反馈。第三，海外知识产权风险防控培训与宣传，围绕企业实际需求，以提升企业海外知识产权风险防范和纠纷应对能力为目标，通过举办海外知识产权保护专题培训班、组织开展国际知识产权保护巡回演讲、主办海外知识产权保护高端论坛等方式，帮助企业了解国际知识产权保护最新特点和进展。第四，整合国家层面、广东全省以及境外可资利用的优势资源，建设指导专家库，指导企业对接优质知识产权服务机构、申请广东省海外知识产权维权援助项目和相关经费支持等。此外，分中心成功获批省级立项，用标准制定/修订和标准推广的方式，开展企业知识产权国际合规体系建设，引导广东外向型企业不断提高自身知识产权国际合规管理水平和海外抗风险能力。❷

在风险转移与利益保障方面，广州市黄埔区广州开发区先行先试，多次

---

❶ 粤港澳大湾区知识产权保护研讨会顺利召开［EB/OL］．（2020－11－30）［2022－03－18］．https：//news.7ipr.com/archives/23996.html．

❷ 国家海外知识产权纠纷应对指导中心广东分中心暨广东省海外知识产权保护促进会揭牌亮相［EB/OL］．（2020－09－20）［2022－03－20］．http：//www.iprdaily.cn/article_25847.html．

到企业、保险公司开展调研，指导推动中国人民财产保险股份有限公司广州市分公司先按照首批参保企业需求推出"私人定制"订单，推出全国首单知识产权海外侵权责任险，在拓展业务规模和积累承保基数后，再根据市场反馈调整完善承保方案。这类保险涵盖侵犯第三方知识产权直接引起的知识产权侵权诉讼或潜在诉讼依法应由被保险人承担的经济赔偿责任，以及案件相关的诉讼或仲裁费用，基本覆盖了企业应对海外侵权纠纷的主要损失。全国首个知识产权保险中心也正式落地广州，为粤港澳大湾区企业的知识产权保护及布局加入多重力量。❶

（2）完善知识产权纠纷多元化解决机制

深化司法行政机关、综治组织、金融、住建、市场监管、人力资源社会保障、街镇人民调解委员会、司法所、仲裁机构等部门的沟通协调，利用大数据的评估和预警作用，力争将多发、涉众、涉访等重大矛盾风险化解于诉前，建立资源共享、多部门联动的一体化诉前纠纷解决机制。积极推动建立多行业、多领域的特邀调解制度，完善知识产权纠纷多元化解决机制。完善知识产权仲裁、调解、公证工作机制，培育和发展仲裁机构、调解组织和公证机构，探索制定知识产权专门仲裁规则，探索建立知识产权纠纷在线调解机制。积极探索民商事案件市场化、中立性的有偿商业调解服务，拓宽多元解纷渠道，必要时引导当事人通过申请支付令、形成赋予强制执行力的公证债权文书、申请仲裁裁决或申请司法确认等多渠道衔接，逐步实现从无偿到有偿、从法院委派、委托调解到当事人主动选择调解、从以诉讼为主到多元化解决方式的转变。鼓励行业协会、商会建立知识产权保护自律和信息沟通机制。积极推进知识产权代理行业协会建设，充分发挥咨询服务、沟通协调等作用，引导代理行业加强自律自治，全面提升代理机构监管水平。推动知识产权志愿者服务工作，调动社会力量积极参与知识产权保护治理。❷建立完善知识产权保护技术支撑制度，建立知识产权技术调查官制度，规范知识产

---

❶ 破解针对性知识产权诉讼！首个知识产权保险中心落户大湾区［EB/OL］.（2021－10－28）［2022－03－20］. https：//new.qq.com/omn/20211028/20211028A0EZ3100.html.

❷ 中国保护知识产权网. 广东广州：力争2022年基本形成科学严格的知识产权保护机制［EB/OL］.（2021－02－07）［2022－03－21］. http：//ipr.mofcom.gov.cn/article/gnxw/zfbm/zfbmdf/gd/202102/1959574.html.

权服务机构和代理人行为。健全行政确权、公证存证、仲裁、调解、行政执法、司法保护之间的衔接机制，加强信息沟通和共享。

(3) 协调跨部门跨区域知识产权保护机制

广州市强化跨部门跨区域保护衔接机制分三步走：一是加强协调。充分发挥工会、共青团、妇联、法学会、行政机关、仲裁机构、公证机构、行业协会、行业组织、人民调解委员会、商会、律师、专家学者等解纷力量，对特邀调解组织和特邀调解员按对口法院、对口专业等分类建立调解名册及人员资料库，纳入在线多元纠纷化解（ODR）平台统一管理，为当事人提供"菜单式"选择，共同推动诉调对接工作。通过司法行政机关及金融、住建、旅游、市场监管、人力资源社会保障、商会、行业协会、行业组织等机构、部门协调配合，根据相关行业、专业领域矛盾纠纷情况和特点，推动设立行业性、专业性调解组织。❶ 加强知识产权与产品质量、消费维权、反不正当竞争执法衔接，集聚知识产权保护要素资源。明确建立跨部门知识产权保护协作机制，实现知识产权民事、刑事案件的司法、行政保护信息互通和重大案件跨部门会商的态势，形成知识产权保护合力，❷ 全力打造行政执法、司法审判、调解仲裁、行业自律一体的大协同大保护工作格局。二是构建机制。广州市市场监督管理局与广州市中级人民法院和广州知识产权法院分别签署合作协议，建立"建议巡查服务"机制加强联动，共同推动诉调对接工作。三是有效打击。有效落实粤港澳大湾区知识产权保护机制，与广州、香港海关通力合作，成功处理货值超百万元涉及粤港两地的假冒世界著名商标重大案件。建立多部门知识产权保护监管机制，将严重侵犯知识产权企业、侵权行为多发企业列为部门联合"双随机、一公开"重点抽查名单，建立抽查结果部门间共享和互认互用制度，实时执行失信联合惩戒措施。

(4) 规范知识产权行政执法行为

一方面，广州市加大对侵犯知识产权行为惩戒力度，强化重点领域知识

---

❶ 广州市海珠区人民法院. 广州市中级人民法院关于推进一站式多元解纷机制建设的若干意见（试行）[EB/OL]. (2021-03-03) [2022-03-21]. http://www.gzhzcourt.gov.cn/news/50007841.cshtml.

❷ 知识产权侵权将实施失信联合惩戒 广州强化知识产权保护出重拳 [EB/OL]. (2021-02-18) [2022-03-21]. https://www.gd.gov.cn/zwgk/zdlyxxgkzl/zscq/content/post_3226599.html.

产权保护，从重从快从严查处侵犯高知名度商标、高价值专利等行业、领域的违法犯罪行为。率先出台奥林匹克标志专项保护方案，以规范奥林匹克标志使用。❶ 加强反不正当竞争执法工作，严厉打击侵犯商业秘密、混淆等不正当竞争行为，打击通过不正当手段获取知识产权、恶意提起知识产权诉讼，损害他人合法权益的行为。❷

另一方面，广州市逐步推进广州行政裁决标准化进程，采取了以下措施：一是丰富行政执法技术支撑手段。广州市设立了司法鉴定、技术调查服务、电子数据鉴定、公证存证、专项审计等技术服务手段支撑知识产权行政执法。2021年，为专利侵权纠纷行政裁决出具司法鉴定65份，出具技术调查咨询意见19份。二是创新办案方式。探索开展书面审理专利侵权纠纷行政裁决案件新方式，印发了书面审理工作指引，率先建立了统一的书面审理工作机制。三是加强行政规范。制定专业市场知识产权保护和展会知识产权保护两个团体标准，推动制订《知识产权维权援助和保护工作站服务规范》及专利纠纷诉调对接管理规范两个地方标准，制定印发行政裁决案件案卷归档工作规范。在这一系列措施下，广州市提交了亮眼的"成绩单"，2021年广州市联合有关部门共组织迎奥运知识产权保护、专业市场、春季地理标志保护等专项行动50余次，市区两级共办理专利、商标行政处罚案件1503宗，罚款金额3000多万元，办理专利侵权纠纷案件1973宗。❸

（5）加强知识产权的司法保护

2021年，广州市办理知识产权案件数量和质量位居全国前列，其中入选广东省市场监督管理局（知识产权局）行政执法典型案例共5宗，专利、商标各有一件入选国家知识产权局参评案例。2021年4月，广州市白云区市场监督管理局与广州仲裁委员会共同签署《共建广州仲裁委员会（白云）知识产权仲裁调解中心合作框架协议》，共建中国广州仲裁委员会（白云）知识产

---

❶ 广州市市场监督管理局. 打造奥林匹克知识产权保护的"广州经验"［EB/OL］.（2022 - 02 - 10）［2022 - 03 - 21］. http：//scjgj. gz. gov. cn/zwdt/gzdt/content/post_8074871. html.

❷ 中国保护知识产权网. 广东广州：力争2022年基本形成科学严格的知识产权保护机制［EB/OL］.（2021 - 02 - 07）［2022 - 03 - 21］. http：//ipr. mofcom. gov. cn/article/gnxw/zfbm/zfbmdf/gd/202102/1959574. html.

❸ 广州市市场监督管理局. 担当作为 锐意改革 广州市全力打造知识产权保护优选地［EB/OL］.（2022 - 03 - 25）［2022 - 03 - 27］. http：//scjgj. gz. gov. cn/zwdt/gzdt/content/post_8155101. html.

权仲裁调解中心。双方在联络员制度、信息共享互通制度等6方面达成合作共识,旨在将仲裁程序与知识产权调解、行政执法有效结合,充分发挥仲裁简便、保密、专家办案、可强制执行的优势,打造调解、行政执法、仲裁等"一体化、一站式"知识产权快保护服务平台。❶ 2021年9月,广州市发布《关于调整广州市知识产权刑事案件管辖的规定》,全市知识产权刑事案件集中广州市黄埔区人民检察院、黄埔区人民法院管辖改革工作正式开始。这一改革进一步落实完善知识产权司法保护体系,推动跨行政区域知识产权案件审理机制。有利于统一司法审判标准,规范案件审理程序,减少"同案不同判"的情况,也有助于打破地域保护。❷ 通过规范知识产权案件查处证据标准,建立健全行政执法和刑事司法协调衔接机制,实现知识产权涉嫌犯罪案件移送无缝衔接。借助国家专利、商标行政确权远程审理、异地审理制度优势,推进重大侵权行政执法案件处理。推动跨部门案件处理,健全部门间重大案件联合查办和移交机制。健全行政执法部门与公安部门对涉嫌犯罪的知识产权案件查办工作衔接机制,加大涉罪案件移送力度。

3. 知识产权运用

广州市大力支持专利技术产业化,促进知识产权交易和投融资,着力开展国家、省、市部署的专利运用专项工作。

(1) 促进知识产权成果的转化运用

作为科创中国试点城市,广州市对标世界科技前沿,推动构建汇聚国际创新资源的一流知识产权高地,加速完善科技成果转移转化体系建设,打造代表国家科技发展最高水平、全面参与全球竞争的先锋员。广州市着力构建以创建国家实验室为引领、以粤港澳大湾区国家技术创新中心为支柱、以4个重大科技基础设施为前沿研究战略支撑、以4个省实验室为原始创新主力军、以多个高水平创新研究院为技术供给主平台的具有广州特色的"1+1+4+4+N"战略创新平台体系,初步形成覆盖基础科学研究、产业技术研发、

---

❶ 中国经济新闻网. 广州(白云)知产仲裁调解中心落地 打造"一站式"服务平台[EB/OL]. [2022-03-21]. https://www.chinaqw.com/qwxs/2021/04-26/294107.shtml.

❷ 广州市人民检察院. 重大意义! 广州市全市知识产权刑事案件集中黄埔区管辖改革正式开始! [EB/OL]. (2021-11-11) [2022-03-22]. https://www.jcy.gz.gov.cn/xw/13600.jhtml.

孵化育成体系、科技公共服务的高水平发展格局，科技创新领域新基建成为广州市全面提升区域创新能力的重要支撑，推动广州科技创新从产业主导模式发展到"以科学引领产业"的新阶段。广州市积极创建国家实验室，打造覆盖科技创新全链条的高端创新平台体系，力争国家级科技创新平台数量达到170个。❶推动孵化育成体系高质量发展，对符合条件纳入市级重点实验室、孵化器、众创空间、企业技术中心等创新平台的，给予优先支持。推动新一代信息技术、人工智能、生物医药（以下简称"IAB"），新能源、新材料（以下简称"NEM"）产业的稳步发展，同步孕育新兴前沿产业。优化孵化器、众创空间等创新平台绩效评价体系，引导全市孵化育成体系高质量发展。围绕IAB和NEM等主导领域，高水平打造广州国际智能科技园、广州国际医药港、广州国际企业孵化器、增城侨梦苑等一批面向港澳和国际化的垂直孵化平台。稳步构建科技成果转移转化体系，以华南技术转移中心为科技成果转化主阵地，布局建设多个科技成果转化基地，有序建设一批高校和科研院所成果转化试点、科技服务示范机构。努力搭建具有专业化队伍、市场化运作、企业化运营、国际化合作"四化"模式的技术交易平台。❷

（2）创新知识产权融资服务

知识产权证券化作为企业运用知识产权直接对接资本市场的最优途径，一方面为企业发展注入金融活水，另一方面可以推动创新链与产业链的精准对接与双向融合。2021年，广州市加速构筑全链条知识产权金融服务体系，将"无形知产"变为"有形资产"，知识产权质押融资便利度大幅提升，全年共质押专利权2400余件，质押商标权300余件，融资总额114.64亿元，累计600余家中小微企业获益，融资项目和融资金额均居国内前列。❸全国首个商标证券化产品"长城嘉信-国君-广州开发区科学城知识产权商标许可资

---

❶ 国家发展和改革委员会. 广州实施全国首个科创"新基建"政策[EB/OL]. (2021-04-27)[2022-03-25]. https://www.ndrc.gov.cn/xwdt/ztzl/ygadwqjs1/202104/t20210427_1277615.html?code=&state=123.

❷ 澎湃新闻. 广州市科学技术局关于印发《广州市2021年推进科技创新领域新型基础设施建设实施方案》的通知[EB/OL]. (2021-03-31)[2022-03-25]. https://www.thepaper.cn/newsDetail_forward_11986147.

❸ 中国市场监管报. 广州知识产权质押融资便利度大幅提升[EB/OL]. (2021-03-03)[2022-03-26]. http://pc.cmrmn.com.cn/shtml/zggsb/20220303/339211.shtml.

产支持专项计划"在广州正式发行,相较于专利证券化,商标得益于其自身可延续性、可扩张性和增值性的特点,具备多轮证券化融资的条件,商标证券化适用于更多的产业领域,其发行经验具有更高的推广价值。这一项目将通过商标许可业务模式形成预期现金流,实现知识产权与金融资本的精准对接与有机融合,可以提供成本较低、额度可观的融资支持,有效反哺企业的研发工作,为培育"专精特新"中小企业注入资本力量。❶ 此外,这一创新尝试还突破了此前商标权融资仅能依靠质押融资的方式,能够改善企业融资结构,降低融资成本。

(3) 搭建知识产权运营服务平台

广东省市场监督管理局(知识产权局)计划建设20个战略性产业集群知识产权协同运营中心、20个地市重点园区知识产权综合运营服务中心的"二十纵、二十横"知识产权协同运营体系,构建知识产权协同运营体系,集成打造重点产业、重点园区知识产权创造、保护和运用生态系统。其中,广州市率先承接了试点项目,广东省战略性新兴产业集群领域第一个知识产权协同运营中心——广东省半导体与集成电路产业知识产权协同运营中心在广州市正式揭牌,为省级知识产权协调运营体系的建设提供宝贵的试点经验。❷ 在技术交易方面,广州国际技术交易服务中心市场化运作主体正式成立。该中心旨在打造适应科技与产业变革加速演进的技术服务与交易平台载体,促进国内外技术成果转移转化。依托中国科学技术协会的人才、学术、技术等资源优势,开展产业研究、技术挖掘、技术评估、技术交易、技术二次开发、技术孵化、技术经纪人培训等,打造"技术+产业+机构+资本+孵化载体"的国际技术交易服务生态体系。在政策条件、物质保障等方面,广州市政府给予广州国际技术交易服务中心全面支持,其中包括给予启动资金和配套资金支持,以政府与银行、风投机构等风险共担的方式帮助技术交易中心发掘

---

❶ 广州市黄埔区人民政府. 广州开发区发行全国首支纯商标知识产权证券化产品[EB/OL]. (2021-11-10)[2022-03-26]. http://www.hp.gov.cn/gzjg/qzfgwhgzbm/kfqzscqj/xxgk/content/post_7901690.html.

❷ 广州日报. 广东打造"二十纵二十横"知识产权协同运营体系[EB/OL]. (2022-03-08)[2022-03-27]. https://gzdaily.dayoo.com/pc/html/2022-03/18/content_874_786799.htm.

和培育的高科技创新创业项目获取融资支持等。❶

(4) 完善知识产权运营服务体系

党的十九大以来，广州市委、市政府高度重视知识产权工作，统筹推进知识产权政策措施和重点工作落实，进一步完善知识产权高质量服务体系。2018—2021年，广州市投入财政资金近8亿元，支持知识产权运营服务体系建设。广州市积极扶持一批专业化、市场化、复合型的知识产权服务机构做大做强，加强知识产权服务品牌机构培育，支持在广州开发区等知识产权服务业集聚发展区开展专利代理对外开放试点，提升知识产权服务国际化水平。支持广州市越秀区、天河区建设知识产权服务业集聚发展示范区，推动中国（广东）自由贸易试验区广州南沙新区片区（以下简称"南沙自贸区"）建设知识产权服务高地，进一步促进粤港澳大湾区知识产权服务业高水平发展。支持广州科技园区成立知识产权质押融资服务工作站，鼓励知识产权管理部门、园区管理机构与银行业金融机构开展战略合作，创新广州知识产权质押融资入园惠企的服务，实现了科技金融、知识产权服务创新的联动。❷ 积极建设国家知识产权服务出口基地，打造面向粤港澳大湾区、示范全国、服务"一带一路"国家的地理标志服务贸易基地，举办粤港澳大湾区知识产权交易博览会暨国际地理标志产品交易博览会，提升知识产权出口服务水平。❸ 目前，广州知识产权高端要素集聚、运营服务活跃，已初步构建以创造为基础、运用为目的、保护为保障、服务为支撑，立足广州、面向华南、辐射全国的知识产权运营服务体系。❹

---

❶ 粤港澳大湾区研究院. 全球创新要素加速"入穗"：广州国际技术交易服务中心运营主体成立，促进科技成果转移转化 [EB/OL]. (2021-04-08) [2022-03-21]. http://www.dawanqu.org/2021/4-9/yOMDE0MTlfMTYyNDAyOA.html.

❷ 中国质量新闻网. 首批10家｜广州科技园区知识产权质押融资服务工作站挂牌 [EB/OL]. (2021-09-03) [2022-04-17]. https://www.cqn.com.cn/zj/content/2021-09/03/content_8730099.htm.

❸ 中共广州市委网络安全和信息化委员会办公室　广州市互联网信息办公室. 广州开发区获批全国首批知识产权服务出口基地 [EB/OL]. [2022-04-17]. https://www.gzwxb.gov.cn/context/contextId/205789.

❹ 广州市场监管. 广州：争当湾区知识产权服务高地排头兵 [EB/OL]. (2022-04-15) [2022-04-17]. https://mp.weixin.qq.com/s/UcBbfjRN1Ko3ag6sJy2ZnA.

二、广州市知识产权发展状况

（一）广州市知识产权发展取得的成绩

2021年是实施"十四五"规划的开局之年，是贯彻落实《关于强化知识产权保护的意见》的关键之年。广州市各地、各相关部门坚持党的全面领导，确保知识产权事业发展方向正确，深入学习贯彻习近平总书记关于知识产权工作的重要论述和重要指示批示精神，深入推进引领型知识产权强市建设，完善知识产权保护体系，强化知识产权创造和运用，各项工作取得了新的成绩，为全市高质量发展提供了有力支撑。

1. 知识产权示范企业、贯标企业状况

2021年，广州市积极贯彻落实《企业知识产权管理规范》国家标准，帮助企业降低经营中的知识产权风险与负面影响，提高企业的核心竞争力。截至2021年底，广州市贯标企业共5630家。❶ 获"2021年度广东省知识产权示范企业"称号的企业有520家。其中，注册地在广州市企业共有135家。❷

2. 知识产权取得状况

2021年，广州市专利、商标、著作权等知识产权创造均稳步增长，知识产权质量有较大提升。

（1）专利

2021年，广州全市专利授权量接近19万件，其中发明专利授权量2.4万

---

❶ 广州市市场监督管理局. 广州市企业知识产权管理规范贯标认证企业名单［EB/OL］. ［2022 - 04 - 05］. https：//data.gz.gov.cn/odweb/catalog/catalogDetail.htm? cata_id = 97405.

❷ 广东知识产权保护协会. 粤知保协发字〔2021〕37号：关于认定"2021年度广东省知识产权示范企业"的通知［EB/OL］. （2021 - 12 - 11）［2022 - 04 - 05］. http：//www.gdippa.com/news/detail.aspx? ChannelId = 020202&ID = 610820.

件，同比增长 60%，实用新型授权量 106900 件，外观设计授权量 58496 件。❶ 截至 2021 年底，广州市有效发明专利突破 9.3 万件，同比增长 40%，每万人口发明专利拥有量 49.7 件，是全国平均水平（19.6 件）的 2.5 倍，是广东省平均水平（34.9 件）的 1.4 倍。❷ 其中高价值发明专利 3.7 万件，每万人拥有量达 20 件，占广州市有效发明专利总量的 40%。❸

此外，2021 年广州市共获得国内专利 24126 项，专利数量增长率为 60%，其中企业专利占 54%，高校专利占 29%，科研机构专利占 10%，个人专利占 6%。广州市每亿元地区生产总值伴随的专利产出数量达到了 0.85 项，每万人的专利产出数量达到了 12.92 项。广州市获得的国家专利数量居全国第六，专利研发能力超过了绝大部分省区，超强的技术创新能力为珠三角地区的经济发展贡献了巨大力量。❹

2021 年，广州市获第 22 届中国专利金奖 2 项、银奖 6 项、优秀奖 72 项。❺ 其中，华南理工大学凭借"一种城市污水改良 A2/O 强化脱氮除磷处理装置及工艺"（专利号为 ZL201410175831.2）夺得中国专利金奖；广州小鹏汽车科技有限公司申报的"汽车"（专利号为 ZL201730635075.1）夺得中国外观设计金奖。❻ 广州市在 2021 年第八届广东专利奖中共获奖 42 项，包括 41 项发明专利和 1 项外观设计专利。其中，获金奖 8 项、银奖 11 项、优秀奖 23 项，获奖数量占全省获奖数量的 1/3 以上，位居全省前列。❼

---

❶ 2021 年 12 月各市专利授权情况［EB/OL］.（2022 - 01 - 26）［2022 - 04 - 05］. http：//amr.gd.gov.cn/gkmlpt/content/3/3776/post_3776734.html#3066.
❷ 广州知识产权综合竞争力持续提升［EB/OL］.（2022 - 04 - 19）［2022 - 04 - 19］. https：//baijiahao.baidu.com/s?id=1730509979626746918&wfr=spider&for=pc.
❸ 100 亿资金助企发展 广州专利商标质押融资便利度大幅增加［EB/OL］.（2022 - 02 - 22）［2022 - 04 - 05］. https：//www.cqn.com.cn/zj/content/2022-02/22/content_8787187.htm.
❹ 2021 年广州市国家发明专利统计分析报告：增 60%，医药、生物技术较强，企业专利不多［EB/OL］.（2022 - 03 - 11）［2022 - 04 - 05］. https：//blog.sciencenet.cn/blog-681765-1328925.html.
❺ 广州晒出 2021 年知识产权工作成绩单［EB/OL］.（2022 - 04 - 26）［2022 - 04 - 29］. https：//mp.weixin.qq.com/s/0Jij9JDzvyc-PU0bglLNKg.
❻ 广州天河 2 项专利获中国专利金奖［EB/OL］.（2021 - 09 - 06）［2022 - 04 - 05］. http：//www.gz.gov.cn/qx/thqrmzf/zwlb/content/post_7761372.html.
❼ 广州多项专利获省政府表彰［EB/OL］.（2021 - 12 - 17）［2022 - 04 - 05］. http：//scjgj.gz.gov.cn/gkmlpt/content/7/7973/post_7973709.html#765.

(2) 商标和著作权

截至 2021 年 12 月 15 日,广州全市商标申请量约 48.6 万件,注册量 39.5 万件,同比增长超 30%。❶ 各区商标注册量、申请量情况如表 4-1 所示。广州市有效注册商标约 188.19 万件,其中驰名商标 140 件,集体商标 25 件。拥有地理标志保护产品 11 个,地理标志商标 12 个。此外,广州市作品著作权登记超过 10 万件,其中计算机软件作品 7.4 万件;全市 126 个农作物品种通过广东省农作物品种审定,125 个品种被农业农村部授予植物新品种权。❷

表 4-1 广州市 2021 年商标注册申请量、注册量统计

市(区)	申请数/件	注册数/件	有效注册量/件
广州市	485618	395000	1881904
荔湾区	19785	15679	84121
越秀区	33651	26149	146487
海珠区	34526	25745	126208
天河区	108550	87861	449194
白云区	103045	87237	409860
黄浦区	32454	27345	87581
番禺区	55064	42385	215390
花都区	28012	19407	89365
南沙区	39140	39016	116790
从化区	4946	4407	18195
增城区	15568	11482	56940

3. 知识产权保护状况

在知识经济时代,保护知识产权是社会发展大势所趋。2021 年,广州市以引领型知识产权强市建设为统领,按照中国(广州)知识产权保护中心建设工程、高价值专利培育转化中心建设工程等 8 个方面的具体工作设置重点

---

❶ 商标数据 [EB/OL]. [2022-04-05]. http://sbj.cnipa.gov.cn/.
❷ 实现多个"首次"!广州公布 2021 年知识产权"成绩单" [EB/OL]. [2022-02-25]. https://xw.qq.com/cmsid/20220426A07OY000.

专栏，推动相关政策举措落地落实。❶

（1）知识产权的行政保护

加强知识产权保护，题中之意就是要推动知识产权保护法治化。一直以来，广州市始终注重强化专利、商标和商业秘密行政执法保护，全市"一盘棋"知识产权大保护工作格局日趋完善。

第一，知识产权专利工作专项资金。广州市确定2021年度广东省下放至市县的知识产权专项资金"知识产权优势企业项目"共有109项，下达资金有545万元；❷确定广东省下放至市县的知识产权专项资金"广东省高校知识产权运营促进工程项目"和"国企知识产权高质量发展项目"共有6项，下达资金有260万元；❸确定广东省促进经济高质量发展专项资金（市场监督管理—知识产权创造运用保护及省部会商、专利奖励）（见表4-2）；❹贯彻知识产权管理规范项目资金项目共有178项，项目资金有359万元；❺确定知识产权工作专项资金（资助资金）共有703.625万元。❻广州市对商标资助的加强，使更多的广州自主品牌得到强有力的扶持，有效推动广州产品向广州品牌转变。❼

---

❶ 广州发布知识产权"十四五"规划［EB/OL］. (2021-11-26)［2022-04-05］. https：//baijiahao. baidu. com/s? id =1717469785045713114&wfr = spider&for = pc.

❷ 广州市市场监督管理局关于发放2021年省下放市县知识产权专项资金"知识产权优势企业项目"资金的通知［EB/OL］. (2021-05-24)［2022-04-05］. http：//scjgj. gz. gov. cn/ztzl/fgfc/gzdt/content/post_7296561. html.

❸ 广州市市场监督管理局关于下发2021年广州市知识产权工作专项资金（资助资金）分配方案的通知［EB/OL］. (2022-01-24)［2022-04-05］. http：//scjgj. gz. gov. cn/zwdt/tzgg/content/post_8042220. html.

❹ 广州市市场监督管理局关于转拨下达2021年省促进经济高质量发展专项资金（市场监督管理：知识产权创造运用保护及省部会商、专利奖励）保护类项目的通知［EB/OL］. (2021-04-08)［2022-04-05］. http：//scjgj. gz. gov. cn/zwgk/zwwgk/jggk/content/post_7211123. html.

❺ 广州市知识产权局关于发放2021年市知识产权工作专项资金贯彻知识产权管理规范项目资金的通知［EB/OL］. (2021-06-08)［2022-04-05］. http：//scjgj. gz. gov. cn/zwdt/tzgg/content/post_7321801. html.

❻ 广州市市场监督管理局关于发放2021年省下放市县知识产权专项资金"广东省高校知识产权运营促进工程项目"和"国企知识产权高质量发展项目"资金的通知［EB/OL］. (2021-06-09)［2022-04-05］. http：//scjgj. gz. gov. cn/zwdt/tzgg/content/post_7323637. html.

❼ 广州出台知识产权福利双指南 首次实施商标激励政策［EB/OL］. (2021-05-17)［2022-04-05］. http：//www. gd. gov. cn/zwgk/zdlyxxgkzl/zscq/content/post_3284158. html.

表 4-2 2021 年广东省促进经济高质量发展专项资金

市场监督管理—知识产权创造运用保护及省部会商、专利奖励转拨项目明细分配表（保护类）			
序号	项目单位	项目名称	金额/万元
1	广州市联柔机械设备有限公司	企业知识产权海外保护能力提升	30
2	广州小鹏汽车科技有限公司	企业知识产权海外保护能力提升	30
3	广州华进联合专利商标代理有限公司	建设海外知识产权纠纷维权援助服务点	40
4	北京市立方（广州）律师事务所	建设海外知识产权纠纷维权援助服务点	40

第二，知识产权专利执法。广州市在广东省率先建立并推广专利侵权纠纷行政裁决案件书面审理工作机制，同时重点加强和某电商平台全面强化知识产权保护的合作，打通电商知识产权侵权纠纷线索传递的瓶颈。

广州市公安机关连续开展"飓风""昆仑""蓝剑"等专项行动，对侵犯知识产权犯罪持续保持严打高压态势，对犯罪突出的重点地区、重点行业开展专项打击整治。截至 2021 年 12 月，广州市公安局共破获侵犯知识产权刑事案件 1313 宗，刑事拘留 2201 人，逮捕 881 人，❶立案侦办侵犯知识产权刑事案件同比上升 76%，破案同比上升 75%，有效遏制此类违法犯罪的多发高发势头。❷

广州海关与广州市公安局签署知识产权执法协作合作备忘录，以实现海关知识产权行政执法与公安机关刑事执法的有效衔接。❸ 2021 年，广州海关共查扣涉嫌侵权货物 6588 批次，涉及货物 1731 万件，并首次在中欧班列查获侵犯知识产权货物，同时特别加大了对奥林匹克标志专有权保护的宣传培训和监管力度。

广州市两级市场监督管理部门 2021 年办理专利侵权和假冒案件 2006 宗，同比增长 12.9%；办理商标行政处罚案件 1557 宗，同比增长 45%，罚款 3278 万元；立案查处虚假宣传、仿冒混淆、不当有奖销售等各类不正当竞争

---

❶ 广州市公安局与广州海关签署知识产权执法协作合作备忘录［EB/OL］.（2021-05-17）［2022-04-05］. http：//gaj.gz.gov.cn/gkmlpt/content/7/7945/post_7945852.html#330.

❷ 我为群众办实事 强化知识产权刑事保护 保障民生护航经济发展［EB/OL］.（2022-02-15）［2022-04-15］. http：//www.gz.gov.cn/zt/gzshcedz/gzxd/content/post_7266329.html.

❸ 广州市公安局与广州海关签署知识产权执法协作合作备忘录［EB/OL］.（2021-12-02）［2022-04-05］. http：//gaj.gz.gov.cn/gkmlpt/content/7/7945/post_7945852.html#330.

案件 113 宗，罚没 1871.8 万元。❶ 此外，广州市市场监督管理局在奥林匹克知识产权保护方面成效明显，查处了一批涉奥运标志的违法行为，在行政执法领域逐渐摸索了一套"广州模式"。❷ 与此同时，广州市版权管理部门开展打击网络侵权盗版"剑网 2021"专项行动，办理版权案件 7 宗，刑事立案 5 宗。广州市农业部门强化农资打假力度，全市立案 265 宗，罚没 304 万元，向司法机关移送案件线索 11 宗。

第三，知识产权快速维权。2021 年，广州市市场监督管理局与阿里巴巴集团控股有限公司共同开发投诉举报快速处置平台，创新性搭建包括权利人、商协会、服务机构、快维中心及电商平台的维权直达通道，推出"公证云"电子数据保全保管平台及"公证签"电子合同签约平台；❸ 联合广东省海外知识产权保护促进会编制《广州市知识产权海外维权援助与保护》指引手册，帮助广州企业提升海外知识产权保护与纠纷应对能力，护航企业顺利"出海"。❹ 2021 年 5 月，广州市南沙区印发《推动落实〈广州南沙新区（自贸片区）知识产权促进和保护办法〉实施方案》，推出覆盖知识产权创造、运用、保护、管理和服务全链条的"知识产权工作 80 条"，完善多元化纠纷解决机制，促进裁决、处罚、调解、仲裁、诉讼等纠纷解决途径的有效衔接。❺

第四，知识产权便民利民服务。2021 年，首个地方商标审查协作中心广州商标审查协作中心累计完成商标形式审查 1932 万件，首次实审 946 万件，签出签文 725 万件，实审复核 215 万件，商标"变转续"审查 188 万件，领土延伸首次实审 41100 类，马德里商标国际注册申请审查 6750 件，裁文翻译 6750 件，审查规模占全国 1/4；办理注册商标专用权质权登记 90 件，帮助企业质押融资超过 36.42 亿元，在商标注册便利化改革和服务地方发展中心发

---

❶ 广州晒出 2021 年知识产权工作成绩单 [EB/OL]. (2022-04-26) [2022-04-29]. https://mp.weixin.qq.com/s/0Jij9JDzvyc-PU0bglLNKg.

❷ 打造奥林匹克知识产权保护的"广州经验" [EB/OL]. (2022-02-10) [2022-04-05]. http：//scjgj.gz.gov.cn/zwdt/gzdt/content/post_8074871.html.

❸ 担当作为 锐意改革 广州市全力打造知识产权保护优选地 [EB/OL]. (2022-03-25) [2022-04-05]. http：//scjgj.gz.gov.cn/zwdt/gzdt/content/post_8155101.html.

❹ 广州市场监管部门编制知识产权海外维权援助与保护指引 [EB/OL]. (2022-02-10) [2022-04-05]. http：//scjgj.gz.gov.cn/zwdt/gzdt/content/post_8074884.html.

❺ 南沙推出"知识产权工作 80 条"构建知识产权综合保护体系 [EB/OL]. (2021-05-14) [2022-04-05]. http：//www.gz.gov.cn/xw/zwlb/gqdt/nsq/content/post_7282130.html.

挥了积极作用。❶ 此外，2021 年 10 月 13 日，广东省市场监督管理局在国家知识产权局广东业务受理窗口等 12 个知识产权政务服务窗口设立香港特别行政区知识产权问询点，面向公众提供在香港特别行政区申请商标注册、批予专利、外观设计注册相关业务的一般咨询服务。❷

(2) 知识产权的司法保护

第一，依法履行审判职责。2021 年，广州市两级法院受理一审知识产权民事案件 83581 件，审结 76344 件；受理知识产权执行案件 6089 件，执结 5527 件，执行到位金额 1.07 亿元。广州知识产权法院全年新收各类知识产权案件 15244 件，办结 14297 件，同比分别增长 10.95% 和 17.51%。广州互联网法院全年新收各类知识产权案件 26053 件，占全院总收案量的 48.73%。广州仲裁委员会受理知识产权案件 273 件，同比增长 40.7%；案件标的额 1.09 亿元；知识产权纠纷人民调解委员会全年调解知识产权纠纷 845 件。全市检察机关共批准逮捕侵犯知识产权犯罪案件 590 件 920 人，提起公诉 634 件 1180 人。❸

广州知识产权法院新收各类专利案件 5403 件，占全院收案总数的 35.4%；审结 5555 件，结收案比 102.8%。其中新收发明专利案件 408 件，审结 363 件；新收实用新型专利案件 906 件，审结 1030 件；新收外观设计专利案件 3976 件，审结 4059 件；新收专利其他案由案件 113 件，审结 103 件。国际知识产权诉讼"优选地"建设成效显著，2021 年共受理各类涉外、涉港澳台知识产权纠纷案件 397 件，审结 325 件。❹

此外，广州知识产权法院发布 2021 年度广州知识产权法院十大典型案例，涵盖海外知识产权保护、商业秘密保护、服务新兴产业、惩罚性赔偿、

---

❶ 广州市市场监管局副局长蓝伟宁一行莅临广州商标审查协作中心调研交流 [EB/OL]. (2021 - 12 - 03) [2022 - 04 - 05]. https://www.gippc.com.cn/ippc/xwdt/202112/16423d81017741298eabd3e837d5024b.shtml.

❷ 广东省市场监督管理局关于设立首批香港特别行政区知识产权问询点的通告 [EB/OL]. (2021 - 10 - 15) [2022 - 04 - 05]. http://amr.gd.gov.cn/gkmlpt/content/3/3577/post_3577880.html#2953.

❸ 广州晒出 2021 年知识产权工作成绩单 [EB/OL]. (2022 - 04 - 26) [2022 - 04 - 29]. https://mp.weixin.qq.com/s/0Jij9JDzvyc - PU0bglLNKg.

❹ 去年广州知识产权法院新收专利案 5403 件 [EB/OL]. (2022 - 02 - 23) [2022 - 04 - 28]. https://gzdaily.dayoo.com/pc/html/2022 - 02/23/content_868_784493.htm.

规制权利滥用等诸多领域，涉及专利、计算机软件著作权、技术秘密等案件类型；❶ 发布技术调查十大典型案例，向当事人、公众公开明晰了技术调查认定尺度，揭开了技术调查官的神秘面纱；❷ 发布 2021 年度广州知识产权法院服务和保障科技创新十大典型案例，在华为技术公司与捷普电子（广州）公司、所乐太阳能科技（上海）公司、广州所乐机械技术咨询公司侵害发明专利权纠纷案中采用"判决 + 禁令"的审判方式，体现了广州知识产权法院在关键核心技术领域加大司法保护力度的决心，全面彰显在粤港澳大湾区知识产权司法保护水平提升中的"头雁效应"。❸

  第二，强化管理，提高效率。2021 年，广州知识产权法院制定一审外观设计专利案件速裁指引，上线全要素审判智能辅助系统，全年分别办结一审、二审速裁案件 1441 件和 5137 件，平均结案周期仅为 98 天和 61 天；诉前成功调解案件 1988 件，同比增长 97.81%，调解成功率 36.15%；❹ 探索建立"巡回审判法庭 + 诉讼服务处"跨区域远程诉讼服务平台体系，2021 年，各诉讼服务处和巡回审判法庭共网上审查案件 7587 件，委托调解案件 390 件；❺ 联合广州市司法局探索建立律师调解工作室，全年收到委托调解案件 7389 件，结案 5743 件，调解成功 1864 件，调解成功率 25.2%；全市公证机构全年办理知识产权类公证事项 16646 件。此外，广州市大力推进知识产权维权援助机制建设，目前全市有重点产业知识产权维权援助与保护工作站 31 个、知识产权调解机构 62 家、知识产权仲裁机构 5 家、知识产权快速维权及援助机构 28 家、知识产权纠纷人民调解委员会 8 家。

---

❶ 广州知识产权法院发布 2021 年度知识产权司法保护状况白皮书 [EB/OL]. (2022 - 04 - 24) [2022 - 04 - 28]. https：//news. southcn. com/node_35b24e100d/9a597c3ca3. shtml.

❷ 广州知产法院发布技术调查典型案例 [EB/OL]. (2021 - 01 - 07) [2022 - 04 - 28]. http：//rmfyb. chinacourt. org/paper/html/2021 - 01/07/content_175364. htm.

❸ 广州知识产权法院发布 2021 年度服务和保障科技创新十大典型案例 [EB/OL]. (2022 - 02 - 22) [2022 - 04 - 28]. https：//economy. southcn. com/node_f3202550a3/083844d337. shtml.

❹ 广州知产法院：发布 2021 年度知识产权司法保护状况白皮书 [EB/OL]. (2022 - 04 - 24) [2022 - 04 - 28]. http：//www. gipc. gov. cn/front/content. action? id = 44e55afe73df4725b358b03 ed2981cd8.

❺ 广东搭建远程平台调处知识产权纠纷 [EB/OL]. (2021 - 11 - 18) [2022 - 04 - 05]. http：//cpc. people. com. cn/n1/2021/1118/c64387 - 32285358. html.

(3) 知识产权的会展保护

作为历史最悠久的会展名城，广州会展业综合实力和竞争力居于国内前列。"十四五"期间，广州市将着力发展商务会展，培育领军型展览集团和全球专业展览，全力推进国际会展之都建设。这对构建支撑国际一流会展营商环境的知识产权保护体系提出更高的要求和挑战。❶ 2021年，广州全市重点场馆共举办展览388场，合计展览面积684万平方米，办展场次和展览面积稳居全国第二。2021年10月15日，第130届广交会开幕。在全球新冠肺炎疫情仍在蔓延的背景下，此届广交会首次实行线上线下融合办展，加快数字化转型，开启了广交会双线办展的新模式、新常态、大场景。❷ 展会前后，广交会全力筑牢知识产权保护之盾，为参展企业保驾护航。在相关部门密切协作下，此届广交会对知识产权实行线上线下双保护，受理线下和线上知识产权投诉案件涉及被投诉企业79家，最终认定20家企业构成涉嫌侵权。❸ 知识产权和贸易纠纷投诉接待站处理的知识产权纠纷投诉数量与第129届广交会相比下降12.96%。其中，线上纠纷占比75.89%，线下纠纷占比24.11%；商标纠纷占比31.91%，专利纠纷占比68.09%；涉外纠纷占比60.28%。其中，专家团指导处理疑难复杂案件30余件，高效率解决纠纷投诉。❹

(4) 知识产权的保险保护

2021年10月27日，全国首个知识产权保险中心——中国人保粤港澳大湾区知识产权保险中心在广州市黄埔区、广州开发区揭牌成立。该知识产权保险中心的揭牌，标志着粤港澳大湾区知识产权服务体系正式加入"保险"

---

❶ 全国首个！广州发布 [EB/OL]. (2022-04-27) [2022-04-29]. https://mp.weixin. qq.com/s?__biz=MzIxNDgONzY5Mw==&mid=2247548465&idx=1&sn=ddaf200dd67de4f47bc411 db36a96b&chksm=97a32793a0d4ae85e46b98ea0a40815a6c4a48dfe21a0401db4b128604ca842892ca46439709 &scene=27.

❷ 中国进出口商品交易会、第130届广交会圆满落幕 [EB/OL]. [2022-04-05]. https:// www.cantonfair.org.cn/about/overview.

❸ 第130届广交会圆满落幕5天累计进馆60万人次 [EB/OL]. (2021-10-20) [2022-04-05]. http://www.gd.gov.cn/zwgk/zdlyxxgkzl/zscq/content/post_3580173.html.

❹ 第130届广交会加强知识产权全链条保护 [EB/OL]. (2021-10-27) [2022-04-05]. http://www.iprchn.com/cipnews/news_content.aspx?newsId=131467.

这一风险转移手段。❶ 该保险中心将加强知识产权保险需求研究，扩大知识产权海外险险种宣传与推广，搭建知识产权理论研究及实操经验专家库，构建起知识产权全流程服务体系，护航"出海"企业做大做强。❷ 此外，广州市深入推动知识产权海外侵权责任保险工作，保险总额突破千万元。继先后发行4个知识产权证券化产品后，全市落地知识产权保险产品20类，各知识产权保险投保总额超过15亿元。

(5) 知识产权中介机构发展状况

知识产权代理服务是自主创新成果知识产权化的桥梁和纽带。截至2021年底，广州市拥有专利代理机构241家，商标代理机构3796家，世界知识产权组织在华技术与创新支持中心3家。国家知识产权局专利局专利审查协作广东中心、商标审查协作广州中心、中国（广东）知识产权保护中心、中国（广州）知识产权保护中心、中国广州（皮革皮具）知识产权快速维权中心等一批国家级知识产权公共服务机构，为广州科技创新和经济发展提供了有力支撑。

4. 知识产权人才培养和引进情况

千秋基业，人才为本。为顺应人力资源行业发展新趋势，更好发挥国有人才服务机构引领作用，2021年广州市对中国南方人才市场所属企业进行重组整合，成立由广州市委组织部、广州市人力资源和社会保障局指导，广州市人民政府国有资产监督管理委员会直接监管的广州人才集团。提出着重发展人才数据挖掘、智能化人才招聘、人才综合评价等六大主业务，采用新技术、新手段对接先进制造业和战略性新兴产业需求，更好地助力产业提升。❸

(1) 知识产权人才培养

2021年，粤港澳大湾区知识产权人才发展大会暨人才供需对接系列活动

---

❶ 破解企业出海难题 全国首个知识产权保险中心在穗成立 [EB/OL]. (2021-10-27) [2022-04-05]. https://m.21jingji.com/article/20211027/herald/9c77d5c51f5bb652c26c7cca7f1b0e04.html.

❷ 全国首个知识产权保险中心在广州揭牌 [EB/OL]. (2021-10-27) [2022-04-05]. https://baijiahao.baidu.com/s?id=1714782323895577849&wfr=spider&for=pc.

❸ 广州人才集团揭牌成立 [EB/OL]. (2021-08-19) [2022-04-05]. http://www.gz.gov.cn/zwfw/zxfw/jyfw/content/post_7726622.html.

在广州中新知识城举行。❶ 来自粤港澳三地的知识产权部门以及行业机构、企业代表等从全球化视野探讨粤港澳大湾区知识产权人才发展和培养路径。❷ 此外，广州市市场监督管理局举办"2021年广州市通信产业高质量专利培育与挖掘培训班""2021年人工智能和大数据产业高价值专利培育转化系列专题活动""2021年芯片集成电路和计算机产业高质量专利培育与挖掘培训班"，促进企业知识产权人才培养，提升企业知识产权的创造、管理、保护和运用能力。❸

高等院校作为人才的聚集地、科技成果诞生的重要源头，在创新研发方面有着巨大的优势。2021年，华南理工大学获得了广州市的国家发明专利达2191项。广东工业大学、中山大学、华南农业大学、广东电网有限责任公司、广州视源电子科技股份有限公司、暨南大学、华南师范大学、广州大学也获得了较多的专利。此外，在2021年第22届中国专利奖中，华南理工大学除了斩获中国专利金奖以外，其单独申报的"一种利用可控接枝技术提高材料表面血液相容性的方法"荣获中国专利银奖，"一种双向流内循环式PS高级氧化反应器及污水处理方法""基于超声导波的双向时间反演损伤成像方法"等4项专利荣获中国专利优秀奖。暨南大学凭借"含琼枝麒麟菜多糖的药用硬胶囊壳材料及制备方法"获得中国专利优秀奖，彰显了广州人才培养的雄厚实力和底蕴。

---

❶ 大湾区知识产权人才供需对接活动来啦，全网海淘万名求职者［EB/OL］.（2021-05-19）［2022-04-05］. https：//www.gzdaily.cn/amucsite/web/index.html#/detail/1567633.

❷ 粤港澳大湾区知识产权人才发展大会在广州举行 系列活动持续开展云端对接千名专业人才［EB/OL］.（2021-05-19）［2022-04-05］. https：//www.gdzz.gov.cn/rcgz/gzdt/content/post_11602.html.

❸ 广州市市场监督管理局关于举办2021年广州市通信产业高质量专利培育与挖掘培训班的通知［EB/OL］.（2021-05-18）［2022-04-05］. http：//scjgj.gz.gov.cn/zwgk/zwwgk/fwgk/content/post_7286597.html；广州市市场监督管理局关于举办2021年人工智能和大数据产业高价值专利培育转化系列专题活动的通知［EB/OL］.（2021-05-13）［2022-04-05］. http：//scjgj.gz.gov.cn/ztzl/xxxcgcsjdjs-zl/content/post_7279123.html；广州市市场监督管理局关于举办2021年芯片集成电路和计算机产业高质量专利培育与挖掘培训班的通知［EB/OL］.（2021-04-08）［2022-04-05］. http：//scjgj.gz.gov.cn/zwgk/zwwgk/fwgk/content/post_7212819.html.

(2) 知识产权人才引进

2021年，广州市发布了《广州市人才绿卡制度实施办法（公开征求意见稿）》❶和《广州市"人才入户一件事"工作方案》等文件，深入推进"放管服"改革。❷广州市中新知识城年度签约动工投试产项目290个，完成固定资产投资800亿元，与中国科学院、新加坡南洋理工大学等科研院所共建18个科研机构及研发平台，聚集21位院士领衔的顶尖人才队伍，引进高层次人才300余人，新增硕博研究生近3400人，率先发布全国首个国际人才自由港10条政策，获批设立国家海外人才离岸创新创业基地。"一核两心多园"初步成形，"三集群两高地"初具规模，成为知识经济发展样板之城。❸

与此同时，广东省首个"大湾区（广东）国际人才驿站"落地广州市南沙区，助推南沙加快创建国际化人才特区。❹2021年南沙区人才政策兑现资金预计达7亿元，惠及人才超2万人次；2021年新认定区高层次人才150余名，数量自2016年以来年均增长101%；集聚高层次和骨干人才约1.5万人，是2016年的9.4倍；新增4家博士后创新实践基地，集聚博士后科研人员数量占全市1/5。❺广州市天河区人才队伍总量持续壮大，全区集聚院士54人，21家企业建有院士、博士后、博士科研工作站，拥有各产业领域专业人才超过30万人。疫情防控期间，天河区为700余名人才提供疫苗接种服务，推出"人才创业项目落户服务包"，提供人才创新创业一站式服务。❻

---

❶ 广州拟规定：人才绿卡持卡人可享本市居民待遇购房自住［EB/OL］.（2021-11-22）[2022-04-05]. http://pc.nfapp.southcn.com/38/5963808.html.

❷ 广州市人力资源和社会保障局广州市公安局关于印发《广州市"人才入户一件事"工作方案》的通知［EB/OL］.（2021-11-10）[2022-04-05]. http://rsj.gz.gov.cn/ywzt/rcgz/rcyjrh/tzgg/content/post_7899826.html.

❸ 知识产权促企高质量发展 为粤港澳大湾区创新赋能：第十一届亚洲知识产权营商论坛分论坛在中新广州知识城举行［EB/OL］.（2021-12-03）[2022-04-05]. http://www.iprdaily.cn/article_29814.html.

❹ 南沙加快创建国际化人才特区［EB/OL］.（2021-07-27）[2022-04-05]. http://www.gz.gov.cn/zt/ljgaqngcwqwl/wlxd/content/post_7400328.html.

❺ 广州南沙：高层次人才加速集聚，博士后科研人员占全市1/5［EB/OL］.（2022-02-18）[2022-04-05]. https://www.gzdaily.cn/amucsite/web/index.html#detail/1774269.

❻ 建设大湾区人才高地，广州天河"人才航线"连接世界［EB/OL］.（2021-11-29）[2022-04-05]. http://www.gz.gov.cn/qx/thqrmzf/rdzt/yhyshjzcjczt/ysdt/zxdt/content/post_7936596.html.

5. 知识产权交流合作情况

2021年8月13日，中国技术交易所（北京知识产权交易中心）联合广州市知识产权交易中心等首批15家合作交易机构共同建立"全国知识产权和科技成果产权交易信息联合发布工作机制"，推动全国技术市场资源共享、渠道共用和业务互动。❶ 自2021年10月20日开始，粤港澳大湾区12个知识产权业务受理窗口可咨询香港特区知识产权业务。其中，有3个知识产权业务受理窗口位于广州市，分别是国家知识产权局广东业务受理窗口（专利局广州代办处）、广州商标审查协作中心（广东省知识产权保护中心）和国家知识产权局商标业务广州南沙受理窗口。❷ 此外，广州市开发区出台了《关于港澳建筑工程领域专业企业和专业人士从业服务管理试行办法》，推动取得香港、澳门建筑及相关工程资质的专业企业和执业资格的专业人士在区内直接提供服务；出台"粤港澳知识产权互认10条"，在全国首推湾区知识产权互融互通，成立全省首家粤港澳大湾区知识产权联盟，建设"湾创之星"（国际）青年创新创业中心、澳门青年人创新部落等港澳青年创新创业载体，为港澳青年在区内创新创业提供"一站式、全链条、全周期"服务，营造趋同港澳的工作生活环境。2021年12月，广州市税务局走出去引进来税收服务中心黄埔（开发）分中心正式揭牌，探索推动粤港澳大湾区知识产权税务管理与服务、全球税制发展与趋势，加强粤港澳大湾区知识产权税收合作，构建科技、资源、人才充分涌流的营商税收新机制。❸ 同月，广州市举办粤港澳大湾区知识产权交易博览会暨国际地理标志产品交易博览会，通过搭建知识产权国际合作平台，加强知识产权保护和运用，助力乡村振兴，提升地理标志品牌影响力。❹

---

❶ 河北省展交中心带您融入全国技术交易大市场！全国知识产权和科技成果产权交易信息联合发布工作机制启动！［EB/OL］.（2021-08-13）［2022-04-05］. http：//he. people. com. cn/n2/2021/0813/c192235-34866945. html.

❷ 国家知识产权局广东窗口承接香港知识产权一般咨询服务［EB/OL］.（2021-10-27）［2022-04-05］. https：//www. chinanews. com. cn/cj/2021/10-27/9596554. shtml.

❸ 知识产权促企高质量发展 为粤港澳大湾区创新赋能：第十一届亚洲知识产权营商论坛分论坛在中新广州知识城举行［EB/OL］.（2021-12-03）［2022-04-05］. http：//www. iprdaily. cn/article_29814. html.

❹ 2021粤港澳大湾区知识产权交易博览会将于12月9日至11日举行［EB/OL］.（2021-11-12）［2022-04-05］. http：//www. gd. gov. cn/zwgk/zdlyxxgkzl/zscq/content/post_3643430. html.

（二）广州市知识产权发展面临的挑战

"十三五"时期,广州知识产权在创造、保护、运用、管理和服务全方位实现了跨越式发展,但也面临诸多问题与挑战。

一是知识产权保护力度与社会期待仍有差距。新领域新业态知识产权侵权行为的多样性、隐蔽性给知识产权保护工作带来新的挑战,行政执法和司法衔接机制不够完善,海外知识产权纠纷应对能力不足,多元化知识产权纠纷解决机制有待完善。

二是知识产权创造质量有待提高。知识产权创造龙头企业数量偏少,关键核心技术领域高质量知识产权创造不足。

三是知识产权运营效益有待提升。知识产权运营与产业结合不够紧密,知识产权的市场运用和价值实现不够充分,知识产权支撑经济发展的统计指标体系亟须完善。

四是知识产权服务体系有待完善。知识产权公共服务体系不够便民利民,知识产权服务业集聚发展需要优化升级,高端化、国际化知识产权服务供给不足,知识产权人才队伍建设亟须加强。"十四五"时期,必须以更加科学的方法"强弱项,补短板",推进知识产权事业高质量发展。

三、建议和展望

当今世界正经历百年未有之大变局,新一轮科技革命和产业变革深入发展,新冠肺炎疫情影响广泛深远,经济全球化遭遇逆流。全球主要经济体纷纷积极参与构建地区乃至国际范围的知识产权治理机制,对新技术的知识产权保护和国际竞争将提出更高要求。知识产权的管理、保护、运用、质量、人才培养与交流在推动国家创新能力发展中的作用日益凸显。广州市要实现成为具有国际影响力的国家创新中心、知识产权枢纽城市、国际科技创新枢纽的目标,必须深入推进知识产权改革,打通知识产权创造、运用、保护、管理和服务全链条,深入推进知识产权制度在广州市经济发展、产业规划、综合治理等领域的全面运用,持续推进供给侧结构性改革和创新驱动发展,更好地发挥知识产权在率先构建以创新为引领的经济体系和发展模式中的龙头骨干作用,把广州建设成为富有创新活力与可持续发展能力的知识产权强市。

(一) 进一步完善知识产权管理

1. 健全知识产权政策体系

围绕广州市知识产权工作目标和重点任务,继续推进知识产权政策体系的规划建设,整合、完善全市现有知识产权政策体系。高标准落实《关于强化知识产权保护的意见》,推动《广州市关于强化知识产权保护的若干措施》的落地实施,从"严保护、大保护、快保护、同保护、保障机制"方面出台知识产权保护具体措施。全面强化知识产权保护法制保障,提高知识产权保护工作法治化水平。树立知识产权严保护政策导向,构建知识产权大保护工作格局,突破知识产权快保护关键环节;促进重点产业和新兴产业领域科技型企业的知识产权立法,不断提升新领域、新业态的知识产权保护水平;继续完善广州市展会知识产权、电商知识产权、涉外知识产权保护机制;持续加强各区知识产权管理机构建设和工作队伍建设,打通创造、运用、保护和服务等关键环节,提升知识产权管理效能,持续开展区域知识产权试点示范工作;促进知识产权要素的高效合理配置,继续深入推进知识产权运用和保护综合改革试验,不断健全知识产权运用和保护机制,提高知识产权政策措施的科学化、规范化、法治化水平。

2. 推进知识产权综合实验改革

广州市进一步完善知识产权管理,应深化简政放权、提高监管能力、提升服务水平,营造良好的知识产权环境,建立权界清晰、分工合理、权责一致、运转高效的综合行政管理机制。加强知识产权政策与科技、产业政策的协同联动,优化科技、知识产权扶持项目的评选、立项和验收标准,突出知识产权质量导向;充分发挥广州高校、科研院所集聚优势,深化产学研合作,鼓励高校、科研机构积极参与知识产权试点示范工作,支持建立专业化、协同式的知识产权转移转化服务平台；进一步健全知识产权工作领导小组工作机制，发挥其统筹协调作用，提高政府知识产权综合管理效能。充分发挥广州开发区、南沙自贸试验区在推进实施知识产权战略方面的先行先试作用，重点推动广州战略性新兴产业、创新型企业、科技园区、高校、科研院所、"双创"载体贯彻实施知识产权战略。

3. 落实知识产权发展资源保障

加大知识产权工作资金投入力度。不断提高财政资金使用绩效，围绕知识产权高标准保护、高质量创造、高效益运用、高水平服务及高端人才培养加大投入力度，引导知识产权高质量发展。积极引导和激励各类市场主体增加知识产权资金投入，继续发挥市场在配置知识产权要素中的决定作用，强化企业在知识产权创造、运用、保护、管理、服务中的主体地位，形成政府投入为引领、各方积极参与的多渠道、多元化的资金投入体系。鼓励社会组织在知识产权创新中积极发挥作用，注重发挥政府知识产权政策的引领、推动、激励作用。定期开展实施监测、中期评估和总结评估，完善反馈机制，严格责任制度，确保按时保质完成规划预定的各项目标任务。

（二）进一步加强知识产权保护

1. 完善知识产权多元化保护机制

一方面，要推进修订《广州市专利管理条例》，完成《广州市知识产权强市建设纲要（2021—2035年）》编制工作，争取以广东省政府和国家知识产权局名义联合印发《中新广州知识城深化知识产权运用和保护综合改革试验实施方案》。❶❷ 适应科技进步和经济社会发展形势需要，依法及时推动知识产权地方法规"立改废释"。

---

❶ 赵军明局长在全省2022年知识产权工作部署及重点工作推进会上作经验交流发言［EB/OL］. (2022-03-28)［2022-04-05］. http：//scjgj.gz.gov.cn/zwdt/gzdt/content/post_8157425.html.

❷ 广州市市场监督管理局（知识产权局）. 广州市知识产权工作领导小组关于印发《广州市知识产权保护和运用"十四五"规划》的通知［EB/OL］. (2021-11-18)［2022-03-10］. http：//scjgj.gz.gov.cn/zwgk/zfxxgkml/zfxxgkml/zfxxgkml/qt/zjjh/content/post_7922648.html.

另一方面，要健全知识产权保护政策。高标准落实《关于强化知识产权保护的意见》，推动《广州市关于强化知识产权保护的若干措施》的落地实施。研究加强大数据、人工智能、基因技术、5G产业、电商平台、网络直播等新领域、新业态知识产权保护措施。研究制定商业秘密保护指引，引导经营者提升风险防控能力。建立健全知识产权政策合法性和公平竞争审查制度。建立知识产权公共政策评估机制。

2. 发挥知识产权司法保护的权威和终局作用

（1）健全知识产权司法保护体系

严厉打击知识产权犯罪行为，加强知识产权司法资源配置，健全完善广州市中级人民法院、广州知识产权法院与行政执法部门的协作机制。全面推行知识产权民事、行政和刑事案件"三合一"审判机制，建立健全与审判机制相适应的案件管辖制度和协调机制；建立健全与审判机制相协调的行政执法证据采信制度；建立健全知识产权纠纷调解司法确认机制；建立简易案件和纠纷快速处理机制。

（2）增强知识产权司法保护能力

加大刑事打击力度，全面履行检察监督职能，完善知识产权审判体制机制，依法严厉打击侵权假冒违法犯罪行为。落实知识产权惩罚性赔偿制度，依法加大对重复侵权、故意侵权等严重侵犯知识产权行为赔偿力度，大幅提高侵权法定赔偿额，建立与知识产权市场价值相适应的侵权损害赔偿标准。探索建立知识产权刑事案件集中管辖制度，统一裁判尺度和标准。加强知识产权司法工作人员培养和选拔，加强技术调查官队伍建设。支持广州知识产权法院打造国际知识产权诉讼优选地。

3. 加强知识产权行政执法保护

（1）提高知识产权行政保护效能

积极创建国家知识产权保护试点示范区。促进知识产权行政执法标准和司法裁判标准统一，完善行政执法和司法衔接机制。加强行政执法队伍建设，优化知识产权执法队伍结构，建立知识产权纠纷"技术调查官"支撑制度，提高执法队伍专业化程度。持续加大知识产权行政执法力度，积极开展关键领域、重点环节、重点群体执法专项行动，对重复侵权、恶意侵权及其他严重侵权行为从重处罚。发挥专利侵权纠纷行政裁决制度作用，加大行政裁决执行力度。加强商业秘密保护执法办案工作。强化海关知识产权保护，完善执法协作机制，严厉打击跨境侵权活动，继续加强粤港澳大湾区三地海关合作。推动建立粤港澳大湾区知识产权保护协作机制。配合做好知识产权领域的反垄断、公平竞争审查等工作，防止知识产权滥用，促进创新要素自主有序流动、高效配置。

（2）加快知识产权保护机构建设

发挥中国（广州）知识产权保护中心职能作用，形成专利快速预审、快速确权、快速维权、运营导航的保护联动机制。加强中国广州花都（皮革皮具）知识产权快速维权中心建设。进一步加强广州市版权保护中心建设。支持重点产业知识产权维权援助和保护工作站建设。支持广州知识产权法院越秀诉讼服务处建设。推动在优势产业集聚区布局建设专业派驻检察室，建立案件快速受理和科学分流机制，打造行政执法、司法保护、仲裁调解、维权援助、行业自律、海外维权等"一体化、一站式"知识产权保护服务平台。

4. 构建知识产权协同保护体系

（1）健全多元化知识产权纠纷解决机制

加强知识产权争议行政调解，建立知识产权侵权纠纷调解协议司法确认制度。培育和发展知识产权仲裁机构，建立与国际仲裁模式接轨的知识产权仲裁体系，提升知识产权仲裁国际化水平。培育和发展人民调解组织，支持指导行业协会、商会建立知识产权纠纷人民调解组织等机构。优化知识产权公证和调解服务。探索建立知识产权纠纷在线调解机制。发挥行业协会在行业自律管理中的重要作用，加强服务机构的行业自律和诚信建设。加强知识产权鉴定机构专业化、规范化建设。支持建立知识产权保护联盟，整合各方力量，畅通对接渠道，共享数据资源，打造法治化营商环境。

（2）加强知识产权社会信用监管

建立健全以知识产权信用为基础的分级分类监管机制，推进形成贯通创造、保护、运用、服务、管理全链条的知识产权信用体系。加强知识产权信用管理，推进对知识产权领域严重失信主体及其有关人员开展联合惩戒措施的落地实施,研究建立专利、商标、地理标志、著作权等知识产权领域的严重失信主体联合惩戒机制,充分利用市场主体诚信档案"大数据",强化信用约束,加大知识产权侵权违法成本。

5. 加强重点领域知识产权保护

(1) 加强高价值知识产权保护

建立对老字号、驰名商标、高价值专利的预警监测制度,加强侵权风险防御和维权行政指导。从重从快从严查处侵犯老字号、驰名商标、高价值专利等知识产权的违法犯罪行为。加大力度打击涉及"广州定制"等品牌库企业的知识产权侵权行为。

(2) 加强展会知识产权保护

深化知识产权"放管服"改革,进一步畅通展会"展前、展中、展后"知识产权全链条保护;强化展会知识产权保护团体标准,优化"互联网+"展会知识产权保护流程,强化展会知识产权保护志愿者队伍建设;加强数字会展知识产权保护,夯实优化展会知识产权快保护"广州模式"。积极为企业提供海外参展风险指引和相关政策咨询。

(3) 加强电子商务知识产权保护

推行《电子商务平台知识产权保护管理》国家标准,完善电子商务知识产权保护机制,建立电子商务知识产权保护政企联动机制,推动电子商务平台建设知识产权侵权线索智能检测系统。加强电子商务侵权纠纷处置。开展电子商务知识产权侵权整治专项行动,构建行政执法、仲裁、调解等纠纷快速处理渠道。加大对跨境电商进出口的知识产权保护力度,指导和监督跨境电子商务平台企业建立完善进出口商品知识产权自律监管体系,电子商务经营者依法履行知识产权保护义务。

(4) 强化知识产权海外维权援助

加强与国家海外知识产权纠纷应对指导中心和地方分中心的对接,支持设立广州市海外知识产权保护援助机构。建立知识产权海外维权专家组、案例集和法律法规查询平台。加强与海外行业协会、商会、社团的交流合作,开展海内外知识产权热点案件、国际知识产权最新动态、重大涉外知识产权纠纷的跟踪研究、预警和通报工作。加强企业海外知识产权纠纷应对指导,制定海外知识产权风险防控应对指引。支持各类社会团体建设海外风险防控信息服务平台。支持引入海外知识产权服务资源，大力提升知识产权服务机构和企业运用海外知识产权制度应对风险能力。支持建设粤港澳大湾区知识产权保险中心。

（三）进一步促进知识产权运用

1. 促进知识产权成果转移转化

加强知识产权转化运用政策激励，深化知识产权运营服务体系重点城市建设。探索自主知识产权产品推广应用新模式，在高价值专利培育转化、质押融资、执法保护、品牌培育等环节，强化知识产权服务供给和支持力度。推动专利成果高效转化，释放专利资源创新价值，助力产业经济高质量发展。探索建立将科技成果和知识产权转化所得用于奖励科研人员和对科研人员实施股权、期权、分红激励机制，提高成果研发主体的积极性。加强产学研合作的统筹规划，完善配套政策。统筹优化产学研合作发展专项基金的运用，对产学研合作公共服务平台建设、产学研合作创新项目等予以重点扶持。鼓励高校、科研院所和国有企业开展专利运营，实施专利分级管理，盘活现有资源，降低中小微企业获取专利技术的门槛。引导中小微企业瞄准产业发展趋势和自身研发方向，梳理技术短板和技术需求，发布需求信息，积极参加各类项目对接会、知识产权交易博览会，寻求目标专利和合作对象，主动承接高校、科研院所和国有企业专利技术成果。鼓励知识产权运营机构开展多元化知识产权运营服务，引导企业加强知识产权战略设计和管理创新，培育自主品牌、提升品牌价值。

2. 积极创新知识产权金融模式

完善知识产权质押融资风险分担机制，探索扩大质押物范围，支持商业银行开展专利、商标、地理标志、集成电路布图设计、著作权等知识产权单独或打包组合的融资业务。实施知识产权质押融资入园惠企行动，探索园区知识产权质押融资集合授信。加大科技型小微企业的融资支持力度，积极促进小微企业知识产权质押"首贷"。加强知识产权质押融资服务创新，提升知识产权质押融资服务能力。推进知识产权证券化，推广广州开发区知识产权证券化模式，围绕知识产权许可、质押、售后回租等方式，推动知识产权证券化创新发展。构建知识产权评估市场化发展机制；支持保险机构开发优化知识产权保险产品，推行知识产权海外维权保险，降低企业海外知识产权维权成本。扩大知识产权保险投保范围，开发商标、地理标志、著作权等知识产权保险产品。

3. 打造知识产权运营服务平台

支持创新主体开展知识产权运营，推动知识产权价值实现。鼓励知识产权运营机构对开展知识产权运营的重点产业和企业，提供个性化、针对性的高端服务。强化资源整合，围绕广州市战略性新兴产业建设一批产业知识产权运营平台（中心）。支持企业实施转化专利技术、培育自主品牌、提升品牌价值。充分发挥已有知识产权运营平台（中心）示范带动作用，围绕广州市战略性新兴产业，建设若干产业知识产权运营平台（中心），支持创建国家级知识产权运营中心。鼓励国有企业、行业龙头企业及产业投资资本等参与运营中心建设，整合产业、资本、知识产权等资源，推动重点产业领域知识产权市场化运营。推动创新主体围绕产业关键技术领域开展技术创新，构建布局合理的专利组合。

4. 积极完善知识产权运营服务体系

积极开展国家重点产业知识产权运营服务试点工作，发挥财政资金引导作用，带动社会资本共同设立重点产业知识产权运营基金。培育若干产业特色突出、运营模式领先的知识产权运营机构，鼓励建立知识产权联盟。推动高等院校、科研院所建立知识产权运营服务机构，促进技术创新与市场需求有效对接。推广建立知识产权质押融资服务站，深化知识产权管理部门、企业与银行业金融机构的深度合作。支持建立多层次的知识产权交易市场，重点推动广州知识产权交易中心等服务机构开展知识产权运营服务。探索知识产权海外维权、海外服务经验，积极建设国家知识产权服务出口基地，帮助企业走出去。

（四）加强知识产权人才队伍建设和文化建设

1. 加强知识产权人才队伍建设

广州市把人才作为发展的第一资源，打造以企业为主体，市场为导向，政府搭平台的全产业链、专业高效的人才工作机制。营造尊重劳动、尊重知识、尊重人才、尊重创造的良好氛围，展示广州对人才的重视，打造人才高地，涵养城市人才文化。❶ 目前，知识产权进入了新发展阶段，从"重数量"转到"重质量"，随着行业薪酬的提升、职业认同感的增强，会吸引更多人才。广东要更好地推动知识产权人才工作在粤港澳大湾区落地见效，持续推进知识产权人才工作与时俱进、创新发展，为知识产权强国、强省、粤港澳大湾区发展探索出一条知识产权人才培养的新路径。❷

一是要加强知识产权行政管理、行政执法、行政裁决人员培养，分层次分区域持续开展轮训。加强知识产权管理部门公职律师队伍建设，支持知识产权管理人员通过法律职业资格和专利代理师资格考试。

二是要推进知识产权服务人才市场体系建设，加强高素质、复合型、国际化知识产权服务人才队伍建设。加大力度引进和培育知识产权高端人才，鼓励知识产权从业人员获取专利代理师资格、评审知识产权专业职称。引导知识产权服务机构吸纳就业，对人才培养和引进成效显著的予以重点支持。建立线上线下知识产权人才培训系统化课程体系。健全技术人员、科研人员的知识产权培训机制。探索建立穗港、穗澳知识产权人才互认机制。大力发展知识产权高端智库和特色智库，深化理论和政策研究。

三是要拓宽知识产权人才培养渠道。加快推动广州高校知识产权学院建设，支持学位授权自主审核单位依程序设置知识产权一级学科点，支持有关单位依程序设置知识产权二级学科点，研究设置知识产权硕士专业学位。鼓

---

❶ 广州人才集团揭牌成立［EB/OL］.（2021 - 08 - 19）［2022 - 04 - 05］. http：//www.gz.gov.cn/zwfw/zxfw/jyfw/content/post_7726622.html.

❷ 大湾区知识产权人才供需对接活动来啦，全网海淘万名求职者［EB/OL］.（2021 - 05 - 19）［2022 - 04 - 05］. https：//www.gzdaily.cn/amucsite/web/index.html#/detail/1567633.

励支持有条件的理工科高校开设知识产权相关专业和课程。依托中新广州知识城、南沙自贸区、广州知识产权人才基地等载体，创新知识产权人才培养模式，加强知识产权人才培养运用、吸引引进、服务支撑、交流传播平台建设，打造国际知识产权人才集聚区和国际人才培养高地。

2. 加强知识产权文化建设

一方面，要支持知识产权宣传。支持拓展新媒体渠道，加强知识产权宣传教育，提升知识产权工作舆论宣传覆盖面。在重要节点开展知识产权进企业、进单位、进社区、进学校、进网络等宣传教育活动。定期发布《广州知识产权发展与保护状况》白皮书、知识产权保护典型案例和《广州版权产业经济贡献》蓝皮书，提高全社会特别是创新主体尊重和保护知识产权的意识。

另一方面，要推进知识产权普及教育。支持知识产权文化传播与普法基地、品牌展厅建设，打造知识产权宣传展示实体空间。针对不同群体设计差异化宣传教育方案。普及知识产权法律法规，宣扬知识产权文化理念，鼓励倡导消费者知识产权时尚消费观。

最后，要弘扬"尊重知识、崇尚创新、诚信守法、公平竞争"的知识产权文化理念。积极构建政府、公众与市场主体的互动机制及平台，形成政府鼓励、市场主体引导和公众参与的良好知识产权氛围。结合广州文化特色，加强知识产权文化与传统文化、创新文化、法治文化、诚信文化的深度融合，形成"保护知识产权就是保护创新"的知识产权文化氛围。

（五）扩大知识产权交流合作

1. 深化粤港澳大湾区知识产权合作

（1）深化广深"双城联动"引领作用

支持深圳建设中国特色社会主义先行示范区，深化落实《广深科技创新走廊知识产权保护合作备忘录》《广州市市场监督管理局 深圳市市场监督管理局关于全面加强知识产权战略合作协议》，全面加强两地在知识产权保护、运营、金融、人才培育等方面的合作，建设广深科技创新及知识产权保护高地。推动构建两地高校、科研机构和企业知识产权运营对接机制。鼓励两地知识产权运营平台和服务机构开展交流合作，互设分支机构，互投高价值知识产权运营项目，互联互通信息化网络平台，共同实现知识产权运营网络化、体系化发展。

（2）深化穗港澳知识产权合作

探索建立粤港澳大湾区保护协作机制。促进粤港澳大湾区知识产权信息共享、区域知识产权执法协作。发挥粤港澳大湾区仲裁联盟作用，构建穗港澳知识产权仲裁交流平台。鼓励港澳知识产权服务机构来穗发展，推动穗港澳知识产权工作人员往来畅通、资源共用共享。

（3）支持"两个合作区"知识产权领域建设

支持横琴粤澳深度合作区完善知识产权创造、保护、运用、服务全链条生态体系建设，重点加强在开展知识产权运用和保护综合改革领域的合作交流。支持前海深港现代服务业合作区加快建设知识产权创造、保护和运用生态示范区，重点加强在知识产权维权援助、金融保险、公共服务等体制机制创新领域的合作交流。

2. 拓展区域知识产权合作空间

（1）引领构建"一核一带一区"区域发展新格局

支持广佛高质量发展融合试验区知识产权领域建设。支持构建广清营商环境一体化格局，支持现代演艺装备等灯光音响专业领域自主知识产权科技成果在清远园区转化。推进穗莞、穗中知识产权合作，促进与肇庆、韶关、江门新一轮知识产权合作，协同打造广佛肇清云韶经济圈。

（2）辐射带动国内区域协同合作

着力提升广州知识产权工作对泛珠三角乃至全国的辐射能力，以中新广州知识城、南沙自贸区等重大平台为载体，支持开展知识产权领域深层次合作。支持依托粤港澳大湾区，加强与京津冀协同发展、长江经济带发展、长三角一体化发展、黄河流域生态保护和高质量发展、成渝地区双城经济圈建设等国家区域发展战略知识产权领域的对接，加强与海南自由贸易港的知识产权联动，推动资源开放共享和区域协同创新。

3. 积极促进知识产权对外交流

（1）推进与新加坡在知识产权领域的合作

深入推进中新广州知识城知识产权运用和保护综合改革试验，为粤港澳大湾区，乃至全国贡献可复制可推广经验。落实中国和新加坡政府间知识产权领域合作谅解备忘录中的相关事项，促进两国相应的知识产权机构和组织在知识城开展业务交流与合作，支持新加坡专利代理等服务机构试点设立常驻代表机构，在依法合规前提下，支持新加坡金融机构在知识城开展知识产权金融创新，打造"中新国际知识产权创新服务中心"，进一步放开双边跨境知识产权服务领域。

（2）促进"一带一路"沿线国家城市间知识产权交流

积极推动广州"一带一路"重要枢纽城市建设，结合粤港澳大湾区的国际化优势，共同打造"一带一路"知识产权建设的重要支撑地区。加强对"一带一路"沿线国家知识产权制度、发展动向的研究，利用广州进出口商品交易会等平台提升与"一带一路"沿线国家的知识产权交流合作层次。探索"一带一路"知识产权合作新机制新模式，更好支撑"一带一路"建设。

（3）拓展高水平对外合作交流空间

积极争取世界知识产权组织在广州开展深度合作项目。推进在华技术与创新支持中心建设，推广利用世界知识产权组织知识产权信息数据库和服务平台，助力企业海外知识产权保护。加强与金砖国家、欧盟、美国、英国、日本、韩国、东盟等国家、地区和组织就其知识产权政策和业务规则进行交流，促进国际创新资源与广州产业需求的对接。建立广州与海外国家和地区的知识产权交流合作长效机制，以互访交流、国际会议、国际会展、学术研讨等形式打造国际化知识产权交流合作平台。

第 5 章　深圳市知识产权报告

2021 年是粤港澳大湾区和深圳先行示范区建设全面铺开、纵深推进的关键之年，为了贯彻落实习近平总书记关于深圳改革发展的重要指示批示精神，深圳市围绕《知识产权强国建设纲要（2021—2035 年）》《"十四五"国家知识产权保护和运用规划》和《关于强化知识产权保护的意见》等纲领性文件，大力推进创建国家知识产权强市和保护知识产权标杆城市建设，聚焦重点领域优化改革创新，不断完善知识产权创造、运用、保护、管理和服务体系，有效激发全社会创新创业活力，提升创新主体获得感，取得了丰硕成果。深圳市知识产权创造、保护和运用指标在 2021 年广东省营商环境评价中获全省第一；深圳市国内专利授权 279177 件，居全国首位，同比增长 25.52%；每万人口发明专利拥有量达 112 件，约为全国平均水平的 5.7 倍，有效发明专利五年以上维持率 78.52%。PCT 专利申请量 17443 件，同比减少 13.69%，约占全国申请总量的 25.52%，连续 18 年居全国大中城市第一。深圳市商标申请 574780 件，同比减少 1.69%；商标注册 464393 件，同比增长 27.95%，居全国首位；在第 22 届中国专利奖评选中，深圳市获奖 101 项，居全国第二，同比增长 44%，其中荣获中国专利金奖 4 项、中国外观设计金奖 1 项，占全国总数 12.5%；专利银奖 5 项、外观设计银奖 4 项；专利优秀奖 84 项、外观设计优秀奖 3 项；深圳市知识产权局是唯一荣获中国专利奖最佳组织奖的城市知识产权主管部门。在第 8 届广东省专利奖评审中，深圳市企业获评金奖 11 项、银奖 13 项、优秀奖 18 项，杰出发明人 4 人，❶ 获奖数量居广东省前列。与此同时，深圳市出台了一系列与知识产权相关的地方性法规和政

---

❶ 深圳市 2021 年知识产权白皮书［EB/OL］.（2022-05-07）［2022-05-20］. http://amr.sz.gov.cn/xxgk/qt/ztlm/zscqcjybh/zscqbps/content/post_9765083.html.

策措施，进一步完善了深圳市知识产权保护的政策法规体系。

一、深圳市知识产权制度和政策

为贯彻落实《知识产权强国建设纲要（2021—2035年）》和《广东省知识产权事业发展"十四五"规划》部署要求，深入实施知识产权强市战略，支撑深圳建设中国特色社会主义先行示范区，促进高质量发展。在2021年，深圳市先后出台了一系列促进深圳市知识产权发展的法规政策，其主要包括如下七个方面。

（一）加强知识产权保护和运用的规划

深圳市市场监督管理局、市发展和改革委员会联合发布了《深圳市知识产权保护和运用"十四五"规划》，根据该规划，到2025年，深圳市知识产权创造质量、保护效果、运用效益、管理水平、服务能力和国际影响力进一步提升，知识产权密集型产业增加值年均增长8%。深圳企业运用知识产权参与全球化竞争能力进一步增强，创新要素自主有序流动、高效配置水平进一步强化，知识产权对经济、社会发展的贡献更加凸显，为深圳打造国际一流营商环境、建设高质量发展典范城市、推进粤港澳大湾区和中国特色社会主义先行示范区建设提供有力支撑。

该规划确立了7项重大工程项目。这些工程既落实国家重大战略需求，也是支撑深圳"十四五"知识产权事业发展的重要抓手。

具体包括实施知识产权强市推进工程、实施知识产权保护能力提升工程、打造"云上稽查"知识产权执法工程、加强国家海外知识产权纠纷应对指导中心深圳分中心建设、建立知识产权证券化体制机制、建立知识产权和科技成果产权交易中心、实施粤港澳大湾区和"一带一路"知识产权产业集群工程等。

1. 实施知识产权强市推进工程

紧密围绕贯彻落实《知识产权强国建设纲要（2021—2035年）》《"十四

五"国家知识产权保护和运用规划》重大部署，全面参加知识产权强国建设试点示范工作，力争首批建成国家知识产权强市建设示范城市。深化知识产权领域"放管服"改革，率先在深圳市开展知识产权领域军民融合试点，促进解密国防专利在深圳转化运营。继续推进国家知识产权服务业集聚发展实验区、示范区建设，开展国家知识产权试点示范高校建设项目，建设深圳高校科研院所知识产权运营中心，推进建设世界知识产权组织技术与创新支持中心。

2. 实施知识产权保护能力提升工程

提高知识产权保护工作法治化水平，开展新型知识产权法律保护试点，完善互联网信息等数字知识产权财产权益保护制度，建立惩罚性赔偿制度，探索依法降低商业秘密侵权行为刑事立案门槛，依法降低行政执法打击侵犯商业秘密行为的证据要求，探索在部分知识产权案件中实行举证责任转移制度。实施知识产权领域以信用为基础的分级分类监管。发挥市知识产权联席会议优势，在保护机制、执法培训、执法信息共享、执法互助等方面形成合力。开展专利侵权纠纷行政裁决试点示范工作。综合运用法律、行政、经济、技术、社会治理等多种手段强化保护，形成仲裁调解、专业机构、社会力量、行业自律多元联合的知识产权大保护体系。

3. 打造"云上稽查"知识产权执法工程

加强知识产权信息化，智能化基础设施建设，推动知识产权保护线上线下融合发展。建设以"云上稽查"综合执法系统为中枢的知识产权执法保护体系，形成深圳市知识产权执法合力。争取设立国家市场监督管理总局数据证据处置及分析鉴定中心，其中分设网络版权鉴定处置中心，对现有网络版权各种非客观鉴权业态进行标准化规范管理，实现司法部门与执法部分的证据协同。引入非营利性保护平台和专业人员，设立知识产权法辅助项目，实现网络侵权线索自动搜索，违法事实初步鉴别及侵权证据同步规定，健全新领域新业态知识产权保护制度。

4. 加强国家海外知识产权纠纷应对指导中心深圳分中心建设

形成高效的国际知识产权风险预警和应急机制，建设知识产权涉外风险防控体系，维护知识产权领域国家安全。推动海外知识产权纠纷信息收集体系和国内外多层级资源协调支撑系统建设，健全海外维权服务全链条工作网络，定期发布海外维权指引，完善深圳市海外知识产权维权专家库、法律数据库和案例库，为深圳企业提供更加高效、便捷的海外知识产权风险防范和纠纷应对服务。加强海外知识产权维权援助。积极参与、推动知识产权国家规则制定和完善。

5. 建立知识产权证券化体制机制

探索研究可大规模复制和推广的知识产权证券化运行机制。设计科学合理的证券化产品，为企业融资开辟新渠道。发挥深圳市知识产权金融联盟作用，推动银行、保险、券商、创投机构、知识产权与金融服务机构等共同参与知识产权证券化体系建设。建设知识产权金融创新公共服务平台，提供知识产权质押融资、保险、证券化试点对接服务，探索与国内外优质平台精准对接和资源互换。

6. 建立知识产权和科技成果产权交易中心

规范有序建设知识产权和科技成果产权交易中心。鼓励企业加强国家合作，积极引入先进技术、品牌和版权。探索建设粤港澳大湾区知识产权区块链中心，建立基于大数据、人工智能和区块链等前沿技术的知识产权价值评估体系，为科学、合理确定知识产权价值评估体系，为科学、合理确定知识产权交易定价提供技术支撑。推动完善知识产权价值评估制度，制定知识产权评估标准，培育具有较强公信力和市场认可度的评估机构，形成知识产权和科技成果产权市场化定价和交易机制。

7. 实施粤港澳大湾区和"一带一路"知识产权产业集群工程

抓住粤港澳大湾区建设的重大机遇，充分发挥深圳在大湾区建设中的引领示范作用。加强与大湾区内机构的交流与合作，推动设立粤港澳大湾区知识产权产业联盟,将深圳市打造成为粤港澳大湾区知识产权产业集群聚集地,支撑高水平对外开放新格局。支持深圳企业在"一带一路"沿线国家输出技术和品牌,利用知识产权参与全球竞争,加强深圳市知识产权立法保护、运营体制等成熟制度经验在"一带一路"沿线国家经验分享。

此外,该规划从知识产权创造、运用、保护、服务和人才五个方面进行了量化,并重点从创造质量、运用效益、基础环境提出了8项知识产权预期性指标:①每万人口高价值发明专利拥有量108件,②海外发明专利授权量新增5万件,③知识产权证券化发行额100亿元,④知识产权质押融资和保险额300亿元,⑤知识产权密集型产业增加值年均增长8%,⑥知识产权保护社会满意度85分以上,⑦新增知识产权服务机构数量300家以上,⑧新增知识产权律师100名。这些指标既考虑了与国家、广东省知识产权"十四五"规划指标的衔接,也突出了深圳的特色和先行示范效应。

该规划制定了8项重大政策和改革举措,涵盖了知识产权创造、运用、保护、管理、服务和人才全链条、各环节。具体包括:①高起点完善知识产权顶层设计,推动实施知识产权强市战略;②高标准构建知识产权综合保护体系,营造国际一流营商环境;③高效益促进知识产权运用,实现知识产权合理价值;④高规格服务深圳重大区域布局战略,促进区域产业升级;⑤高水平强化知识产权"放管服"改革,形成便民利民的知识产权公共服务体系;⑥高效率完善知识产权服务链条,盘活全市知识产权服务资源;⑦高保障加强知识产权文化建设,营造激励创新的社会环境;⑧高质量壮大知识产权专业人才队伍,夯实深圳知识产权事业发展基石。

(二)强化知识产权保护实施

由中共深圳市委办公厅与深圳市人民政府办公厅联合印发的《关于强化知识产权保护的实施方案》于2021年10月出台。该实施方案贯彻落实党中央、国务院和上级部门近年来关于强化知识产权保护的一系列新部署、新要求,明确了深圳市强化知识产权保护工作的基本遵循和目的意义,提出了全面建设保护知识产权标杆城市、打造知识产权强国建设高地的总体目标,指明了深圳市强化知识产权保护的阶段性工作要点,为全面提升深圳市知识产权保护能力提供有力支撑。该实施方案从法治保障、司法行政保护、社会共治、技术支撑、快速协同保护、海外维权、基础条件建设、工作保障等八个方面，提出深圳市强化知识产权保护的55个项目、160条措施。

在完善知识产权保护政策法规体系方面，推出包括完善新业态新领域知识产权保护规则、打击侵犯商业秘密违法行为、完善知识产权价值评估体系、促进知识产权行政执法标准和司法裁判标准衔接等4个项目、16条具体措施。

在加大知识产权行政执法、司法保护力度方面，推出10个项目、41条具体措施，提出要加强知识产权关键领域、重点环节、重点群体专项执法，严厉打击专利侵权、假冒注册商标、网络盗版、恶意注册等知识产权侵权违法行为。强化知识产权侵权行为行政先行禁令制度的实施。加大知识产权刑事犯罪打击力度，推进知识产权审判"三合一"和案件"繁简分流"改革，发挥指定管辖机制作用。探索研究证据披露、证据妨碍排除和优势证据规则，破解知识产权举证难问题。完善案件联合查办和移交机制、重大案件公开审理机制、知识产权纠纷调解协议司法确认和仲裁裁决机制建设。

在提升知识产权社会共治水平方面，该实施方案从民主监督、仲裁调解、行业自律、公民诚信等环节，提出加强人大政协监督、实施知识产权领域以信用为基础的分级分类监管、完善仲裁调解公证机制、鼓励行业协会建立知识产权保护工作站、加强企业知识产权合规建设等9个项目、35条具体措施。

在加强技术支撑及信息化建设方面，该实施方案推出加强知识产权综合监管服务平台建设、探索区块链技术在知识产权保护各环节中的应用、开展行政裁决和检验鉴定技术支撑体系建设、技术调查官建设等8个项目、17条具体措施。

为健全快速协同保护体系建设，该实施方案推出强化知识产权保护"一站式"公共服务平台建设，加快专利申请、商标注册便利化改革，逐步扩大专利快速确权通道覆盖范围，构建行政执法、仲裁、调解等快速处理机制等4个项目、11条具体措施。

该实施方案在强化海外维权体系建设、加强知识产权保护基础条件建设、工作保障方面提出了具体措施。

（三）积极推动电子商务加快发展

2021年6月19日，为贯彻落实《深圳市关于推动电子商务加快发展的若干措施》（深府办规〔2020〕9号），进一步细化相关项目的申报基本条件、扶持方向和标准等内容，为进一步明确各项政策措施的适用对象、申请条件、资金安排、支持标准等，确保政策公开透明、执行到位，提高资金使用效益和管理水平，深圳市商务局制定了《〈深圳市关于推动电子商务加快发展的若干措施〉实施细则》。

该实施细则以《深圳市关于推动电子商务加快发展的若干措施》为基础，围绕"加速发展大型电子商务平台""大力推进电子商务应用""强化跨境电商发展优势""完善电子商务支撑服务体系"及"加大政府扶持服务力度"等方面提出对应的资助或奖励项目的扶持方向和标准。

一是针对"加速发展大型电子商务平台"，提出对本地法人电子商务平台、引进大型电子商务平台的资助条件、资助标准和评审方式。二是针对"大力推进电子商务应用"，提出对电子商务产业集聚园区、国家级数字商务企业、纳统网络零售额达标企业、消费扶贫、电商直播基地、深圳商城的资助条件、资助标准和评审方式。三是针对"强化跨境电商发展优势"，提出对跨境电商通关监管场所、跨境电商专业服务的资助条件、资助标准和评审方式。四是针对"完善电子商务支撑服务体系"及"加大政府扶持服务力度"，提出对有影响力的电子商务峰会、论坛及电子商务节庆等活动的资助条件、资助标准和评审方式。

（四）促进科技成果产业化

2021年3月1日，深圳市人民政府办公厅印发《深圳市关于进一步促进科技成果产业化的若干措施》，提出实施高质量成果"创新工程"、成果产业化"畅通工程"、成果产业化"支撑工程"、成果产业化机制"保障工程"。

该若干措施旨在深化科技供给侧结构性改革，建立符合社会主义市场经济和科技创新发展规律的科技成果产业化体系，完善"基础研究+技术攻关+成果产业化+科技金融+人才支撑"全过程创新生态链。在具体措施中，提到了基础研究固本强基计划。中小试基地建设方面，未来深圳将支持专业性和综合性小试中试基地建设；支持在深圳国家高新技术产业开发区建设科技成果中试工程化服务平台，探索运营新机制；鼓励龙头企业牵头建设小试中试服务平台基地。

此外，该若干措施提到了科技应用示范的推广计划。未来，深圳市将在5G、工业互联网、智能交通、医疗与教育、智慧城市、产业数字化、政务服务、工业级无人机、工业级无人车辆、无人机械等领域组织实施应用场景与应用示范项目，并支持企业开展新技术新产品应用示范。

该若干措施在支持科技成果融资方面也提出了明确举措。深圳市将建立市科技研发资金与天使投资引导基金等金融资本的联动机制，引导和促进南方创投网投资联盟成员单位对市科技研发资金资助项目提供融资服务；同时，深圳市也将依托国家技术转移南方中心、南方创投网等打造科技成果转化的重要支撑平台，以企业融资及项目合作需求为导向，完善科技成果常态化路演机制，实现评估、咨询、融资等全链条多态化对接，为高科技成果项目在早期、中期及后期各个阶段提供全方位、全流程专业咨询与融资服务。

（五）加强知识产权领域专项资金操作规程

为规范深圳市市场监督管理局知识产权领域专项资金资助和奖励项目的组织实施，提高专项资金使用效益和管理水平，根据《深圳经济特区知识产权保护条例》、《深圳市市级财政专项资金管理办法》（深府规〔2018〕12号）、《深圳市市场监督管理局专项资金管理办法》（深市监规〔2020〕3号）等规定，2021年12月6日，深圳市市场监督管理局制订《深圳市市场监督管理局知识产权领域专项资金操作规程（修订征求意见稿）》。

该操作规程适用于深圳市市场监督管理局知识产权领域专项资金资助和奖励项目的申请、受理、审核、专家评审、公示、决策、资金拨付、合同管理、预算管理等活动。专项资金的使用和管理坚持"公开、公平、公正"原则，遵守国家、省、市有关法律法规和财政管理制度，实行"自愿申报、专家评审、社会公示、科学决策、绩效评价"管理模式，资助和奖励资金主要用于加强深圳市知识产权创造、运用、保护、管理、服务。主要用于资助或奖励知识产权创造质量提升、知识产权运用能力提升、知识产权保护能力提升、知识产权宣传教育培训、知识产权服务能力提升以及落实市委市政府在知识产权领域的重点工作任务和其他按照国家、省上级机关明确要求由地方承担的工作项目。

（六）加强驰名商标、知名字号保护

2021年11月22日，深圳市市场监督管理局印发《商事主体名称登记驰名商标和知名字号保护办法》。

深圳老字号和驰名商标是深圳本土商业服务业竞争中留下的优秀品牌，但是近年来总有一些申请人为牟取不正当利益，恶意申请与他人知名字号或驰名商标相同的名称，导致一些知名企业深受其害，消费者被这类行为所混淆和误导，导致自身合法权益受到侵害。

该办法的出台是要从源头上大幅减少侵犯驰名商标、知名企业名称权行为的发生，其中提出了四大举措。

一是明确了驰名商标和知名字号的范围。该办法所称驰名商标，是指在中国为相关公众所熟知，且已被市场监管部门或者人民法院依法认定为驰名的商标。该办法所称知名字号，是指在中国享有较高商业信誉和影响力，为相关公众所熟悉和知晓，显著区别于其他商事主体的标志性文字字号。

二是建立了驰名商标和知名字号的名录。该办法规定了驰名商标和知名字号的保护名录，以及保护名录的公示制度。商事登记机关依据该办法对驰名商标、知名字号进行梳理形成保护名录，并开展主动公示。相关商事主体可以对保护名录提出异议或建议。

三是形成了驰名商标和知名字号的主动保护机制。该办法规定，未经授权，其他商事主体将保护名录内的驰名商标或知名字号作为其名称中的字号使用的，将被名称自主申报系统主动拦截，从源头上大幅减少了侵犯驰名商标、知名企业名称权行为的发生。

四是加大了知识产权保护力度。该办法提出，其他商事主体名称使用保护名录内的字号明显造成公众混淆，经人民法院或商事登记机关依法认定应当停止使用的，商事登记机关可以责令其限期变更名称，名称变更前，由商

事登记机关以统一社会信用代码代替其名称。

（七）建设深圳市南山区知识产权转化运用先行区

2021年4月20日，深圳市南山区发布了《南山区建设知识产权转化运用先行区行动方案（2021—2023）》。该方案主要有三方面内容、12条工作举措。

一是突出高质量导向，包括开展专利导航工程，引导企业组建优势产业"专利池"、优化海外高价值专利布局，打通高校科研院所成果转化链条、唤醒"沉睡专利"等。

二是探索金融赋能知识产权的新路径，包括探索建设线上知识产权价值评估应用场景，设立西丽湖国际科教城知识产权运营基金，持续发行知识产权证券化产品等。

三是完善多层次的知识产权公共服务体系，包括完善知识产权综合信息平台体系，引进一批国际化顶尖服务机构和高层次人才，探索建立粤港澳大湾区反侵权专利联盟，全面提升企业海外知识产权抗风险能力等。随着方案的落地实施，预计到2023年，深圳市南山区将培育出一批重点产业高价值专利，基础研究和核心技术攻关能力得到全面提升，成为以产业化、金融化、国际化为特色的知识产权转化运用创新先行区。

二、深圳市知识产权发展状况

（一）知识产权优势企业发展状况

1. 国家级知识产权优势企业和示范企业

截至2021年，深圳市累计培育国家知识产权优势企业73家、示范企业19家，市级专利奖企业315家。❶

---

❶ 深圳市2021年知识产权白皮书［EB/OL］.（2022-05-07）［2022-05-20］. http://amr.sz.gov.cn/xxgk/qt/ztlm/zscqcjybh/zscqbps/content/post_9765083.html.

2. 广东省知识产权优势企业和示范企业

在 2021 年度广东省知识产权示范企业名单中，深圳远望谷信息技术股份有限公司、深圳市卓宝科技股份有限公司、深圳新益昌科技股份有限公司等 65 家企业入选。❶

3. 深圳市知识产权优势企业

截至 2021 年底，深圳市共有 299 家企业获评"深圳市知识产权优势企业"称号。其中 2021 年新增深圳市佳士科技股份有限公司、腾讯音乐娱乐科技（深圳）有限公司、深圳市捷佳伟创新能源装备股份有限公司等 20 家企业。❷

（二）知识产权取得情况

1. 专利申请和授权量

深圳市 2021 年国内专利授权 279177 件，同比增长 25.52%；其中发明专利授权 45202 件，同比增长 45.17%；实用新型专利授权 154795 件，同比增长 27.28%；外观设计专利授权 79180 件，同比增长 13.66%。截至 2021 年，深圳市全市累计有效发明专利拥有量达 198031 件，约占全国总量 7.14%。每万人口发明专利拥有量达 112 件，约为全国平均水平的 5.7 倍，有效发明专利五年以上维持率 78.52%。PCT 专利申请量 17443 件，同比减少 13.69%，约占全国申请总量的 25.52%。❸ 专利授权量的稳步提升，充分体现了深圳市贯彻落实高质量发展要求、持续推进营商环境改革的工作成效。

在第 22 届中国专利奖评选中，深圳市获奖 101 项，奖项居全国第二，同比增长 44%，其中荣获中国专利金奖 4 项、中国外观设计金奖 1 项，占全国总数 12.5%；专利银奖 5 项、外观设计银奖 4 项；专利优秀奖 84 项、外观设

---

❶ 广东知识产权保护协会官网 [EB/OL]. [2022–05–20]. http://gdippa.com.
❷ 深圳市知识产权优势企业名单（2005 年—2021 年）[EB/OL]. (2021–11–16) [2022–05–20]. http://amr.sz.gov.cn/zxbs/zhxx/zscq/content/post_9359980.html.
❸ 深圳市 2021 年知识产权白皮书 [EB/OL]. (2022–05–07) [2022–05–20]. http://amr.sz.gov.cn/xxgk/qt/ztlm/zscqcjybh/zscqbps/content/post_9765083.html.

计优秀奖 3 项。❶

2. 商标申请和注册量

深圳市商标申请 574780 件，同比减少 1.69%；商标注册 464393 件，同比增长 27.95%，居全国首位；深圳市累计有效注册商标量达 2165693 件，同比增长 25.17%。❷

3. 著作权登记量

截至 2021 年，我国共有 34 个软件登记超万件的城市，其中深圳市登记量名列第三，达到 150640 件。❸

（三）知识产权运营状况

2021 年，深圳市制定了落实专利转化专项计划的实施方案，开展了战略性产业集群中小微企业转化对接等 5 项工程。作为加强知识产权运营生态的举措之一，深圳市指导近 20 家拟上市企业快速完成前期专利布局，培育 374 件高价值专利，推动 150 余件高价值专利实现海外快速布局。

2021 年，深圳全市专利权质押登记 543 件，涉及专利 1508 件，质押金额 114.73 亿元；专利实施许可合同备案 103 件，备案金额 4.6 亿元；商标权质押登记 8 件，质押金额 4.07 亿元。

2021 年，深圳市累计发行知识产权证券化产品 37 个，规模近 85 亿元，数量及金额居全国首位，惠及企业 536 家，其中包括全国首个高校科技成果转化知识产权证券化产品——"西丽湖国际科教城—高新投知识产权资产支持专项计划"、全国首个以版权为主的知识产权证券化项目——"罗湖区—平安证券—高新投版权资产支持专项计划"（见表 5-1）。

---

❶ 深圳市 2021 年知识产权白皮书 [EB/OL]. （2022-05-07）[2022-05-20]. http://amr.sz.gov.cn/xxgk/qt/ztlm/zscqcjybh/zscqbps/content/post_9765083.html.

❷ 深圳市 2021 年知识产权白皮书 [EB/OL]. （2022-05-07）[2022-05-20]. http://amr.sz.gov.cn/xxgk/qt/ztlm/zscqcjybh/zscqbps/content/post_9765083.html.

❸ 深圳市 2021 年知识产权白皮书 [EB/OL]. （2022-05-07）[2022-05-20]. http://amr.sz.gov.cn/xxgk/qt/ztlm/zscqcjybh/zscqbps/content/post_9765083.html.

深圳市首期聚焦数字经济领域的资产证券化产品——"龙华区—万和证券—高新投知识产权1号资产支持专项计划（数字经济I）"成功发行，发行规模2.02亿元，入池企业共有10家。❶

表5–1　2021年深圳市知识产权证券发行情况统计

序号	专项计划名称	发起/原始权益人	年份	发行金额/亿元	基础资产类型
1	宝安区—平安证券—高新投知识产权4号资产支持专项计划	深圳市高新投小额贷款有限公司	2021	2.0400	小微贷款
2	工银科创—深圳担保集团—深圳科技创新企业知识产权5期资产支持专项计划（福田区国高战新二期）	深圳市中小担小额贷款有限公司	2021	1.9000	小额贷款
3	南山区—高新投知识产权4号资产支持专项计划	深圳市高新投小额贷款有限公司	2021	2.9300	小额贷款
4	南山区—高新投知识产权3号资产支持专项计划（数字经济）	深圳市高新投小额贷款有限公司	2021	4.9800	小额贷款
5	粤开证券—中小担小贷—知识产权1期资产支持专项计划（创新南山人工智能专场）	深圳市中小担小额贷款有限公司	2021	1.9400	小额贷款
6	光明区—万和证券—高新投知识产权1号资产支持专项计划（首单模式4）	深圳市高新投小额贷款有限公司	2021	1.3800	小额贷款
7	龙岗区—平安证券—高新投知识产权2号资产支持专项计划	深圳市高新投小额贷款有限公司	2021	1.1200	小额贷款
8	福田区—平安证券—高新投知识产权3号资产支持专项计划	深圳市高新投小额贷款有限公司	2021	1.9400	小额贷款
9	工银科创—深圳担保集团—深圳科技创新企业知识产权4期资产支持专项计划	深圳市中小担小额贷款有限公司	2021	1.5200	小额贷款
10	南山区—高新投知识产权2号资产支持专项计划（中小企业）	深圳市高新投小额贷款有限公司	2021	2.2900	小额贷款

---

❶ 深圳市2021年知识产权白皮书［EB/OL］.（2022-05-07）［2022-05-20］. http://amr.sz.gov.cn/xxgk/qt/ztlm/zscqcjybh/zscqbps/content/post_9765083.html.

续表

序号	专项计划名称	发起/原始权益人	年份	发行金额/亿元	基础资产类型
11	宝安区—平安证券—高新投知识产权3号资产支持专项计划	深圳市高新投小额贷款有限公司	2021	2.9600	小额贷款
12	西丽湖国际科教城—高新投知识产权资产支持专项计划	深圳市高新投小额贷款有限公司	2021	0.2000	小额贷款
13	龙华区—万和证券—高新投知识产权1号资产支持专项计划（数字经济I）	深圳市高新投小额贷款有限公司	2021	2.0200	小额贷款
14	工银科创—深圳担保集团—深圳科技创新企业知识产权3期资产支持专项计划	深圳市中小担小额贷款有限公司	2021	1.3800	小额贷款
15	中信证券—爱奇艺知识产权供应链金融资产支持专项计划2期	深圳前海联易融商业保理有限公司	2021	2.1000	供应链
16	南山区—高新投知识产权1号资产支持专项计划（5G专场）	深圳市高新投小额贷款有限公司	2021	3.6100	小额贷款
17	宝安区—平安证券—高新投知识产权2号资产支持专项计划	深圳市高新投小额贷款有限公司	2021	2.5300	小额贷款
18	工银科创—深圳担保集团—深圳科技创新企业知识产权2期资产支持专项计划	深圳市中小担小额贷款有限公司	2021	2.7200	小额贷款
19	宝安区—平安证券—高新投知识产权1号资产支持专项计划	深圳市高新投小额贷款有限公司	2021	3.2300	小额贷款
20	工银科创—深圳担保集团—深圳科技创新企业知识产权1期资产支持专项计划	深圳市中小担小额贷款有限公司	2021	1.5100	小额贷款
21	坪山区—南方中心—长江—1期生物医药产业知识产权资产支持专项计划	深圳南方知识产权运营中心有限公司	2021	1.0100	小额贷款
22	福田区—平安证券—高新投知识产权2号资产支持专项计划（战略新兴）	深圳市高新投小额贷款有限公司	2021	1.3900	小额贷款

续表

序号	专项计划名称	发起/原始权益人	年份	发行金额/亿元	基础资产类型
23	龙岗区—平安证券—高新投知识产权1号资产支持专项计划	深圳市高新投小额贷款有限公司	2020	2.4300	小额贷款
24	中信证券—爱奇艺知识产权供应链金融资产支持专项计划1期	深圳市赢盛商业保理有限公司	2019	5.2700	供应链
25	南山区—中山证券—高新投知识产权3期资产支持计划（5G专场）	深圳市高新投小额贷款有限公司	2020	4.5500	小额贷款
26	南山区—中山证券—高新投知识产权2期资产支持计划（中小企业）	深圳市高新投小额贷款有限公司	2020	2.0000	小额贷款
27	南山区—中山证券—高新投知识产权1期资产支持计划（疫情防控）	深圳市高新投小额贷款有限公司	2020	3.2000	小额贷款
28	平安证券—高新投知识产权1号资产支持专项计划	深圳市高新投小额贷款有限公司	2019	1.2400	小额贷款

（四）知识产权保护状况

1. 知识产权司法保护状况

（1）审判保护

2021年，深圳市两级法院新收知识产权案件23745件，审结24941件，其中包括全国法院首例知识产权刑事附带民事公益诉讼案件——刘某等犯假冒注册商标罪案，全国首例适用《个人信息保护法》的信息保护纠纷案件。深圳市中级人民法院探索建立证据披露、证据妨碍排除和优势证据规则，完善诉前、诉中证据保全制度。在2020年《深圳经济特区知识产权保护条例》修正案新增惩罚性赔偿相关内容的基础上，深圳市中级人民法院于2021年出台了《深圳市中级人民法院关于知识产权民事侵权纠纷适用惩罚性赔偿的指导意见（试行）》，为司法实践适用惩罚性赔偿提供指引。2021年全年深圳市两级法院共有8宗案件适用惩罚性赔偿，判决判赔金额达4300万元，且作出

全国首例适用书证提出命令的惩罚性赔偿判决。❶

（2）检察保护

2021年，深圳市检察机关共受理审查逮捕涉及侵犯知识产权犯罪案件365件767人，受理审查起诉324件642人，大某视界、张某等四人侵犯著作权案入选最高人民检察院典型案例。❷

2021年3月，深圳市人民检察院出台了《深圳市人民检察院知识产权技术调查工作规范（试行）》，其中对检察机关为查明案件事实，依职权开展调查或委托具有专门知识的人，对相关领域专业技术问题进行解释、说明、提供专业意见，辅助办案活动等事项进行了规定。2021年，技术调查官共参与案件次数190余次，出具初步比对意见书48份，外出保全取证20余次。❸ 2021年4月，深圳市人民检察院充分整合刑事、民事、行政检察职能，正式成立专门的知识产权检察办公室，实施知识产权检察工作"三检合一"。

2021年10月，深圳市人民检察院正式发布《深圳市知识产权检察业务指导案例（第一辑）》，不同于以往的综合评选方式，此次发布的指导案例由检察业务部门以课题研究的方式制成。

深圳市人民检察院还制定了《深圳市人民检察院企业知识产权刑事合规建设专项工作方案》，与深圳上市公司协会就联合开展知识产权刑事合规建设工作达成初步共识。

2. 知识产权行政保护状况

2021年，深圳市知识产权行政保护工作绩效考核获全国副省级城市和地级市第二名，深圳经济特区47条创新举措之一的"率先形成最严格的知识产权保护体系"被推广全国。

中共深圳市委宣传部组织查获非法印刷品34.3万件，案件116件。深圳市文化广电旅游体育局检查各类场所31822家次，立案153件。深圳海关在"龙腾""净网""蓝网"等专项行动中及粤港海关保护知识产权联合执法行

---

❶❷ 深圳市2021年知识产权白皮书［EB/OL］.（2022 - 05 - 07）［2022 - 05 - 20］. http：//amr. sz. gov. cn/xxgk/qt/ztlm/zscqcjybh/zscqbps/content/post_9765083. html.

❸ 深圳检察网［EB/OL］.［2022 - 05 - 20］. http：//www. shenzhen. jcy. gov. cn.

动中，查扣侵权货物 9938 批次、2140 万件，案值 7902.1 万元，查扣侵权货物数量和案值全国海关第一。❶

深圳市市场监督管理局于 2021 年通过"蓝天""铁拳""剑网"等专项行动，查处专利侵权纠纷案件 1053 件、商标侵权假冒等违法案件 499 件、版权违法案件 32 件、反不正当竞争违法案件 61 件，移送公安机关涉嫌犯罪案件 41 件。2021 年全年深圳市公安机关共受理知识产权案件 470 件，立案 420 件，破案 434 件，其中"蓝剑"行动侦破了全国知名某计算机系统有限公司被侵犯商业秘密案。

2021 年 6 月 15 日，深圳市市场监督管理局发布专利侵权纠纷投诉案件立案须知，规定专利权人或者利害关系人可以到有管辖权的中级人民法院提起民事诉讼，或请求管理专利工作的部门处理。但当事人已经向中级人民法院起诉的专利侵权纠纷案件，深圳市市场监督管理局不再受理，已经受理的，予以撤销。

深圳市市场监督管理局建成"五位一体"的"一站式"协同保护平台，在多个辖区授牌设立知识产权保护中心分窗口（包括罗湖分窗口、南山分窗口、光明分窗口、宝安分窗口和龙岗分窗口等）。四部门联合出台知识产权纠纷诉讼、行政裁决、仲裁、调解工作衔接机制文件，办理全市首宗行政调解协议司法确认案件，标志着深圳市区两级协调联动的知识产权快速协同保护体系初步建立。该保护中心可以与国家海外知识产权纠纷应对指导中心深圳分中心以及世界知识产权组织技术与创新支持中心发挥平台作用，联合拓展覆盖范围。

2021 年 7 月 27 日，深圳市市场监督管理局龙岗局委托中国（深圳）知识产权保护中心，就某企业产品是否涉嫌侵权出具侵权判定咨询意见，为龙岗局作出全国首例知识产权行政禁令决定书提供重要技术支撑。中国（深圳）知识产权保护中心接受案件委托后，第一时间组织维权专家分析案情，充分运用多元化技术对比机制，迅速初拟专利侵权判定咨询意见。为确保意见论证充分，中国（深圳）知识产权保护中心多个部门的专家与国家知识产权局

---

❶ 深圳市 2021 年知识产权白皮书 [EB/OL]. (2022 - 05 - 07) [2022 - 05 - 20]. http://amr.sz.gov.cn/xxgk/qt/ztlm/zscqjybh/zscqbps/content/post_9765083.html.

专利局专利审查协作广东中心技术专家组成专家合议组,通过视频合议会讨论咨询意见,与会人员一致认可并完善初拟意见结论。会后,龙岗局接收并参考咨询意见,适时发布行政禁令。

知识产权行政禁令是为及时制止知识产权侵权行为,加强知识产权保护,打造"人民满意"营商环境,助力经济高质量发展"量身打造"的知识产权行政保护措施。《深圳经济特区知识产权保护条例》中明确规定市场监管部门对有证据证明存在侵权事实的,可以"先行发布禁令"。禁令将在实体争议获解之前,有效防止侵害行为继续,及时维护权利人合法权益。

2021年,深圳市市场监督管理局印发多份知识产权保护规定。其中,为完善专利侵权纠纷行政调解司法确认机制,推进专利侵权纠纷行政裁决示范试点建设,印发《深圳市市场监督管理局专利侵权纠纷行政裁决工作指引(试行)》;为加强对驰名商标和知名字号的保护,印发《商事主体名称登记驰名商标和知名字号保护办法》,对驰名商标和知名字号的认定和保护作出了具体规定。

此外,深圳市获批国家知识产权局商标业务前海受理窗口、全国首批集成电路布图设计登记试点和全国首家外观设计专利权评价报告预审试点业务,新增高端装备制造和珠宝加工专利预审领域,专利预审案件6428件。深圳市政府还通过建设广东深圳(南山)商业秘密保护基地,打造省市区三级共建联动模式。❶

3. 知识产权人民调解保护状况

深圳市坚持非诉讼纠纷解决机制在前,加强行政调解、司法调解、人民调解"三调"联动。2021年,深圳市建立了广东省首个展会行业人民调解组织,全市累计建立知识产权纠纷人民调解组织14个,入驻调解员149名,建成行政区域、重点产业全覆盖的知识产权保护社会治理网。❷

中国(深圳)知识产权保护中心受理知识产权纠纷调解案件868件,调解成功187件。深圳市贸促委接收知识产权纠纷调解案件480件,进入调解

---

❶❷ 深圳市2021年知识产权白皮书[EB/OL].(2022-05-07)[2022-05-20]. http://amr.sz.gov.cn/xxgk/qt/ztlm/zscqcjybh/zscqbps/content/post_9765083.html.

程序260件，调解成功100件，涉案标的额约6.6亿元人民币。❶深圳市坪山区成立知识产权人民调解委员会和全市首家区级商事调解院，光明区成立光明科学城知识产权人民调解委员会。

中国（深圳）知识产权保护中心为加强知识产权纠纷调解工作研究和调解员业务培训工作，与深圳市司法局联合建立了知识产权纠纷调解工作研究与培训基地。此外，该保护中心调委会还制定了《中国（深圳）知识产权保护中心调解工作管理办法（试行）》等规章。

4. 知识产权仲裁保护状况

2021年，深圳市成立中国（深圳）知识产权仲裁中心，累计办理知识产权纠纷仲裁案件165件，争议金额约7.01亿元，平均审理期限为73.23天。深圳国际仲裁院建立仲裁调解优先机制，探索建立粤港澳大湾区反侵权专利联盟，提供更加便捷高效的知识产权纠纷解决方案。此外，深圳国际仲裁院会同深圳市市场监督管理局、深圳市司法局、深圳市中级人民法院，出台《关于进一步完善知识产权纠纷诉讼、行政裁决、仲裁、调解工作衔接机制的意见（试行）》；成立深圳国际仲裁院知识产权专业指导委员会，引进境内外知识产权专家提供指导。

深圳市200余家企业签署了知识产权信用承诺书，承诺在经营过程中出现知识产权权属、侵权、不正当竞争等纠纷，应提交知识产权仲裁解决。深圳市推动展会参展商等签订遵守知识产权管理条例承诺书，完善展会"调解+仲裁"知识产权纠纷多元化解机制。此外，深圳国际仲裁院还出版了《知识产权典型仲裁案例与实务精要》。❷

5. 知识产权海外维权

2021年，深圳市共监测"337调查"案件13件和涉美法院诉讼262件，在全国首宗国内企业对38家国外企业发起的"337调查"中提供维权帮扶。❸由中国（深圳）知识产权保护中心指导的多件本土企业与美国知识产权纠纷

---

❶❷❸ 深圳市2021年知识产权白皮书［EB/OL］．（2022-05-07）［2022-05-20］．http：//amr.sz.gov.cn/xxgk/qt/ztlm/zscqcjybh/zscqbps/content/post_9765083.html.

案件均以和解结案,其中最快结案时间不到一个半月。目前,中国(深圳)知识产权保护中心已累计为 65 家涉案深圳企业提供"一对一"应对指导。

2021 年 5 月 26 日,美国某公司提起商标侵权诉讼,指控涉案的深圳某电子商务有限公司未经授权擅自使用涉及与玛丽莲·梦露相关的文字商标。中国(深圳)知识产权保护中心第一时间与涉案电商公司取得联系,依靠海外知识产权专家资源,迅速开展和解谈判,于 2021 年 7 月 6 日,原告撤回对涉案电商公司的起诉。

(五)知识产权中介机构发展状况

2021 年,深圳市专利代理机构(不含分支机构)累计达 308 家,累计执业专利代理师 1346 人,4662 家商标代理机构经国家知识产权局登记备案,3 家作品著作权登记代办机构经广东省版权局批准。其中新设立专利代理机构 52 家,外地专利代理机构的深圳分支机构达 83 家。❶ 其中,深圳中一专利商标事务所、深圳市世纪恒程知识产权代理事务所、深圳市顺天达专利商标代理有限公司三家代理机构(不含分支机构)的 22 件专利,以及 13 家外地专利代理机构分支机构的 187 件专利获得第 22 届中国专利奖。

(六)知识产权人才培养和引进状况

2021 年 6 月 2 日,深圳市人力资源和社会保障局发布关于公开征求《深圳市核准类和积分类人才引进及入户实施办法(征求意见稿)》意见的通告,明确发明专利可用于落户时的加分项,而取消实用新型专利加分项。

2021 年,深圳大学名列全球教育机构 PCT 专利申请人排行榜前 50 位。深圳大学知识产权学院开办知识产权实务高级研修班 8 期。深圳大学知识产权学院与深圳大学国家知识产权培训(广东)基地共同举办第 10 届中国知识产权热点问题研讨会,多所高校学者和各地法院、企业界、律师界的专家参与研讨。

---

❶ 深圳市 2021 年知识产权白皮书 [EB/OL]. (2022-05-07) [2022-05-20]. http://amr.sz.gov.cn/xxgk/qt/ztlm/zscqcjybh/zscqbps/content/post_9765083.html.

2021年，深圳市成立深圳国际仲裁院知识产权专业指导委员会，组建市律师协会知识产权专家库，知识产权律师专家达49人。❶

（七）知识产权交流状况

2021年，深圳市配合国家知识产权局、广东省有关方面组织粤港澳大湾区知识产权工作座谈会，推动粤港澳大湾区国际仲裁中心交流合作平台揭牌成立。

深圳市首批设立3个香港特别行政区知识产权问询点，举办首届商业秘密保护湾区峰会。深圳市人民法院审理了全国首个香港法律专家在线出庭提供香港法律查明协助案件。深圳市举办"2021年中国（深圳）企业国际化经营合规论坛"和"2021深圳前海知识产权国际论坛"。其中在"2021深圳前海知识产权国际论坛"上，世界知识产权组织中国办事处顾问文学在视频致辞中强调，世界知识产权组织中国办事处将不断加强与中国政府部门的协调与合作，支持华南地区知识产权发展。

此外，深圳市政府联合韩国驻广州总领馆组织开展"2021韩国品牌产品知识产权保护交流会"。

三、建议和展望

综上所述，在《知识产权强国建设纲要（2021—2035年）》实施的初始之年，深圳市作为中国特色社会主义先行示范区和全国保护知识产权发展与保护的先行者和领跑者，在专利的申请量与授权量、知识产权证券化、知识产权运营基金管理等各个方面取得了来之不易的巨大成就。但是在新冠肺炎疫情肆虐、世界经济格局遭遇挑战的重叠交互式影响下，知识产权领域的竞争已然成为当下各国国力较量的主战场。在新形势下，深圳市要从国内知识产权强市，逐步发展成为国际知识产权领先城市，赢得更大的发展主动权，需将工作重心转移至制度完善、精准资助、多元化纠纷解决以及人才培养四

---

❶ 深圳市2021年知识产权白皮书［EB/OL］.（2022-05-07）［2022-05-20］. http://amr.sz.gov.cn/xxgk/qt/ztlm/zscqcjybh/zscqbps/content/post_9765083.html.

个方面，构建起更为完备的知识产权保护体系。

（一）完善知识产权保护制度，护航新业态新领域

自《中共中央 国务院关于支持深圳建设中国特色社会主义先行示范区的意见》正式公布两年来，深圳市知识产权优势企业的数量和规模都在不断扩大，知识产权创造也在从高数量向高质量目标转化，尤其是在专利领域成绩显著。但是随着高新技术产业高速发展，其所衍生的新业态新领域的知识产权法律保护问题，仍需要通过进一步加强相关法律制度的构建和完善，形成更为强大的知识产权保护体系。尤其是在高端软件产业、人工智能产业、区块链产业、大数据产业、电子商务产业和数字创意产业等新兴领域，相关的法律制度尚未构建成熟，权利人的智力成果得不到有效的法律保障，不利于相关产业的进一步发展。深圳市作为中国特色社会主义先行示范区，应当积极探索新型知识产权的保护模式，通过立法、司法、行政执法等手段，助力创新成果转化，降低因法律滞后性所带来的不利影响，让新业态新领域中的科创产业在健康的市场环境中蓬勃发展。

（二）加大知识产权扶持力度，推动产业创新升级

党的十八大以来，我国在全球创新指数的排名提高了23位，表明了我国知识产权事业蒸蒸日上、未来可期。深圳市作为未来产业的红利享有者，其所实施的知识产权强市推进工程取得了巨大进展。但是，对于推进工程当中的探索知识产权证券化业务等细化方面，深圳市的多项发展指标仍具有较大的发展潜力和进步空间。然而，各项指标的提升均需以知识产权资助为推力，因此需要继续加大知识产权新兴科创产业的扶持力度，才能推动未来产业创新升级，再以创新为支点推动高质量发展，具体可以从以下三个方面进行政策优化。

1. 加大扶持中小企业力度，激发企业创新积极性

深圳全市国家级高新技术企业总量超过1.7万家，其中，中小企业占比超过90%。超过60%的"中国驰名商标"、超过70%的"中国名牌产品"、

超过80%的创新载体、超过90%的国家知识产权优势企业均来自中小企业。由此可见，深圳中小企业在科技创新领域发挥着举足轻重的作用。深圳市要实现知识产权强市的目标，就应当继续加大对中小企业，特别是中小型科创企业发展知识产权的扶持力度，积极打造科研基础设施的共享机制、推动中小企业与高校的"产学研"合作、优先审查小微企业申请获得授权的核心专利、小微知识产权服务机构参与知识产权公共服务等，全力营造良好的商业竞争环境，激发中小型科创企业的创新活力。

2. 精准资助中小企业发展，提高企业资助适配性

加大对中小企业的扶持，还需要注意提高资助与企业发展的适配性。根据当下市场环境优化资助的条件与标准，严格落实资助要求，精准资助需要扶持的中小企业渡过发展困难期，让手握知识产权的中小型科创企业能将"知本"转化为"资本"。同时注重培育大企业与中小企业的发展关系，发挥大企业引领带动中小企业协同发展作用，引导组建产业知识产权联盟，形成知识产权成果转化的群体优势，提升知识产权转化运用效率。

3. 构建资金资助监管平台，保障企业资助有效性

在加大资助力度的同时，深圳市应当积极构建资金资助监管平台，坚持"公开、公平、公正"原则，规范企业资助资金的用途，加强资金使用的绩效评价，促进资金使用的高效化和合理化。要定期审查企业资金使用状况，防止资助资金被滥用或者不法利用，确保资助资金用于知识产权创造、运用、保护、管理和服务。

（三）构建多元纠纷化解机制，切实提高保护效率

从2021年知识产权纠纷解决的情况上看，深圳市两级法院新收知识产权案件23745件，审结24941件；❶ 而2021年深圳知识产权仲裁中心办理知识

---

❶ 《深圳特区报》报道：深圳市2021年知识产权白皮书［EB/OL］. (2022 – 04 – 26) ［2022 – 05 – 20］. http://amr.sz.gov.cn/xxgk/xwzx/mtbd/content/post_9731609.html.

产权纠纷仲裁案件只有165件。❶ 由此可见，深圳市知识产权纠纷案件的解决主要还是遵循传统的诉讼解决方式，致使法院案件量居高不下，权利人诉累、司法资源浪费严重。深圳市应当率先优化多元化纠纷解决机制，提高仲裁、调解等其他纠纷解决手段的利用率，缩短案件的审理周期，提高司法行政效率。同时提升知识产权的审判能力，充分发挥知识产权司法保护作用，全面提升企业抵御境内外知识产权风险的能力。

（四）增强相关人才培养力度，充分发挥人才优势

知识产权专业化人才是深圳市打造知识产权强市的基石。当前，深圳市各区均有出台各自的人才引进与培养方案，但总体而言，深圳市知识产权专门人才的数量仍然不足、专业化水平还有待提升、人才培养的体系也不够完善。因此，一方面，深圳市要提升自身的知识产权人才培养能力，充分利用与高校合作建设知识产权人才培养基地，培育一支规模大、素质高的知识产权人才队伍，另一方面，大力引进高水平知识产权专家落户深圳，以期迅速提升深圳知识产权人才优势。

保护知识产权就是保护创新，深圳市现正处在从制造到创造、从高数量到高质量发展的高速转化阶段。严格执行《知识产权强国建设纲要（2021—2035年）》和《"十四五"规划纲要》，将《"十四五"规划纲要》中所列举的各项发展指标有计划地落实，是深圳市立足粤港澳大湾区，成为具有示范效应的国际一流知识产权强市的根本保证。

---

❶ 深圳市2021年知识产权白皮书［EB/OL］.（2022-05-07）［2022-05-20］. http://www.sz.gov.cn/cn/xxgk/zfxxgj/zwdt/content/post_9730089.html.

第6章 东莞市知识产权报告

2021年，广东省实现地区生产总值124369.67亿元，比2020年增长8.0%。东莞市是我国改革开放的前沿地区之一，已成为全国经济高速发展的代表性城市。2021年东莞市人民政府工作报告指出，2021年，全市实现地区生产总值10855.35亿元，同比增长8.2%，快于全国全省平均水平，外贸进出口超15247亿元，稳居全国第五。❶东莞市2021年能够在经济上取得上述成就，知识产权的创造、转化和运用在其中发挥了重要的作用，工业企业数量突破1.1万家❷，排名全省第二。2021年，东莞市积极出台了多项促进知识产权发展的制度和政策，并且在知识产权企业发展、专利的申请和授权、商标的申请和注册以及知识产权的司法、行政和会展保护、知识产权代理机构、知识产权人才培养等方面具有突出建树（见表6-1）。

表6-1 2021年1—4季度广东主要市区地区生产总值排行榜❸

排名	地区	地区生产总值/亿元	增速/%
1	深圳	30664.85	6.7%
2	广州	28231.97	8.1%
3	佛山	12156.54	8.3%
4	东莞	10855.35	8.2%

---

❶ 东莞2021年GDP为10855.35亿元，同比增长8.2% [EB/OL]. （2022-01-24）[2022-05-20]. https：//baijiahao.baidu.com/s？id=1722811394048099576&wfr=spider&for=pc.

❷ 2021年东莞市政府工作报告 [EB/OL]. （2022-01-27）[2022-05-20]. http：//www.dg.gov.cn/gkmlpt/content/3/3716/post_3716922.html#694.

❸ 2021年广东省各市GDP排行榜 [EB/OL]. （2022-03-18）[2022-05-20]. https：//baijiahao.baidu.com/s？id=1727620647562447841&wfr=spider&for=pc.

续表

排名	地区	地区生产总值/亿元	增速/%
5	惠州	4977.36	10.1%
6	珠海	3881.75	6.9%
7	茂名	3698.10	7.6%
8	江门	3601.28	8.4%
9	中山	3566.17	8.2%
10	湛江	3559.93	8.5%
11	汕头	2929.87	6.1%
12	肇庆	2649.99	10.5%
13	揭阳	2265.43	6.1%
14	清远	2007.45	8.1%
15	韶关	1553.93	8.6%
16	阳江	1515.86	8.3%
17	梅州	1308.01	5.5%
18	汕尾	1288.04	12.7%
19	河源	1273.99	8.0%
20	潮州	1244.85	9.3%
21	云浮	1138.97	8.1%

一、东莞市知识产权制度和政策

中共中央、国务院印发的《知识产权强国建设纲要（2021—2035年）》提出，到2025年，知识产权强国建设取得明显成效；到2035年，知识产权综合竞争力跻身世界前列，中国特色、世界水平的知识产权强国基本建成。

2022年3月，广东省政府发布《广东省知识产权保护和运用"十四五"规划》。展望"十四五"，该规划提出了14项主要指标，形成创造、运用、保护、服务四类指标"3+5+3+3"的整体格局，还提出每万人口高价值发明专利拥有量20件、海外发明专利授权量8万件、知识产权质押融资登记金额

2500亿元等具体发展目标。❶ 广东省将全力推动粤港澳三地知识产权合作创新、优势互补，携手打造粤港澳大湾区知识产权国际合作高地。东莞市将在《知识产权强国建设纲要（2021—2035年）》《"十四五"国家知识产权保护和运用规划》和《广东省知识产权保护和运用"十四五"规划》的指引下，全面建设国家知识产权运营服务体系重点城市，推动知识产权运营及创新平台建设，大力提升知识产权创造质量和运用效益，全方位加强知识产权保护，培育知识产权发展新动能，不断促进专利成果转化落地，为"科技创新＋先进制造"的城市定位贡献更多力量，为经济高质量发展提供连续不断的澎湃动能。

（一）《东莞市市场监管现代化"十四五"规划》

为在"十四五"时期抓住时代机遇、履行时代担当，东莞市出台了《东莞市市场监管现代化"十四五"规划》。全面建设国家知识产权运营服务体系重点城市，推动知识产权运营及创新平台建设，大力提升知识产权创造质量和运用效益，全方位加强知识产权保护，培育知识产权发展新动能。

1. 促进知识产权高质量创造

实施高价值专利培育工程，建立高价值专利培育体系，培育一批高价值专利，强化专利产出和管理，推进高价值专利技术产业化。实施专利导航计划，打造专利密集型产业，形成一批核心专利。实施知识产权强企工程，支持重点企业积极参与申报国家级、省级知识产权优势（示范）企业，支持企事业单位贯彻实施知识产权管理规范国家标准。建设产业专利联盟专项工程，以高价值专利组合为基础，构筑产业技术专利池，推动业内专利成果共享。深入推进商标品牌战略，实施商标品牌赋能高质量发展三年行动计划，推动"东莞产品"向"东莞品牌"转变。

---

❶ 广东发布知识产权保护和运用"十四五"规划 [EB/OL]. （2022-04-01）[2022-05-20]. https://baijiahao.baidu.com/s?id=1728865571315686022&wfr=spider&for=pc.

2. 推动知识产权高水平运用

构建符合东莞产业特色的知识产权运营服务体系，推进知识产权国际运营中心、产业运营及协同创新平台建设，设立知识产权运营基金，打造东城、松山湖和滨海湾新区知识产权服务业集聚区，加快推动知识产权转化成市场价值。加大知识产权人才引进培养，鼓励特色运营平台与世界知识产权组织、技术转移专业协会等进行合作。

3. 严格知识产权保护

设立中国（东莞）知识产权保护中心，集快速审查、快速确权、快速维权为一体，推动审查确权、行政执法、维权援助、仲裁调解、司法衔接联动，实现产业知识产权快速协同保护，为创新主体、市场主体提供"一站式"知识产权综合服务。提升知识产权行政执法保护能力，加大对重复侵权、恶意侵权等严重侵犯知识产权行为的判赔力度，增强行政执法保护威慑力。推进专利侵权纠纷行政裁决示范建设，完善知识产权纠纷多元化解机制。推动维权关口前移，在知识产权服务集聚区内设立知识产权维权援助工作站。建立健全跨部门专利和商标执法协作机制，严厉打击侵犯专利和商标等违法行为。完善知识产权诚信管理制度，推动知识产权行政执法信息公开，将知识产权违法失信行为纳入社会信用记录。积极与世界知识产权组织中国办事处开展深层次合作，鼓励行业协会加强海外知识产权预警，为企业提供海外知识产权纠纷和突发事件应对服务，增强国际知识产权纠纷与诉讼整体联防能力。

其中，对推进商标品牌战略进行了详细部署：第一，加强商标品牌指导站建设。实现镇街（园区）设立商标品牌指导站全覆盖，规范商标品牌指导站日常运作，建立重点联系机制，有效连接线上线下专业资源，服务推动优化企业商标管理体系。第二，拓展商标品牌金融服务。探索专利、商标混合质押，积极实施知识产权金融资助政策，将商标专用权质押融资贷款项目纳入"三融合"信贷支持范围，对开展商标专用权质押融资的企业，给予贴息补助。第三，实施品牌东莞工程。深入开展国际、国内商标注册资助、区域品牌示范区建设、中国驰名商标培育等项目，推动重点企业开展商标品牌策划、诊断和推广，加快培育一批具有东莞特色、竞争力和影响力强的区域品牌和企业品牌。第四，建设商标品牌（知识产权）服务业集聚区。吸引国内外高端商标品牌（知识产权）服务机构入驻东莞，加快打造一批专业化、规模化和国际化的商标品牌服务机构。第五，提升商标品牌保护效能。建立健全跨部门商标执法协作机制，加强驰名商标、知名品牌保护，加大对重复侵权、恶意侵权等严重侵犯知识产权行为的判赔力度，规范商标代理行业秩序，严厉打击商标侵权、恶意抢注商标等违法行为。

（二）《东莞市促进经济高质量发展专项资金（市场监督管理）管理办法》

2022年2月，东莞市市场监督管理局印发《东莞市促进经济高质量发展专项资金（市场监督管理）管理办法》，设置知识产权专项资金6200万元，对知识产权创造、运用、保护、管理和服务等方面共14个大项、67个小项给予资助，惠及企业。

根据该办法相关规定，东莞市市场监督管理局制定《东莞市促进经济高质量发展专项资金（市场监督管理）知识产权战略专题项目实施细则》。该实施细则所称的知识产权战略专题项目资金是指市财政每年安排的东莞市促进经济高质量发展专项资金（市场监督管理）中专项用于扶持知识产权战略专题项目的资金。

该实施细则的知识产权战略专题项目是以激励创新为目的，融合专利、商标等知识产权基础要素，在加快建设和不断提高知识产权的创造、运用、保护、管理和服务能力等方面持续精准发力，推动"东莞制造"向"东莞创造"转变，"东莞产品"向"东莞品牌"转变。实施细则明确14个资助项，包括发明专利、境内外商标注册项目，专利、商标奖励项目，高价值专利培育项目，区域品牌示范区建设项目，企业商标品牌诊断策划项目，中小微企业商标品牌服务项目，知识产权强企培育项目，知识产权金融资助项目，知识产权服务提升项目，知识产权服务机构资助项目，知识产权分析评议项目，知识产权重大战略专项资助项目，知识产权公共服务项目，知识产权保护项目等。

（三）《东莞市商标品牌赋能高质量发展三年行动计划》

2022年，东莞立足"双万"新起点，聚焦科技创新和先进制造，出台《东莞市商标品牌赋能高质量发展三年行动计划》，以东莞市市场监督管理局为主要部门，加快培育以商标品牌为核心的国际竞争新优势，推动商标品牌高质量发展。建设东莞知识产权国际名品馆。根据该计划，到2024年，东莞市商标国内注册总数预计达到55万件、规模以上工业企业自主注册商标拥有率预计达50%、新增参与制修订国家标准预计达240项、新增进入全国企业标准"领跑者"排行榜企业预计达10家。该计划旨在推动商标品牌从追求数量到提高质量转变，擦亮"东莞制造"金字招牌。❶

1. 强化商标品牌赋能产业发展

在三大优势传统产业试点构建"东莞制造"企业库，建设商标品牌示范园区；探索成立区域品牌研究中心；支持行业协会等组织申请注册集体商标和证明商标，鼓励地理标志商标注册。

2. 强化商标品牌赋能企业发展

建立重点企业商标品牌联系制度，支持企业等进行商标品牌策划，鼓励规模以上企业成立知识产权管理部门，指导重点企业创建自有品牌，把商标品牌战略融入企业发展规划。

3. 提升商标品牌指导站建设水平

实现镇街（园区）设立商标品牌指站全覆盖，加强指导站政策、人员、经费等方面支持保障。

4. 推动商标品牌国际布局

强化与世界知识产权组织等国际组织的战略合作，开展国际知名专家与

---

❶ 酒香也怕巷子深，东莞准备用三年时间擦亮这块金字招牌［EB/OL］．（2022-03-04）［2022-05-20］．https://www.sohu.com/a/527290635_100116740．

东莞市传统支柱企业代表交流探讨活动,争取技术与创新支持中心项目落户东莞。鼓励企业持自主商标品牌参加国际化展览会,支持南非"东莞制造"品牌展销中心发展。加强商标品牌海外维权宣传培训,探索组建海外知识产权维权专家库。

5. 构建多元共治保护格局

健全市场监管、公安、司法、海关等部门间的商标执法工作协作机制,促进知识产权行政执法标准和司法裁判标准统一,健全商标行政执法与刑事司法衔接机制。鼓励企业在海关对商标进行备案,加强对进出口货物进行检查,增强协同保护商标合力。

(四)《东莞市知识产权运营服务体系建设实施方案(2019—2021年)》

2019年6月,东莞市成功获批第三批全国知识产权运营服务体系建设重点城市,东莞市迅速成立以市政府主要领导为组长的市建设国家知识产权示范城市(运营服务体系建设)工作领导小组,印发实施《东莞市知识产权运营服务体系建设实施方案(2019—2021年)》,推动构建高质量创造、高标准保护、高水平运用、高效能服务的知识产权发展新格局。

该实施方案以东莞的制造业为基础,以粤港澳大湾区发展战略为依托,从抓好科学设计、创新引领、赋能升级、质量品牌、金融服务、开放合作六个方面进行突破。

该实施方案提出,到2021年,东莞市要建成政策完善、要素完备、体系健全、运行顺畅、特色鲜明的知识产权运营服务体系,基本实现知识产权创造高质、运用高效、保护严格、管理科学、服务优良、人才集聚。东莞市将打造"1中心+2核+2特色主题"知识产权运营及创新平台,并提出中国(东莞)知识产权国际运营中心工程,松山湖核心知识产权运营服务平台工程,高校、科研院所共建知识产权协同创新平台工程等16项工程。

此外,围绕知识产权运营平台,东莞市将开展产业规划类导航项目20个以上,企业运营类专利导航项目50个以上。支持6家以上知识产权运营服务机构做大做强，年主营业务收入不低于1000万元或者持有的可运营专利数量达到1000件以上。

值得一提的是，东莞市还将培育100家以上具备核心竞争力的知识产权领军企业，鼓励企业积极运用高价值专利申报中国专利奖。打造国际知名的东莞企业品牌，实现商标注册量36万件以上，中国驰名商标100件以上，马德里商标800件以上，倍增企业自有品牌商标全覆盖。重点推动规模以上工业企业、高等学校、科研院所知识产权管理规范化，全市通过知识产权管理规范国家标准认证的单位达到2500家以上，专业知识产权托管服务累计覆盖小微企业2000家以上。

（五）《东莞市深入推动科技金融发展的实施意见》

2020年，东莞市出台了《东莞市深入推动科技金融发展的实施意见》，首次将商标专用权质押融资贷款项目纳入"三融合"信贷支持范围，并设立金融风险补偿基金，有力破解企业融资难、融资贵问题。

2021年9月，东莞市正式设立知识产权运营基金。基金首期总规模1亿元，重点聚焦围绕新一代信息技术、高端装备制造、新材料、新能源、生物医药、集成电路和数字经济等战略性新兴产业集群领域内具有知识产权优势的项目。

东莞市市场监督管理局提供的数据显示，2020年，全市知识产权质押登记金额69.86亿元，居全省第二；2021年，知识产权质押融资登记金额54.45亿元，居全省第三。

（六）《东莞市知识产权局行政执法责任制度》

东莞市知识产权局实行行政执法人员持证上岗、亮证执法制度。规定行政执法人员必须经执法培训，考试考核合格，取得相应的执法资格，方可从事行政执法活动；实行行政执法公开制度；实行行政执法回避制度；严格执行限时办结制度；严格执行"收支两条线"、罚款决定与罚款收缴分离制度和认真落实执法案卷归档制度；全面规定了局长、分管执法工作副局长以及相关科室的岗位责任。

综上所述，通过政府牵头、其他有关单位具体落实的方式，东莞市出台了上述一系列的政策和制度，推动了专利行政执法和保护环境不断优化，推进了以企业为主的知识产权建设，增强了企业掌握和运用知识产权技术的能力，提高了自主技术的数量和质量，加快了知识产权技术资本化、市场化和产业化步伐，全面提高了东莞市知识产权技术创造、申请、保护、管理和运用的整体水平，有利于在整体、全局的高度上引导、促进有关企业、单位和个人进行知识产权创新。

二、东莞市知识产权发展状况

为贯彻落实党中央、国务院关于知识产权工作的决策部署，全面加强知识产权保护，高效促进知识产权运用，激发全会社创新活力，推动构建新发展格局确立目标，部署任务。在"十三五"时期，广东省知识产权事业实现了大发展、大跨越、大提升，知识产权综合发展指数和保护指数连续9年均位列全国首位，连续两年在中央对地方开展的知识产权保护检查考核中获得"优秀"等级，为"十四五"时期广东省深化知识产权强国先行示范省建设奠定了坚实基础。[1] 东莞市知识产权事业也得到了长足的发展，在知识产权企业、专利的申请和授权、知识产权行政保护、会展和司法保护、中介机构、人才培养等各个方面均有突出的成绩。

（一）知识产权企业发展状况

1. 东莞市高新技术企业数量不断增长

2021年，东莞市共有3158家企业通过高新技术企业认定，申报量和通过数量均为历年新高，高企数量预计达到7387家。全市国内专利授权量94573件，比2020年增长27.3%；其中，发明专利授权量为11690件，增长34.1%，排全省第三位；PCT专利申请量为4408件，增长16.4%，排全省第

---

[1]《广东省知识产权保护和运用"十四五"规划》解读［EB/OL］. (2022-03-31)［2022-05-20］. http://www.gd.gov.cn/zwgk/zcjd/bmjd/content/post_3900136.html.

二位。

东莞全市新型研发机构数量32家,其中省级25家。全市各级工程技术研究中心累计总数782家,其中,国家级1家,省级497家,市级284家;各级重点实验室累计总数121家,其中,国家级1家,省级12家,市级108家。科技企业孵化器119家,其中,国家级24家,省级22家,市级52家;众创空间61家,其中,国家级22家,省级14家,市级10家。规上工业企业设立研发机构比例达47.2%。技术合同成交356项,合同成交额67.79亿元。引进省级创新创业团队总数38个;市级创新科研团队53个。大力推进科技信贷、科技保险等工作,推动16家合作银行为东莞市2214家企业发放贷款5019笔,贷款金额203.10亿元。推动近500家企业参与投保,总保费4688.77万元,保额968.94亿元,拟发放保费补贴共计1078.98万元(见表6-2)。❶

表6-2　2021年东莞市镇街经济地区生产总值排名❷

排名	镇(街道)	地区生产总值/亿元	增速/%
1	长安镇	880.7	11
2	虎门镇	720.1	11.72
3	南城街道	701.8	12.39
4	东城街道	670	11.67
5	塘厦镇	576.5	9
6	厚街镇	474.2	10
7	常平镇	422	9.4
8	大朗镇	404.5	10
9	寮步镇	382.1	7.5
10	凤岗镇	373	12.6
11	清溪镇	359.2	10.10
12	大岭山镇	341	10.30

❶ 2021年东莞市国民经济和社会发展统计公报[EB/OL].(2022-03-30)[2022-05-20]. http://www.dg.gov.cn/zjdz/dzgk/shjj/content/post_3790787.html.

❷ 重磅!东莞32镇街2021年GDP排名来了![EB/OL].(2022-03-01)[2022-05-20]. https://view.inews.qq.com/a/20220301A0BL7Z00?startextras=0_548c064703008&from=ampzkqw.

续表

排名	镇（街道）	地区生产总值/亿元	增速/%
13	麻涌镇	276.7	5
14	黄江镇	256.4	10.20
15	莞城街道	246.4	7
16	沙田	241.1	15.36
17	石碣镇	230.9	9.80
18	东坑镇	206.4	15.09
19	横沥镇	198.5	10.50
20	茶山镇	195.2	12.70
21	桥头镇	194.4	11
22	万江街道	193.5	14.70
23	石排镇	185.2	10.60
24	高埗镇	177	7.75
25	中堂镇	163	8.90
26	樟木头镇	148.4	11.76
27	道滘镇	135.7	11.25
28	企石镇	132	13.20
29	石龙	128	7.50
30	谢岗镇	123.4	10.50
31	洪梅镇	115.3	10.20
32	望牛墩镇	107.5	4.80

注：该表不含松山湖园区地区生产总值数据。

2021年东莞市实现地区生产总值10855.35亿元，比2020年增长8.2%。其中，第一产业增加值34.66亿元，增长11.8%，对地区生产总值增长的贡献率为0.4%；第二产业增加值6319.41亿元，增长10.5%，对地区生产总值增长的贡献率为73.0%；第三产业增加值4501.28亿元，增长5.1%，对地区生产总值增长的贡献率为26.6%。第一、第二、第三产业之比为0.3∶58.2∶41.5。2021年东莞市人均地区生产总值103284元，增长7.8%。

2021年，东莞市农林牧渔业总产值53.38亿元，比2020年增长13.1%。全年全部工业增加值比2020年增长10.6%。全年全社会建筑业增加值247.56亿元，比2020年增长7.5%。全年批发和零售业增加值882.44亿元，比2020年增长 9.8%;交通运输、仓储和邮政业增加值 241.73 亿元,增长 7.5%;住宿和餐饮业增加值 176.71 亿元,增长 13.8%;金融业增加值 697.43 亿元,增长 5.1%;房地产业增加值 704.54 亿元,下降 7.3%。现代服务业增加值 2814.73 亿元,增长 3.2%。全年社会消费品零售总额 4239.24 亿元,比 2020 年增长 13.3%。全年全市进出口总额 15247.03 亿元,比 2020 年增长 14.6%(见表 6-3)。

表 6-3 2016—2021 年东莞市年度地区生产总值对比❶

年份	地区生产总值/亿元	增速/%
2021 年	10855.35	8.2
2020 年	9650.19	1.1
2019 年	9482.5	7.4
2018 年	8818.11	7.5
2017 年	8079.20	8.8
2016 年	7260.92	8.0

2. 东莞市知识产权优势企业、示范企业状况

2021 年,东莞市的广东省知识产权示范企业进展良好,以东莞阿尔泰显示技术有限公司、东莞福哥电子有限公司等 51 家企业被广东省知识产权保护协会认定为广东省知识产权示范企业。仅次于广州、深圳、佛山,居广东省第四位。❷

根据《高新技术企业认定管理办法》(国科发火〔2016〕32 号)和《高新技术企业认定管理工作指引》(国科发火〔2016〕195 号)有关规定,将广东省 2021 年第一批 2997 家企业❸,第二批 5803 家企业❹,第三批 6512 家企

---

❶ 2021 东莞市国民经济和社会发展统计公报 [EB/OL]. (2022-03-30) [2022-05-20]. https://www.sohu.com/a/534349109_124712.

❷ 2021 年度广东省知识产权示范企业 [EB/OL]. (2021-12-10) [2022-05-20]. https://view.inews.qq.com/a/20211210A09HR800.

❸ 广东省 2021 年第一批高新技术企业名单 [EB/OL]. (2021-12-20) [2022-05-20]. http://gdstc.gd.gov.cn/attachment/0/482/482317/3818496.pdf.

❹ 广东省 2021 年第二批高新技术企业名单 [EB/OL]. (2021-12-20) [2022-05-20]. http://gdstc.gd.gov.cn/attachment/0/482/482318/3818488.pdf.

业❶认定高新技术企业。东莞市新增贯标认证企业数量有407家❷,贯标认证企业数量排名全省第三,位于广州、深圳之后。

(二) 知识产权取得状况

2020年,东莞市专利授权74303件,居全省第三位,仅次于深圳、广州。❸ 2021年,东莞市专利授权94573件,总体比2020年增长27%,居全省第四位,仅次于深圳、广州、佛山市。其中,发明11690件,实用新型59949件,外观设计22934件(见表6-4)。

表6-4 2021年广东省各市专利授权情况❹　　　　单位:件

城市	发明/件	实用新型/件	外观设计/件	合计/件
深圳	45202	154797	79181	279180
广州	24120	106900	58496	189516
佛山	8306	54878	33303	96487
东莞	11690	59949	22934	94573
中山	1546	20094	19873	41513
珠海	5402	18176	3623	27201
汕头	425	4790	20821	26036
惠州	2158	18688	4778	25624
江门	964	12827	7481	21272
揭阳	154	2348	7880	10382
潮州	147	1525	8401	10073
肇庆	602	4901	2081	7584
清远	427	4128	1686	6241
湛江	490	3043	2618	6151

---

❶ 广东省2021年第三批高新技术企业名单[EB/OL].(2021-12-20)[2022-05-20]. http://gdstc.gd.gov.cn/attachment/0/485/485435/3895984.pdf.

❷ 关于东莞市2021年度知识产权管理规范贯标资助项目的公示[EB/OL].(2021-09-10)[2022-05-20]. http://dgamr.dg.gov.cn/gkmlpt/content/3/3608/post_3608006.html#3261.

❸ 2020年1-12月各市专利授权情况[EB/OL].(2021-03-30)[2022-05-20]. http://amr.gd.gov.cn/gkmlpt/content/3/3251/post_3251873.html#3066.

❹ 2021年12月各市专利授权情况[EB/OL].(2022-01-26)[2022-05-20]. http://amr.gd.gov.cn/gkmlpt/content/3/3776/post_3776734.html#3066.

续表

城市	发明/件	实用新型/件	外观设计/件	合计/件
阳江	92	2007	4034	6133
韶关	381	4172	753	5306
河源	152	3501	1066	4719
茂名	206	2239	2068	4513
梅州	165	2624	1348	4137
云浮	98	1682	996	2776
汕尾	122	1022	1605	2749

2021年，虽然受到新冠肺炎疫情持续影响，但东莞市企业创新活跃度仍保持一定增长，各项主要指标位居全省前列。在新增授权发明专利数量方面，东莞市以10870件超过佛山市，创新力排名广东第三，占广东省比重11.23%。❶截至2021年12月，东莞市有效注册商标量突破50万件，在广东省排名第四，2021年新增注册商标突破9万件，同比增长8.58%。❷ 2021年，东莞市设立知识产权运营基金，首期规模1亿元，目前已投资2家科创型企业。

（三）东莞市知识产权保护状况

1. 司法保护

2021年，东莞法院紧紧围绕知识产权案件审判工作，全面提升识产权司法能力水平，为提升创新驱动发展动力，护航品质东莞市高质量发展提供有力司法服务保障。

2021年，东莞市两级法院充分发挥审判职能作用，创新审判工作机制，持续提高司法效率，为推进粤港澳大湾区建设、东莞深化和拓展质量强市建设等提供了强有力的司法保障。

东莞市两级法院对审判方式进行革新，提高审裁工作的效率。不仅在基层

❶❷ 广东2021年发明专利授权量9.7万件，深圳遥遥领先，广州第二［EB/OL］.（2022-04-01）［2022-05-20］. https：//baijiahao.baidu.com/s? id=1728871109491876458&wfr=spider&for=pc.

法院推进简单知识产权案件适用简易程序,推广著作权类系列案件裁判文书模板,还对知识产权案件二审裁判文书进行简化,做到繁简分流,速裁快审。

(1) 东莞市中级人民法院具体工作包括以下三个方面❶

第一,构建多元调解工作格局,"一站式"服务成效显著。

建立诉调对接"1+2+3"工作机制,获评广东全省社会治理实践创新项目。2019 年 3 月上线以来,通过诉前调解成功化解纠纷数量逐年增长。通过提前化解部分知识产权当事人之间的矛盾,从源头上有效减少了诉讼案件增量。协同中共东莞市委政法委员会、中共东莞市委宣传部、东莞市司法局、东莞市文化广电旅游体育局,努力加强诉调对接平台建设,实行全市知识产权案件诉调对接,加强对非诉讼方式解决纠纷的支持和指导,依法做好司法确认,提供"一站式"解纷服务。

第二,推广"诉调对接+网格化",全面推行调解前置,促进矛盾纠纷多元化解。

邀请版权协会、版权调解委员会、音像著作权集体管理协会、音乐著作权协会和文化娱乐行业协会等社会组织共同参与调解工作。加强与东莞市版权局等行政机关以及市版权协会沟通与联络,搭建起以东莞市版权纠纷人民调解委员会为调解主体的著作权案件诉调对接平台,将批量 KTV 歌曲类著作权案件委托东莞市版权调解委员会组织各权利人以及各涉案 KTV 经营者进行诉前调解,成功调解涉及多家 KTV 场所约 270 首音乐作品著作权案件。

第三,加强多部门协调联动,严打知识产权犯罪。

东莞市两级法院通过召开各类会议和交流合作,加强与检察机关、公安机关、行政执法机关以及知识产权保护行政部门之间的协调配合,协商解决知识产权刑事审判过程中遇到的重点难点问题,共同营造辖区良好的知识产权保护环境。

(2) 制定《东莞市中级人民法院关于加强知识产权司法保护优化营商环境助力粤港澳大湾区建设的意见》

为深入贯彻落实习近平总书记关于加强知识产权保护的系列重要讲话精

---

❶ 东莞市中级人民法院工作报告 [EB/OL]. (2021-02-19) [2022-05-20]. http://www.dgcourt.gov.cn/News/Show.asp?id=2377.

神，落实《"十四五"国家知识产权保护和运用规划》和《知识产权强国建设纲要（2021—2035年）》，坚持人民法院"知识产权审判激励和保护创新、促进经济社会发展"的主要任务，切实发挥知识产权司法保护主导作用，积极打造知识产权司法保护高地，推进粤港澳大湾区国际科技创新中心和科技创新强省及"湾区都市、品质东莞"建设。主要包含以下三个方面。

第一，完善诉讼机制，提升知识产权审判质效。

完善"三审合一"审判机制，加强综合保护力度。全面推进知识产权民事、行政和刑事案件"三审合一"，公正高效审理各类知识产权案件。

着力构建多元纠纷解决机制，提升司法救济实效。进一步构筑多元化、立体化的知识产权纠纷化解体系，探索"诉源治理"更多途径，把非诉讼纠纷解决方式摆在前面，形成行政、司法、仲裁、调解、行业自律等多元解决机制。依托智慧法院建设平台，积极运用"移动微法院"等开展远程在线调解、网上庭审，低成本、高效率化解纠纷。

积极推进繁简分流机制改革，提高审判效率。完善知识产权案件"简案快审、繁案精审"审判机制，推动案件繁简分流，进一步探索知识产权案件速裁和简易程序审理，扩大一审知识产权案件简易程序适用范围。

第二，强化审判职能，破解知识产权"维权难"困境。

显著提高知识产权侵权损害赔偿金额，扭转"赔偿低"局面。坚持知识产权损害赔偿的市场价值导向，充分发挥法定赔偿制度全面补偿权利人损失和惩罚侵权行为的双重功能，综合考虑侵权事实和情节、因侵权行为导致的价格侵蚀、知识产权市场价值和合理开支等多方面因素，全面覆盖权利人的全部损失和维权成本，同时兼顾维护市场竞争公平、行业发展稳定的大局，注重均衡社会利益和个体利益。通过显著提高侵权违法成本，切实改善维权成本高、侵权代价低的现状，有效遏制侵权行为，维护公平竞争的市场秩序。

积极运用诉讼证据规则，解决"举证难"问题。健全有利于侵权事实查明的证据审查机制，积极引导当事人举证和充分运用证据披露规则，对权利人确因客观原因不能自行收集的证据，及时依申请出具调查令，必要时可以依申请调查取证。加大对妨碍事实查明行为的惩治力度，依法制裁毁损、隐匿和伪造证据、阻碍和抗拒保全等举证妨碍行为。

创新送达机制，化解"周期长"难题。充分采取电子送达、集中送达、直接送达等送达方式，有效缩短送达周期。

第三，健全配套制度，确保知识产权司法保护效能。

提高审判组织专业水平，保证知识产权案件质量。加强与知识产权理论界、实务界的交流，加强知识产权审判团队的专业化建设，着力提升知识产权法官业务能力。

发挥业务指导功能和加强沟通，确保裁判标准统一。积极发挥审判业务指导功能，加强与上级法院的交流，进一步统一类型化案件裁判标准。

建立知识产权协同保护机制，推动多方位立体保护。完善法院与公安机关、检察机关以及知识产权行政执法机关的沟通联络机制，积极推动建立由行政机关、公安机关、检察机关、法院等相关部门共同参与的知识产权司法保护协调机制。

加强宣传和交流，提升知识产权司法保护影响力。定期发布东莞法院知识产权审判白皮书、知识产权保护状况和典型案件，做好"4·26 世界知识产权日"系列宣传活动，推进庭审网络直播和裁判文书上网，增进社会公众对东莞法院知识产权司法保护的了解和信任。

(3) 典型案例

1) 东莞市中级人民法院公布知识产权典型案例（著作权篇）

【案例一】 东莞市康美臣食品有限公司（以下简称"康美臣公司"）与广西壮锦山河文化发展有限公司（以下简称"壮锦山河公司"）著作权侵权纠纷。

【案情与裁判】 壮锦山河公司委托某国际知名设计团队进行了"米洛甲"品牌形象设计，最终创作为三个美术作品：米洛甲（鱼）、米洛甲（蛙）、米洛甲（鸟），并进行版权登记，壮锦山河公司为著作权人。壮锦山河公司发现康美臣公司所销售月饼的外包装上未经授权使用"米洛甲"美术作品，遂起诉至法院。法院审理认为，该案中，三幅作品均使用以经过艺术创作后绽放的花朵作为构图主体，分别采用菱形、对称、不规则的布局方式，再搭配壮族服饰纹路，分别以蛙、鸟、鱼作为点缀，形成具备较高艺术水平的美术作品。而康美臣公司所销售月饼的外包装的图案在布局、纹路、背景、颜色上均与上述作品构成实质性近似。米洛甲系列作品均已发表，并将该作品融入服饰、背包等生活用品，具有较高知名度，康美臣公司具备接触的条件。因此，康美臣公司在其月饼外包装上使用与该作品近似的图案构成侵权。而康美臣公司作为被控侵权商品的生产商，无视壮锦山河公司发出的警告函，仍然持续实施侵权行为，并在线上线下进行规模化销售。根据《著作权法》第54条的规定，可以适用惩罚性赔偿标准。法院最终判决康美臣公司赔偿壮锦山河公司22万元。

【法官说法】该案中，壮锦山河公司从壮族文化的"花生人"传说和世人崇拜创世女神"米洛甲"的风俗习惯以及图腾崇拜文化中，创作了以"壮族花崇拜"为精神内核的米洛甲系列美术作品，并开发出包装盒、礼品袋、手机壳、信笺、手表、方枕、服装、丝巾、背包等大量衍生产品，是具有商业价值、具备文化传承的文创产品。该案适用惩罚性赔偿标准并最终判决赔偿22万元，充分体现了司法对于知识产权创新的保护，鼓励更多人挖掘我国千百年来所沉淀的文化内涵，创作更多的优秀作品。同时，大幅提升侵权成本，也对抄袭、仿冒的侵权行为起到强有力的震慑作用。

【案例二】中文在线数字出版集团股份有限公司（以下简称"中文在线数字出版公司"）诉东莞市厚利包装制品有限公司（以下简称"厚利包装公司"）著作权侵权案。

【案情与裁判】原告中文在线数字出版公司为《大清隐龙》作品的著作权人，网站 www.houli9.com 的 ICP/IP 地址/域名信息备案主体为被告厚利包装公司。原告于2020年11月6日发现该网页上有《大清隐龙》作品的传播，向法院提起诉讼，要求厚利包装公司停止侵权以及赔偿损失。法院审理查明，原告主张该网页有案涉作品的事实属实，并查明案涉地址显示被告的注册时间为2017年4月1日至2020年4月11日，之后未续期，但地址备案未撤销。关于侵权主体问题，根据《互联网信息服务管理办法》规定："……未取得许可或者未履行备案手续的，不得从事互联网信息服务"。互联网信息服务提供者主体身份的确定应当以行政法规授权的有关主管国家机关许可或者备案内容作为依据，网站登记备案信息载明的经营者是网站经营者。从原告所提交的公证书来看，进入 ICP/IP 地址/域名信息备案管理系统搜索"houli9.com"查询，显示该网站主办单位为被告，该公证查询信息可以作为证明被告是涉案网站经营者的初步证据。被告主张其并非网站的实际持有者及经营者，其提交了与服务商的来往邮件以及相关规则，以证明网站注册起止时间，但被告未提交其取消备案的相关证据,对其主张,法院不予采信。故最终判决被告赔偿原告包括合理维权费用在内的经济损失 2 万元。

【法官说法】该案涉及网络地址注册人与备案登记人分离情况下的侵权主体问题。关于注册人与备案登记人的法律性质,我国对互联网信息服务实施备案制度,未备案不得经营。从民事角度来看,备案登记人对网页的经营既有权利也应当承担相应的责任,否则备案登记没有任何意义。该责任包括备案期间网页上的内容承担责任,也包括不再经营后及时取消备案登记的责任。该案法院在民事法律角度,认定被告为责任主体,符合我国有关互联网信息服务管理制度。

2) 东莞市中级人民法院公布知识产权典型案例(商标篇)❶

【案例一】萨尔瓦多·菲拉格慕股份有限公司(以下简称"菲拉格慕公司")与宁夏零零科技服务有限公司(以下简称"零零公司")侵害商标权纠纷案。

【案情与裁判】菲拉格慕公司是第 G630447 号、第 16551787 号、第 G668383 号注册商标的注册人,该商标是文字标识,核定使用商品为服装等,注册有效期至 2024 年 12 月 22 日。菲拉格慕公司主张零零公司在网店上销售的衣服使用了其上述注册商标,侵犯其上述注册商标的专用权。菲拉格慕公司在一审起诉时即明确请求惩罚性赔偿,并明确赔偿数额和计算方法为侵权人因侵权所获收益的 3 倍。此外,菲拉格慕公司在该案主张的制止侵权所支出的合理开支包括律师费、公证费、交通费、住宿费、餐饮费及核酸检测费用等。法院最终判决零零公司赔偿菲拉格慕公司包括维权合理开支在内的损失共 257916 元。

【法官说法】该案在认定侵权行为后,在认定零零公司赔偿金额、是否适用惩罚性赔偿标准上均有所突破。综合考虑零零公司的侵权情节,按其因侵权所获利益金额的三倍确定赔偿数额,同时支持合理的维权费用。该案适用惩罚性赔偿标准,可以加大侵权者的违法成本,维护商标权利人的合法权益,值得在类案中进行推广,对于保护知识产权具有极其重要的意义。

---

❶ 东莞法院 2021 年度十大知识产权宣传案例(二)[商标权篇][EB/OL]. (2022-04-26)[2022-05-20]. https://www.dgcourt.gov.cn/News/Show.asp?id=3517.

【案例二】安踏（中国）有限公司（以下简称"安踏公司"）诉东莞市天矛体育用品有限公司（以下简称"天矛公司"）、东莞市纤伽服装有限公司（以下简称"纤伽公司"）、王某銮侵害商标权纠纷案。

【案情与裁判】涉案第 6541035 号商标注册人为安踏公司，该商标核定使用商品类别为第 25 类，包括服装、运动衫、纸衣服、T 恤衫等。第 5604927 号商标注册人也为安踏公司，该商标核定使用商品类别为第 25 类，包括服装、婴儿全套衣、游泳衣等。2002 年 3 月 22 日，国家工商行政管理总局商标局出具相关文件，认定安踏（福建）鞋业有限公司注册并使用在运动鞋商品上的"安踏"商标为驰名商标。安踏公司主张天矛公司、纤伽公司在其生产、销售的运动服上使用了与上述商标近似的标识，侵犯了安踏公司涉案注册商标专用权。法院审理认为，安踏公司涉案商标通过广告宣传、赞助重大体育赛事获得了较高的知名度，且该案侵权方式为生产及网络销售，侵权范围较广，故最终判决天矛公司、纤伽公司、王某銮连带赔偿安踏公司包括合理费用在内的经济损失 50 万元。

【法官说法】安踏公司作为国内知名运动品牌厂商，其涉案注册商标具有较高的知名度，天矛公司、纤伽公司在自身拥有注册商标的情况下，未规范使用其商标，而是进行变形使用，所使用的标识与安踏公司涉案商标构成近似，相关消费者在购买被控侵权产品时会产生误认和混淆。法院最终考虑销售数量及获利较大、网络销售等侵权情节以及安踏公司涉案注册商标知名度等因素情况下作出了判赔。

3）东莞市中级人民法院公布知识产权典型案例（不当竞争篇）❶

【案例一】分众传媒有限公司（以下简称"分众传媒公司"）诉东莞分众楼宇文化传播有限公司（以下简称"分众文化公司"）侵害商标权及不正当竞争纠纷案。

【案情与裁判】分众传媒公司是"分众传媒""分众"等商标的权利人，核定使用商品/服务项目为第 35 类"广告策划、广告"等，该注册商标曾获得较多荣誉，其"分众""分众传媒"企业字号具有较高知名度。分众文化

---

❶ 东莞法院 2021 年度十大知识产权宣传案例（三）[反不正当竞争篇]［EB/OL］.（2022 - 04 - 26）[2022 - 05 - 20]. http：//www.dgcourt.gov.cn/News/Show.asp? id = 3519.

公司成立于 2010 年 7 月 30 日，其经营范围包含设计、制作、发布国内外各类广告等。分众文化公司曾经因在网站上发布侵害分众传媒公司注册商标的标识而被原东莞市工商行政管理局处罚。后来，分众传媒公司发现分众文化公司的法定代表人在朋友圈发布了多条广告，且在广告中多次使用"分众"等内容，故认为分众文化公司侵害其注册商标专用权，同时构成不正当竞争，遂提起诉讼。法院经审理认为，分众文化公司与分众传媒公司为同业竞争者，其应当知晓"分众""分众传媒"企业字号的知名度。分众文化公司使用"分众"作为其企业字号来经营，足以让人误认为其与分众传媒公司存在关联，已构成不正当竞争行为。分众文化公司的法定代表人在朋友圈中多次使用"分众"字样进行宣传，足以让相关消费者误认为其提供的服务与案涉注册商标存在关联，已构成侵害商标权行为。法院最终判决分众文化公司立即变更企业名称，变更后的企业名称不得含有"分众"字样，并赔偿分众传媒公司包括合理维权费用在内的经济损失共 2 万元。

【法官说法】"分众传媒""分众"商标具有较高知名度，企业字号在相关行业也具有较大影响力。该案审判体现出东莞法院对知名企业及驰名商标的保护，具有典型意义。企业字号具备识别商品来源的功能，使用他人有影响力的注册商标、企业字号作为自己的企业字号进行经营，本质上属于攀附他人商誉获取竞争优势，属于典型的不正当竞争行为。在注册企业名称时，商家应当有谨慎注意义务，尤其要注意避让同行业知名企业、知名品牌，以免误导公众构成侵权。

商标侵权的形式是多样的，广告宣传也可能构成侵权。在现实生活中，通过朋友圈进行广告宣传的成本较低，也能更有效地直面相关消费群体，是性价比较高的宣传方式。然而，朋友圈并非法外之地，商家通过朋友圈发布广告，也应当注意审查广告内容，假若广告含有侵害商标权的内容，商家同样不能免除商标侵权的责任。

【案例二】四川德仁堂药业连锁有限公司（以下简称"四川德仁堂公司"）诉东莞市德仁堂医药有限公司（以下简称"东莞德仁堂公司"）侵害商标权及不正当竞争纠纷案。

【案情与裁判】原告四川德仁堂公司是"德仁堂"商标的专用权人，该商标核定使用在药品零售或批发服务等，曾被商务部评为"中华老字号"。被告东莞德仁堂公司的经营范围包括零售药品、保健食品、医疗器械等。被告的店铺招牌使用了与原告商标相近似的标识，并在拼多多上的店铺经营"德仁堂医药专营店"的店铺。

法院审理查明，被告招牌中可识别服务来源的标识为"德仁堂"，属于将商标用于广告宣传、展览的商标使用行为。该字样与原告第1400627号、第6021266号、第11988072号注册商标相比较，其主要可识别部分"德仁堂"文字一致，易使相关公众认为被告所提供的服务是前述三商标的所有者提供的或与前述三商标的所有者有特定联系，侵害了原告的商标权。从商业标识的使用及相关公众的理解来看，被告的行为会让公众误认被告与原告存在许可使用、关联企业关系等特定联系，明显具有搭"德仁堂"字号便车、攀附原告商誉的主观故意，构成了不正当竞争行为。法院最终判决被告停止使用带有"德仁堂"字号的企业名称并办理企业名称变更登记，被告赔偿原告包括维权合理开支在内的经济损失5万元。

【法官说法】原告的注册商标"德仁堂"曾被商务部评为"中华老字号"，具有较高的知名度。被告招牌中可识别服务来源的标识为"德仁堂"，属于将商标用于广告宣传、展览的商标使用行为，侵犯了原告的商标权。同时，被告将原告具有较高知名度的企业字号"德仁堂"注册为企业名称，构成了不正当竞争行为，故被告应变更企业名称。被告与原告同为医药行业的经营者，理应知晓原告商标及企业字号的知名度，故被告应承担侵权行为带来的不利后果。商事主体在经营过程中应遵从诚实信用原则，杜绝"搭便车"等攀附他人商誉的行为。

(4) 东莞市基层人民法院知识产权司法保护状况

东莞市基层人民法院（第一人民法院、第三人民法院）在审判活动中，努力探索完善审判机制，深化审判方式改革。在案件量逐年上升，司法辅助人员严重不足的情况下，实施案件繁简分流，整合办案资源。在探索庭审方式改革过程中，积极推进法官助理参与办案，推动庭审方式和裁判文书改革，提高审判效率。对具备调解可能的案件，及时启动调解程序。

知识产权侵权呈现侵权对象日益多元化，犯罪地域相对集中的特点；侵犯知识产权犯罪案件涉及品牌多、知名度高。与此同时，知识产权犯罪地域相对集中，被告人文化水平较低，也出现了外国人犯罪。纠纷主体类型复杂。

在商标侵权案件中，被控侵权主体80%为个体工商户或个人等终端零售商，也涉及大型商城、同行业公司及生产厂家等。涉诉主体地域分布广，经营地遍布辖区各个镇街，经营规模普遍较小，以临街商铺为主。

东莞市基层人民法院以各种各样的方式积极开展普法活动，强化社会公众的知识产权保护意识。首先，通过向媒体发布知识产权典型案例；对企业发布相关知识产权典型案例；派出专门审理知识产权案件的法官走进辖区镇街开展知识产权知识宣讲；最后，积极开展庭审公开活动，增进社会各界对知识产权案件审判工作的了解。

(5) 广州知识产权法院东莞巡回审判法庭成立

成立东莞巡回审判法庭，是开展知识产权司法、行政多层次多领域协作模式，强化知识产权保护力度，提升知识产权服务水平，保护知识产权权利人合法权益，更好地落实粤港澳大湾区建设纲要要求的重要举措，支持东莞建立知识产权司法、行政双层保护机制。广州知识产权法院东莞巡回审判法庭的成立，充实了东莞市知识产权保护的司法力量，是完善东莞市知识产权保护体系建设的重要一环。

2. 行政保护

行政执法是知识产权保护不可替代的重要部分，行政执法能够主动、快捷地制止知识产权的侵权行为。行政执法部门既可以依权利人的申请，及时制止有关侵权行为；也可以依自身职权主动搜集证据、展开调查，并对侵权纠纷进行处理。同时配合上门查处、扣押等执法措施，以及没收、罚款等行政处罚手段，保障知识产权权利人的合法权益。

(1) 设立保护场所

东莞市设立了中国（东莞）知识产权维权援助中心、中国东莞（家具）知识产权快速维权援助中心、广州知识产权法院东莞诉讼服务处3个知识产权保护机构，并建立16个知识产权维权援助中心工作站，进一步延伸知识产权服务触角，形成知识产权保护体系。

(2) 政策支撑体系不断完善

东莞市制定出台《东莞市市场监管现代化"十四五"规划》《东莞市知识产权强市示范工作方案（2022—2024）》等政策文件。建立专利指标考核体系和商标品牌战略联席会议制度,支持镇街(园区)建立工作领导小组和商标品牌指导站。实现镇街(园区)商标品牌指导站覆盖率已达76%,接下来将全力争取全覆盖。加大政府财政投入,东莞市财政3年间累计投入2.7亿元专项资金,从专利申请授权资助、优势企业认定、企业贯标、专利信息分析利用、专利权质押融资、公共服务体系等方面全力支持知识产权事业发展。

(3) 知识产权建设体系的不断完善

截至2021年底,东莞全市发明专利申请量和授权量分别为16911件和10624件,均居全省第三位;PCT专利申请量为4408件,同比增长16.4%(高于全省和全国平均水平),居全省第二位。截至2021年底,国内有效发明专利量为4.83万件,每万人发明专利拥有量46.12件,均居全省前列。

截至2021年底,东莞全市商标申请量和注册量分别为22823件和18955件,均位居全省第三位;截至2021年底,全市商标有效注册量325271件,居全省第四位,同比增长27.38%;马德里商标国际注册累计661件。此外,2020年1—3月,全市专利权质押融资登记项目共33项,金额约10.68亿元,占全省总额的24.67%,居全省第二位。

近年来,东莞市贯彻落实国家和广东省关于知识产权的决策部署,深入实施商标品牌发展战略,拓宽服务范围,全面提升社会商标保护意识,推动全市商标注册量快速增长,市场活力得到有效激发。截至2021年12月,东莞市有效注册商标量突破50万件,全省排名第四,2021年新增注册商标突破9万件,同比增长8.58%。

东莞市强企队伍不断壮大,国家、省、市知识产权优势企业、示范企业达到495家,培育出OPPO、VIVO、马可波罗等全国知名品牌。获得第22届中国专利奖18项、第8届广东省专利奖9项,51家东莞企业荣获省级知识产权示范企业。东莞市知识产权交易活跃,建设金融科技产业融合创新综合试验区,是全省唯一齐备港澳台资银行的地级市。截至2021年底,东莞市专利权质押融资登记金额达到54.45亿元,位居全省第三。

(4) 推动知识产权保护规范化建设

东莞市不断提升知识产权保护能力和执法协作水平。在打造高效维权平台方面,东莞市建立重点企业知识产权保护及维权援助直通车服务机制,全面提升中国东莞(家具)知识产权快速维权援助中心服务能力。上线运行来,快速维权中心累计受理专利申请快速预审 5736 宗，处理侵权纠纷 799 件。

（5）加强国内和国际知识产权合作

国内深耕与国际推广相结合，与海外国家、港澳台等地区深入开展知识产权交流合作，引导企业加强商标海外布局，主动参与国际品牌经济的竞争，积极增创开放竞争新优势。加快商标品牌国际化布局。与世界知识产权组织中国办事处建立知识产权品牌战略合作关系，就知识产权保护服务、国际合作开发、学习培训交流、信息互联互通等方面开展合作。

东莞市还设立东莞商品南非展销中心和东莞品牌迪拜展销中心，面向非洲、中东等新兴市场重点推广东莞名优产品，打造"东莞制造"的集体品牌，更好地为东莞产品"走出去"提供服务和支持。

另外，东莞市积极参与知识产权国际合作，先后成功举办国际（东莞）智能终端产业知识产权保护论坛、粤港知识产权与中小企业发展（东莞）研讨会等重大知识产权交流活动，进一步深化粤港澳大湾区及"一带一路""海上丝绸之路"的区域知识产权交流合作，加快优质东莞企业"走出去"步伐。

（6）加强知识产权人才队伍建设

东莞市建立知识产权专家库，依托东莞理工学院知识产权学院累计培养 457 名以理工科背景为主的知识产权应用型人才。举办专利质押融资宣讲、世界知识产权组织巡回研讨论坛、知识产权总裁班、知识产权保护维权、品牌宣传等宣传培训 30 场，惠及 3000 人次，为东莞市知识产权事业发展提供强有力的人才支撑。

拓宽知识产权人才培养渠道，进一步落实与东莞理工学院签署的知识产权战略合作框架协议，打造知识产权人才集聚高地，加强知识产权课题研究。东莞理工学院知识产权学院成立至今已招收知识产权特色班学生 94 名，专升本学生 243 名，该学院在 2021 正式招收"知识产权本科"专业学生 30 名。

（四）知识产权中介机构发展状况

"获权—用权—维权"等相关服务及衍生服务的集合，知识产权代理能够更好地促进智力成果权利化、商用化、产业化。知识产权代理等相关服务已是现代服务业和生产性服务业的重要内容，高技术服务业发展的重点领域。知识产权代理服务作为"催化剂""助推器"，有利于充分发挥知识产权创造、运用、保护和管理的作用，提高创新效益，推动经济高质量发展。

1. 东莞市专利代理机构数量

一个地区的专利代理机构数量的多少是该区域专利保护意识、知识产权保护意识、专利市场活跃度的直接体现。专利代理机构越多，表明该区域在专利申请、专利技术交易市场上表现得越突出，越活跃，同时表明当地在知识产权保护意识上较为重视，专利保护知识普及工作开展得比较出色。

根据国家知识产权局（专利代理管理系统）的网站显示，目前广东省有708家机构具有专利代理机构资格。持有"双证"的广东省律所目前有86家，其中，东莞市有10家，数量居全省第二（见表6-5）。

表6-5 2021年广东省部分"双证"律所分布情况　　　　单位：家

城市	数量	城市	数量	城市	数量
深圳	14	东莞	10	广州	8
佛山	2	中山	2	珠海	1

东莞市作为一个以打造知识产权强市为目标的城市，近年来，格外注重知识产权产业的发展。东莞市市场监督管理局（知识产权局）于2020年4月20日发布了东莞市专利代理机构名录。根据统计数据显示，东莞全市登记在东莞市市场监督管理局（知识产权局）下的知识产权专利代理机构（含分支机构）共有67家。[1]

2. 东莞市知识产权代理机构和知识产权代理授权数量

在专利代理方面，根据广东省知识产权公共信息综合服务平台，2017—2021年，东莞市专利代理机构共获专利授权318545件，其中，发明专利授权

---

[1] 东莞市专利代理机构名录［EB/OL］.（2022-04-20）［2022-05-20］. http://dgamr.dg.gov.cn/zfxxgkml/qt/tzgg/content/post_3110620.html.

37410件，实用新型206866件，外观设计74269件。[1] 根据广东省知识产权局公布的数据，截至2018年5月7日，东莞市共有16家专利代理机构和专利代理授权情况获公布。2017年，上述16家专利代理机构代理专利授权数量共计19080件，其中，发明1029件，实用新型8847件，外观设计9222件。

（五）东莞市成为国家知识产权运营服务体系建设重点城市

东莞市成功获批为2019年度国家知识产权运营服务体系建设重点城市，成为广东省唯一入选的城市。全国知识产权运营服务体系建设重点城市（东莞）启动仪式暨2019年东莞市市场监管发展战略论坛——知识产权专场活动于2019年9月在东莞市举行。

1.《东莞市知识产权运营服务体系建设实施方案（2019—2021年)》

东莞市政府印发的《东莞市知识产权运营服务体系建设实施方案（2019—2021年)》，明确了未来三年东莞知识产权事业发展的行动纲领。该实施方案提出到2021年，建成政策完善、要素完备、体系健全、运行顺畅、特色鲜明的知识产权运营服务体系，"一体八翼十六项工程"全部完成，基本实现知识产权创造高质、运用高效、保护严格、管理科学、服务优良、人才集聚，知识产权与产业、科技、金融发展深度融合，知识产权对创新驱动发展的作用充分显现，对推进营商环境改革、深化供给侧结构性改革、构建开放型经济新体制的作用凸显。

按照广深港澳科技创新走廊东莞段"两核三带多节点"规划布局，构建以东莞为中心、辐射粤港澳大湾区的具有东莞特色的知识产权国际运营中心。推进"2核+2特色主题"运营及创新平台工程建设，在东城黄旗南打造高端服务业集聚区知识产权运营平台，在松山湖高新技术产业开发区打造集交易、管理、运用、维权、服务为一体的运营平台，为企业提供全链条知识产权运营公共服务。

---

[1] 2017—2021年实用新型专利授权量行政区域排名［EB/OL］.［2022-05-20］. https://gdipbi2.gpic.gd.cn/IPChart/htmls/0302030100.html.

2. 构建完善的知识产权运营服务体系

推进高价值专利培育，引导企业打造知名商标品牌。东莞市在未来 3 年将会强化制造业实体经济主体地位，利用产学研优势推进高价值专利培育，建立东莞市商标品牌发展研究机构，为企业创建自主品牌提供指导服务，设立商标品牌战略专项资金，引导企业打造知名商标品牌，加快促进产业提质增效升级。

实施知识产权金融普惠工程，引导社会资本共同设立知识产权运营基金，探索知识产权证券化，推动知识产权金融服务创新，实现专利、商标质押融资金额、质押次数和知识产权保险金额大幅增加，促进知识产权与金融深度融合，增强创新驱动发展新活力。

此外，东莞市将建设高端智库报告发布机制，编制发布东莞知识产权运营白皮书、专利创新企业排行榜、品牌企业排行榜等，助推东莞企业提升国际影响力和竞争力。

三、建议和展望

（一）健全知识产权工作机制

落实《东莞市市场监管现代化"十四五"规划》等部署。调整完善东莞市建设国家知识产权强市建设示范城市（运营服务体系建设）工作领导小组等机制作用。推动落实知识产权保护属地责任，切实将知识产权工作纳入政府重要议程。建立知识产权综合管理改革，建立行政、司法相辅相成的执法模式，建立知识产权纠纷调解机构，使其权界清晰、分工合理、权责一致、运转高效的综合管理机制；建立健全行业协会知识产权管理制度，加强企业知识产权战略规划，重视行业知识产权管理培训，推动建立行业知识产权联盟，加强企业知识产权建设。促进东莞市企业的知识产权创新、转化和应用，促进企业知识产权成果效益进一步提升。

（二）加强知识产权成果转化

截至 2021 年底，东莞市有效商标注册量突破 50 万件，国内有效发明专利量 4.83 万件，每万人发明专利拥有量 46.12 件，均居全省前列。2021 年，PCT 专利申请量达 4408 件，同比增长 16.4%，居全省第二。东莞市企业在第 22 届中国专利奖中获奖 18 项，在第 8 届广东省专利奖中获奖 9 项；51 家东莞企业荣获省级知识产权示范企业。

但是，对标广州、深圳等市，东莞市在知识产权创造质量、运用运营意识、保护力度等方面依然存在一定差距。一是知识产权质量还需进一步提升。"十三五"期间，东莞市知识产权数量突飞猛进，但缺乏高含金量知识产权，中国专利金奖数、驰名商标数均低于佛山市。二是企业知识产权运营意识能力有待提升。东莞市的制造业企业大多由"三来一补"升级而来，企业积淀时间不长，对知识产权的认知还停留在申请和获得权利阶段，严重缺乏运营意识。对高价值知识产权培育、专利导航、建立知识产权管理规范等基础且核心的工作缺乏重视和耐心。三是东莞市高校院所的科技成果转化率较低的问题亟待解决。从东莞市的实际情况来看，东莞市高等院校及其相关科研机构是知识产权创造的主要力量，也是科研项目的主要承担者。据不完全统计，大部分高校院所的科技成果转化率不足 20%，有的甚至不足 10%。

（三）各镇街知识产权高速发展

1. 2021 年各镇经济发展状况

长安跟虎门是东莞两大传统强镇。上一个 10 年，虎门独领风骚，而长安居第二。但是 2019 年长安地区生产总值首次突破 700 亿元，达到 760 亿元，远高于虎门的 648 亿元。2021 年，长安生产总值一跃成为东莞首个突破 800 亿元的镇街。排名第二的虎门为 720.1 亿元。南城正在逼近虎门。

2019 年，南城异军突起，首次超越东城。2021 年，南城地区生产总值稳占市区各街道第一、全市第三的位置，并且逐步逼近虎门。从 2019 年到 2021 年，南城与虎门的生产总值差距由 35 亿元缩小到不足 20 亿元。

2. 大项目牵引中小镇街持续发力

东城 GDP 为 670 亿元，朝 700 亿元方向稳步前进，塘厦已经跻身 500 亿元俱乐部。

2021 年，东城地区生产总值为 670 亿元，排名全市第四，超过排名第五的塘厦约 100 亿元。而塘厦镇继续发力，保持增长优势，在 2021 年继续增长，超过厚街约 100 亿元。

（四）完善知识产权执法维权机制

2021 年，东莞市两级法院知识产权案件总收案 6548 件，同比增长 28%，审结 6008 件，同比增长 30%，知识产权案件新收、结案数量较 2020 年同期均大幅上升。东莞市持续开展知识产权专项执法行动，2019—2021 年共办理专利行政案件 445 宗；查处商标违法案件 874 宗，案值 1142 万元，罚款 1096 万元。但是，东莞市知识产权的行政执法保护和司法保护仍然存在一些问题。

首先，知识产权保护环境有待进一步优化。东莞市知识产权行政保护与司法保护的协同机制应进一步完善，尤其是执法机关与司法机关在处理知识产权案件时应当统一事实认定标准、证据认定标准、裁量标准等。

其次，司法机关应对新型案件的解决机制还需进一步完善。东莞市经济高速发展，知识产权案件呈现出侵权对象新兴化、多元化；纠纷主体类型复杂、利用信息网络侵害知识产权案件高发、商业维权和批量维权的比例较大等特点，法院面对这些新特点、新类型的案件应当及时完善应对机制。

最后，知识产权执法和司法力量有待充实。由于知识产权专业性较强，对于执法人员的素质要求较高，东莞市知识产权审判队伍的业务能力、专业素养、知识结构、审判作风等方面建设有待进一步加强，加强知识产权的行政保护和司法保护，必须打造专业的知识产权执法和司法队伍，健全知识产权行政和司法保障体系。

（五）加强展会、专业市场知识产权保护

以中国加工贸易产品博览会和广东 21 世纪海上丝绸之路国际博览会为代

表的会展取得硕大成果，加强了东莞市企业与国内外企业高新技术和知识产权的交流，东莞市在知识产权展会保护方面也取得了一定的成果，在展会期间受理并快速处理若干数量的专利侵权纠纷投诉案件。但是，东莞市在知识产权展会保护方面依然存在一些问题。

一方面，利用展会实施恶意竞争的情况时有发生。例如，部分参展商参加展会时存在打探行业内其他竞争者的最新产品和技术，进而进行模仿或假冒的行为；有参展商故意登记与权利人相同或近似的字号，生产相同的产品进行销售，以达到市场混淆的目的；部分参展商在参加展会期间通过虚假宣传、商业诋毁等行为，恶意排挤、诋毁竞争对手，以获得不正当的竞争优势。

另一方面，展会主办方对于会展期间的知识产权保护缺乏积极性和主动性。有的主办方主要精力用于展览更多参展商，对知识产权保护重视不足；某些主办方在知识产权保护方面缺乏人力、物力资源支持，难以对展会期间的知识产权保护进行全面有效管理。展会是加强知识产权交流、引进高新技术的重要途径，为优化展会知识产权保护的环境，吸引更多的企业和个人参加展会活动，促进东莞市企业与国内外企业的高新技术和知识产权交流，东莞市必须进一步加强展会知识产权保护，加强对参展方有关知识产权保护和参展项目知识产权状况的审查，明确展会主办方的法律地位以及权利义务，完善涉展会知识产权纠纷的及时有效审理机制，加强涉展会知识产权典型案件的全方位宣传。全面推广展会知识产权"快保护"模式。协助开展广交会知识产权保护工作。推动建立专业市场知识产权保护规范化市场。强化知识产权保护信用监督，采取"双随机，一公开"等手段加强检查。

（六）加强知识产权人才队伍建设

目前，东莞市虽然出台了培养高层次人才特殊支持政策和制定新时代创新人才引进培养实施方案，但知识产权人才在数量和质量方面都严重不足。无论是高层次知识产权人才，还是实务型知识产权人才，东莞市知识产权人才缺口都相对比较大。

一是通过专利代理师资格考试的专利代理师人才比较少。二是知识产权人才整体素质有待提高。三是知识产权人才培养体系不够健全。目前，东莞市开展了一定数量的政府机构以及知识产权行业协会组织的各种培训会、交流会和研究会，但数量上仍然不能满足培养知识产权人才的需求。

此外，东莞市在高等院校建设知识产权人才培养基地的数量仍然需要增加，高等院校的知识产权教学与合作仍需进一步改善，高等院校知识产权师资培养中心也需要健全，需要加快高等院校知识产权人才培养基地的计划和培养机制的制定和实施。知识产权人才是知识产权事业得以发展的重要支撑，因此，东莞市必须加大知识产权人才培养力度，加强知识产权实务人才培养，完善高校知识产权人才培养体系，建设知识产权人才培养基地，以支撑东莞知识产权事业取得进一步发展目标的实现。

第7章　佛山市知识产权报告

佛山市是粤港澳大湾区的重要城市之一，经济规模仅次于深圳、广州和香港，是粤港澳大湾区的西部枢纽和制造业创新中心。2019年2月，中共中央、国务院印发的《粤港澳大湾区发展规划纲要》要求粤港澳大湾区逐步成长为具有全球影响力的国际科技创新核心，形成以创新为主要支撑的经济体系和发展模式，佛山市则被确定为粤港澳大湾区的"重要节点城市"和"珠江西岸先进装备制造产业带"的"领头羊"。科技创新产业是佛山市的经济支柱，知识产权是科技创新的重要基础。2021年是"十四五"的开局之年，"十四五"时期是我国全面建成小康社会、实现第一个百年奋斗目标之后，乘势而上开启全面建设社会主义现代化国家新征程、向第二个百年奋斗目标进军的第一个五年，我国将进入新发展阶段。"十四五"时期也是佛山市走好地区生产总值跨越万亿元大关后的高质量发展之路，推动经济社会发展向更高质量、更高水平、更高层次迈进的关键时期。为此，佛山市人民政府发布了《佛山市国民经济和社会发展第十四个五年规划和2035年远景目标纲要》，明确了"十四五"时期佛山市经济社会发展的指导思想、基本原则、发展目标、重大任务和保障措施，并对2035年远景目标进行展望，是政府履行经济调节、市场监管、社会管理、公共服务、生态环境保护等职能的重要依据，是未来5年佛山市经济社会发展的宏伟蓝图和全市人民共同的行动纲领。摸清佛山市知识产权各方面工作的"家底"不仅有利于各级政府制定切实可行的政策，而且可以为社会各界的知识产权工作提供一定的指引和参考。

2021年，国家知识产权保护政策继续变化，严格知识产权保护制度进一步深化，知识产权工作进一步从重视"量"向重视"质"转变，对非正常专利和商标申请行为的遏制更为严厉，2020年5月8日，国家知识产权局发布的《国家知识产权局关于深化知识产权领域"放管服"改革 优化创新环境和营商环境的通知》要求全面取消专利、商标申请阶段的资助和奖励要在 2021 年度落实，佛山市知识产权制度和政策随之进行调整。本报告在 2020 年报告的基础上，着重分析 2021 度佛山市知识产权制度和政策的调整和 2021 年佛山市各项知识产权的发展状况，并提出对佛山市知识产权工作的建议。

一、佛山市知识产权制度和政策

2021 年，随着国家高质量发展的要求和宏观知识产权政策的调整，尤其是 2020 年国家知识产权局发布《关于深化知识产权领域"放管服"改革营造良好营商环境的实施意见》之后，佛山市知识产权制度和政策逐渐调整，原有知识产权制度和政策的部分条款停止执行，新出台《佛山市知识产权护航工程实施方案》，新制定《佛山市版权示范单位、园区和优秀版权作品认定资助办法》《佛山市文化广电旅游体育局原创文艺作品扶持办法》，修订《佛山市作品著作权登记资助办法》；佛山市市场监督管理局、佛山市司法局、佛山市版权局联合出台《关于全面推进知识产权纠纷人民调解工作的意见》；佛山市禅城区制定了《佛山市禅城区促进知识产权高质量发展资助办法》，修订《佛山市禅城区推进品牌和技术标准战略工作扶持奖励办法》；佛山市三水区公开《佛山市三水区促进知识产权高质量发展资助办法（征求意见稿）》，佛山市和各区的知识产权制度和政策进一步完善，有力促进知识产权的高质量发展。2021 年佛山市知识产权具体制度和政策的调整表现在以下三个方面。

（一）制定《佛山市国民经济和社会发展第十四个五年规划和 2035 年远景目标纲要》

"十三五"期间，佛山市相继出台《佛山市建设国家知识产权示范城市实施方案》《佛山市商标品牌战略三年行动方案》等规划文件，在高质量知识产权创造、知识产权金融、知识产权保护、知识产权运营交易与转化应用、知识产权人才引进培育等工作上取得了突出成效，在"十四五"开年的 2021 年，佛山市制定《佛山市人民政府关于印发佛山市国民经济和社会发展第十四个五年规划和 2035 年远景目标纲要的通知》，提出了佛山知识产权"十四五"规划，要加强知识产权运用和保护，使知识产权保护体系更趋完善，要高标准建设国家知识产权示范城市，全面提升知识产权创造、运用、保护、管理和服务能力，有效支撑全市重点产业知识产权高质量发展；强化知识产权申请、运营权责，推动建立知识产权转移转化机构，建立健全合法合规的知识产权使用、处置和收益分配机制，将知识产权收益向研发和转移转化团队倾斜；鼓励和引导企业、科研机构、高等院校组成技术联盟，开展知识产权领域标准化研究，推动知识产权和标准融合发展；强化平台与基地建设，加强佛山市知识产权保护中心建设，建设佛山市版权发展服务平台，创建全国版权示范城市；建立产业知识产权维权援助机制，大力支持企业加强知识产权管理，提升企业国内外知识产权维权能力。积极开展知识产权质押融资等服务，深化知识产权证券化工作，探索知识产权证券化"佛山模式"；健全国际经贸摩擦应对机制，支持企业维护国际市场权益，搭建"佛山版"海外贸易与投资信息咨询公共服务平台，加大对"双反一保"案件等知识产权案件应诉的支持力度；充分发挥佛山市知识产权保护中心作用，建立健全专利快速审查、确权和维权机制。可以说，这一知识产权规划为未来五年甚至更长时间内佛山市的知识产权发展提出了要求，指明了方向，规划了发展蓝图，还对知识产权制度和政策建设与保护体系提出了具体要求，必将对佛山市的知识产权制度和政策的进一步调整发挥根本的指导作用，影响深远。

（二）继续完善促进知识产权高质量发展的知识产权制度和政策

2020 年佛山市及各区政府几乎均制定了旨在促进高质量发展的知识产权奖励制度，侧重对于高质量知识产权的取得、知识产权转化运用等方面的奖励，知识产权转化运用促进政策进一步细化并下沉到区级。在 2021 年，佛山市及各区政府进一步完善促进高质量发展的知识产权奖励制度。

第一，全面废止专利申请、商标申请阶段资助，降低专利授权资助。2021 年 6 月 23 日，佛山市人民政府发布《佛山市人民政府关于废止部分市政府规范性文件的决定》，废止了《佛山市人民政府办公室关于印发佛山市专利资助办法的通知》（佛府办〔2013〕14 号）、《佛山市人民政府办公室关于印发佛山市商标国际注册资助办法的通知》（佛府办〔2015〕69号）、《佛山市人民政府办公室关于印发佛山市促进知识产权服务业集聚发展资助试行办法的通知》（佛府办〔2016〕12号）。2021年6月8日，佛山市市场监督管理局发布《佛山市市场监督管理局关于调整〈佛山市促进专利高质量发展资助办法〉部分条款内容的通知》，该通知规定：①停止执行《佛山市促进专利高质量发展资助办法》第7条第（2）项、第（4）项及第10条第（2）项，即取消了中国发明专利年费资助、PCT专利资助和代理发明专利授权资助等三项资助。②规定《佛山市促进专利高质量发展资助办法》第7条第（1）项、第（3）项的资助限额，按照《国家知识产权局关于进一步严格规范专利申请行为的通知》中调整专利政策的相关标准执行。根据《国家知识产权局关于进一步严格规范专利申请行为的通知》的规定，地方现有资助的范围应限于获得授权的发明专利（包括通过PCT及其他途径在境外获得授权的发明专利），资助方式应采用授权后补助形式，资助对象所获得的各级各类资助总额不得高于其获得专利权所缴纳的官方规定费用的50%。该通知同时要求，请各区落实并通知下属镇街、园区，根据《国家知识产权局关于进一步严格规范专利申请行为的通知》的要求，调整不符合通知要求的资助行为，发明专利授权资助由市级统筹，各区、镇街及园区不再重复资助，请各单位认真核查和落实。根据该规定，即便是根据2020年制定的各区的规范性文件中新规定的专利申请资助也不得继续执行，专利授权资助也不得超过《国家知识产权局关于进一步严格规范专利申请行为的通知》规定的标准。而由于《佛山市人民政府办公室关于印发佛山市商标国际注册资助办法的通知》（佛府办〔2015〕69号）的废止，目前佛山市在商标方面的资助主要依据《佛山市知识产权局商标品牌战略资金扶持办法》（佛知〔2019〕2号）所提供的中国驰名商标认定、成功注册地理标志证明商标和集体商标以及"区域商标管理使用扶持资金"，其他商标申请阶段资助全面取消。

第二，进一步制定包括专利、商标、地理标志在内的促进知识产权高质量创造、运用、保护、管理、服务以及人才培训等相关工作的更为综合的知识产权制度和政策。2021年11月24日，佛山市市场监督管理局（知识产权局）起草了《佛山市促进知识产权高质量发展资助办法（征求意见稿）》向社会公众公开征求意见。2022年3月11日，佛山市市场监督管理局（知识产权局）在第一次征求意见的基础上修改完善，形成了《佛山市促进知识产权高质量发展资助办法（第二次征求意见稿）》，第二次向社会公众公开征求意见。

第三，突出版权示范单位、园区和优秀版权作品的重点，著作权登记资助更为合理化。为进一步强化版权保护和运用，充分发挥版权示范单位、园区和优秀版权作品在推动版权相关产业发展方面的示范作用，激发作者等著作权人创新活力，推动高质量发展，2021年制定了《佛山市版权示范单位、园区和优秀版权作品认定资助办法》，该办法包括总则、认定条件、申报和认定程序、资助标准、管理监督和附则等六章21条内容。其中第5条、第6条、第7条分别规定了版权示范单位、园区和优秀版权作品的条件，主要包括：版权示范单位应具有自主创新能力，作品登记量累计不低于100件，近三年年均增长不低于10%，主要经营范围为版权相关产业，在作品的创作、传播、使用领域具有示范效应，建立版权管理规章制度，有较完善的版权保护宣传和教育培训机制，实现软件正版化，无恶意侵权盗版行为；佛山市版权示范园区应拥有可独立支配的产业园区，建筑面积在1万平方米以上，入驻法人或非法人组织30家以上，或者在特定区域内已形成具有较大影响的产业集聚基地，其中60%以上的法人或非法人组织在产品、服务、技术、人才等方面与版权有实质性关联；佛山市优秀版权作品应体现自主创新精神，具有良好的社会效益和经济效益。第15条、第16条规定了资助标准，被认定为佛山市版权示范单位、园区的，一次性资助20万元，被认定为广东省版权兴业示范基地的，再一次性资助30万元，被认定为全国版权示范单位、园区（基地）的，再一次性资助50万元，被认定为佛山市优秀版权作品的，按照以下作品类别进行资助：摄影作品、工程设计图、产品设计图、地图、示意图等图形作品和模型作品，每件资助2万元；文字作品、口述作品、音乐、戏剧、曲艺、舞蹈、杂技艺术作品、美术作品，每件资助4万元；计算机软件，每件资助6万元；视听作品、建筑作品，每件资助8万元。被认定为广东省最具价值版权作品的，再一次性资助10万元。

2016年，佛山市《作品著作权登记资助办法》仅仅规定作品著作权登记的政府资助标准为每件250元，2021年修订的《作品著作权登记资助办法》则除了规定对一般作品著作权登记的政府资助标准为每件250元之外，补充规定了对计算机软件著作权登记的政府资助标准为每件500元，资助范围和标准均有所扩大和提高。为与《佛山市版权示范单位、园区和优秀版权作品认定资助办法》协调，2021年修订的《作品著作权登记资助办法》特别规定对全国版权示范单位、全国版权示范园区（基地）、省版权兴业示范基地、市版权示范单位、市版权示范园区作为著作权人的作品、国家、省级非物质文化遗产传承人创作的非物质文化遗产作品、中国工艺美术大师创作的工艺美术作品，不受办法规定的关于资助作品数量的限制，以突出重点。

第四，知识产权运用转化促进政策继续深化、细化和下沉。2021年，尚未制定知识产权运用、转化、促进政策的佛山市各行政区继续制定区一级的促进知识产权运用转化政策的文件，进一步修订相应政策文件，知识产权运用、转化、促进政策继续深化、细化和下沉，进一步完善。禅城区2021年制定了《佛山市禅城区促进知识产权高质量发展资助办法》[1]，修订了《佛山市禅城区推进品牌和技术标准战略工作扶持奖励办法》。《佛山市禅城区促进知识产权高质量发展资助办法》制定的背景是国家知识产权局专利政策导向的变化、《佛山市禅城区促进专利工作发展扶持办法（修订）》的全面停止执行、《佛山市禅城区商标品牌推广资助办法》的废止以及《佛山市禅城区专利保险补贴实施办法》的到期，从而为适应新形势下知识产权事业发展的迫切需求，巩固现有成果，弥补目前知识产权资助政策的空白，以保障相关工作顺利开展。资助办法将专利、专利保险和商标资助政策整合，以高质量发展为导向，形成更加完善的知识产权政策体系，其主要内容和特点如下：①包括知识产权创造、保护、管理和服务全方位的内容。资助项目包括商标资助、专利保护资助、专利管理和成效资助、知识产权宣传培训资助，并将根据国家、省、市知识产权局及区委、区政府的战略部署开展重点知识产权项目。②提高知识产权示范企业、优势企业的创新激励标准。对禅城区企业获得国家知识产权示范企业和优势企业的，分别一次性资助30万元和20万元；对禅城区企业获得广东省知识产权示范企业的，一次性资助20万元。这些标准均高于之前的20万元、10万元和10万元。③加大中国专利奖和广东专利奖的创新激励标准。对禅城区单位或个人获得国家专利（含外观设计）金奖、

---

[1] 该办法于2022年1月13日公布，主要制定工作于2021年完成。

银奖、优秀奖的，分别一次性资助 50 万元、30 万元、20 万元，高于此前的金奖和优秀奖的奖励标准。对禅城区单位或个人获得广东省专利金奖、银奖、优秀奖的，分别一次性资助 30 万元、20 万元、10 万元，高于此前金奖和优秀奖的奖励标准。新增对区内个人获得广东省发明人奖的，一次性资助 2 万元。④提高了知识产权宣传培训项目资助标准。经审查纳入禅城区知识产权宣传培训计划项目的，按实际支出金额给予全额资助，每个项目不超过 10 万元，每年度最多资助 3 个项目，高于此前的资助标准。

进一步明确资助项目的数量，增加每个项目的金额，扩大知识产权宣传培训的深度和广度。《佛山市禅城区推进品牌和技术标准战略工作扶持奖励办法》2021 年修订的主要内容包括：①针对省、市市场监督管理局已经变更或删除的部分事项，对在奖励办法中相应奖励项目进行变更或删除。比如增加新获得禅城区政府质量奖提名奖的企业给予一次性奖励 50 万元，删除了全国知名品牌示范区、广东省知名品牌示范区"广东省名牌产品"和"广东优质"认证奖励项目。②通过对禅城区产业发展形势的研判及奖励政策调整情况，对奖励办法中各个奖励项目的奖励金额进行合理调整。比如，将主导制定或协助制（修）定国际标准的单位每项奖励 20 万元调整为：主导制（修）定国际标准的单位，每项奖励 50 万元，协助制（修）定国际标准的单位，每项奖励 20 万元，将主导制定国家标准、行业标准的单位，由每项奖励 10 万元提高为奖励 20 万元；细分出主导和协助修订国家标准、行业标准的单位奖励，主导修订国家标准、行业标准的单位每项奖励 5 万元，协助修订国家标准、行业标准和主导修订地方标准的单位，每项奖励 4 万元，协助修订地方标准的单位，每项奖励 2 万元；新增主导制定国家级先进团体标准的禅城区企业，每项奖励 10 万元，主导制定省级先进团体标准的禅城区企业，每项奖励 8 万元，新发布实施的市级、区级先进团体标准的社会团体，每项奖励 5 万元，等等。③总结自奖励办法实施至今相关经验，结合禅城区扶持政策标准化改革有关要求，对奖励办法中的条款细节进行调整，使申请受理条件更加明确、程序更加便利，奖励条款设置更加科学优化。在 2020 年制定《佛山市三水区促进专利高质量发展资助办法》进行专利资助以推动专利工作项高质量的基础上，佛山市三水区市场监督管理局（知识产权局）2021 年草拟了《佛山市三水区促进知识产权高质量发展资助办法（征求意见稿）》向社会公开征求意见,以深入实施创新驱动发展战略,强化知识产权对高质量发展的支撑和引领作用,持续促进佛山市三水区知识产权综合实力全面提升。

(三)重视机制建设,制定工作规范,力促知识产权创造、管理、运用、保护的全链条知识产权保护机制的形成

2021年6月22日,佛山市正式发布了团体标准《专利价值度评估规范》(T/FSZSCQ3-2021),这是粤港澳大湾区专利价值评估方面的第一个团体标准。价值评估是知识产权运用的基础工程,《专利价值度评估规范》从专利的法律因素、技术因素、经济因素三个维度对专利价值度进行综合评估,综合涵盖了目前业内数种评价模型共有的12项核心关键指标,可有效兼容企事业单位对技术创新程度、资产价格、专利稳定性等第三方评估应用需求,具有很强的可操作性,进一步健全了佛山市知识产权评估体系和知识产权价值评估机制,为知识产权运用打下了坚实的基础,必将促进佛山市专利的转化运用。2021年5月17日,佛山市市场监督管理局制定《佛山市专利侵权纠纷行政裁决工作规程》,进一步完善佛山市知识产权保护工作机制,有助于规范专利侵权纠纷行政裁决执法行为和更好地维护当事人权益。2021年9月,佛山市市场监督管理局、佛山市司法局、佛山市版权局联合出台《关于全面推进知识产权纠纷人民调解工作的意见》,该意见从加强组织建设、队伍建设、业务建设、宣传推广、组织领导等五个方面,明确推进佛山全市知识产权纠纷人民调解工作的方法措施、时间步骤和重点任务,有助于加强规范知识产权纠纷人民调解,充分发挥调解与行政执法、民事司法的衔接,有效形成工作合力。

二、佛山市知识产权发展状况

2021年,随着佛山市知识产权制度和政策的调整,佛山市的知识产权工作也发生了一定的变化,各种知识产权数量继续增长,知识产权质量有所提升,知识产权实施效果进一步显著,知识产权保护继续加强,在2022年2月23日中国科技信息研究所公布的《国家创新型城市创新能力评价报告2021》

中，佛山市在 72 个国家创新型城市创新能力排名中居第 33 位，较 2020 年下降 6 位。

（一）佛山市知识产权取得状况

2021 年，佛山市知识产权取得活动仍然比较活跃，专利申请和授权均获得大幅度增长，质量继续提升，商标注册申请虽然下降，但有效注册量仍然在增长。

1. 专利

2021 年，佛山市专利授权量为 96487 件，居全省第三位，同比增长 30.62%；发明专利授权量为 8306 件，同比增长 46.96%；PCT 专利申请量为 924 件，同比增长 24.03%；有效发明专利量为 34566 件，同比增长 24.81%；每万人有效发明专利拥有量为 36.39 件，同比增长 7.22%。其中，南海区专利授权量合计 36324 件，同比增长 48.81%，其中发明专利授权量为 2106 件，同比增长 83.45%，增幅明显。顺德区有效发明专利 18854 件，占全市 54.54%；全区 PCT 专利申请量 632 件，占全市 68.40%；全区每万人口有效发明专利拥有量 58.27 件，位居全市第一。2021 年，佛山市获得第 22 届中国专利奖 68 项，获奖数量较 2020 年的 48 项增长 41.67%，排名广东省第三，占广东省获奖数量的 20.8%，其中，中国专利银奖 1 项，中国外观设计银奖 2 项，中国专利优秀奖 53 项，中国外观设计优秀奖 12 项。中国外观设计优秀奖获奖数量居广东省第一，占全省的 54.5%。从地域分布来看，在 68 项获奖的专利中，一半以上的专利来自顺德区。从获奖领域来看，主要分布在家电制造、装备制造业等传统支柱产业，新能源、制药、机器人等战略性新兴产业也有所突破，反映佛山市战略性新兴产业创新发展初显成效。根据国家知识产权局提出的高价值发明专利统计范围，包括战略性新兴产业的发明专利、在海外有同族发明专利权的发明专利、维持年限超过 10 年的发明专利、实现较高质押融资金额的发明专利、获得国家科学技术奖或中国发明专利奖的发明专利，佛山市拥有高价值发明专利共 1.78 万件，占全市有效发明专利的 60%，总体质量较高。高价值发明专利以战略性新兴产业专利为主，占 72%，其次是授权10年以上有效发明专利。佛山市高新企业及规模以上企业拥有的有效发明专利占全市有效发明专利的69%。

2. 商标

截至2021年，佛山市累计有效注册商标526169件，位居全省前列，比2020年同期增加有效注册商标102831件，增长24.29%。各区累计有效注册商标量排名依次为：顺德区（205985件）、南海区（185726件）、禅城区（98895件）、三水区（22756件）、高明区（12807件）。从有效注册商标持有量看，佛山市商标持有量最多的注册人为美的集团股份有限公司，共持有有效注册商标5351件。有效注册商标持有量前十的注册人，主要从事家电、建材、陶瓷、食品、服饰等行业，行业类型与有效注册商标量前十的商品服务类别相符合，进一步呈现佛山市当前的产业结构发展。2021年新申请商标量排名前十的镇街依次为：狮山、大沥、桂城、石湾、容桂、祖庙、里水、北滘、龙江、大良。在前十名中，南海区有4个镇街，顺德区有4个镇街，禅城区有2个镇街。新申请商标增长率靠前的镇街以南海区为主。佛山市累计马德里商标国际注册828件，比2020年同期增加82件，增长10.99%。其中，国际注册量最多的指定国家为俄罗斯，共423件。各区累计马德里商标国际注册量排名依次为：顺德区（328件）、南海区（270件）、禅城区（132件）、三水区（69件）、高明区（29件）。

3. 著作权

2021年，佛山市著作权登记总量达25199件，首次突破2万件，其中作品著作权登记14319件，同比增长25.94%，居全省第二位，占全省比例由17.71%增长至22.38%，仅次于广州市，居全省第二。办理作品著作权登记的权利人总数共993个（含自然人、法人或者非法人组织），同比增长13.36%。作品著作权登记数量在珠三角地区城市中位列第二，每亿元地区生产总值的作品著作权登记量为1.18件，均高于珠三角地区其他城市。2021年，佛山市共登记计算机软件著作权10880件，继2017年以来再度回归"万件城市"行列，居全省地级市首位、全国软件著作权登记城市第33位。与热点领域软件相比，佛山市新兴领域软件增速明显高于其他类别软件，比如，佛山全市物联网软件共登记381件，近两年平均增速31.30%，是增长最快的软件类别，云计算软件、虚拟现实（VR）软件增速均超过20%，人工智能（AI）软件、大数据软件增速超过15%。佛山五区中，禅城区作品登记量仍居全市首位，以5664件的数量占全市登记量的39.56%，自然人权利人数量在五区中最多，反映禅城区作为佛山市文化中心区域，从事作品创作的自然人数量较多。其余分别为顺德区、南海区、三水区和高明区。佛山2021年作品登记总量企业前三名与2020年一致，其中，广东省版权兴业示范基地佛山市顺德区东帝兴贸易有限公司以1546件继续位居榜首，国家版权示范单位广东可儿玩具有限公司以899件居第二名，全国版权示范园区（基地）佛山创意产业园投资管理有限公司以605件居第三名。2021年，佛山市2家企业获得"全国版权示范单位"称号，入选数量为全国地级市最多。3家单位（园区）获得"广东省版权兴业示范基地"称号，占全省数量的30%，4件作品获得"广东省最具价值版权作品"称号，占全省数量的20%。

4. 其他

截至2021年，佛山市累计拥有地理标志商标7件、地理标志保护产品7个，其中，"伦教糕"和"顺德红米酒"两个地理标志产品为2021年新增，"香云纱"地理标志保护产品被列入第二批中欧互认地理标志保护目录。

（二）佛山市知识产权转化运用状况

2021年，佛山市精准高效落实专利转化专项计划，持续优化知识产权质押融资工作模式，鼓励和支持金融机构广泛开展知识产权质押融资业务，积极培育和规范知识产权保险市场，创新知识产权保险。2021年，专利、商标质押融资登记金额为53.33亿元，同比增长21.35%。同比增长高于深圳、东莞。2021年，佛山市成功举办第三届湾高赛，佛山市作为东道主，在此届大赛上斩获金奖4项，优秀奖6项，获奖数量排名全省首位。按照"政府引导、市场运作、风险共担"原则，围绕大赛的获奖项目，结合佛山市产业发展特点，运用多元化的金融手段开展项目对接、投资和落地，推动佛山市本土企业与15个获奖单位达成落地意向，并签署投融资总额达到3.2亿元的合作意向书。实现佛山知识产权金融模式的再次创新，在省内首次采用知识产权投贷联动的模式签约，降低核心知识产权企业的质押贷款门槛和投资门槛，将更有效地促进初创科技企业的知识产权价值实现。2021年，佛山市版权产业行业增加值为709.92亿元，其中核心版权产业行业增加值为400.05亿元。2021年12月，佛山市认定资助2021年佛山市版权示范单位（园区）10家和优秀版权作品10件。

（三）佛山市知识产权保护状况

2021年，佛山市两级法院共新收知识产权案件14120件，其中，佛山市中级人民法院新收知识产权案件14件，禅城区人民法院新收知识产权案件14104件，顺德区人民法院和高明区人民法院各新收知识产权案件1件，从知识产权案件类型来看，最多的是知识产权权属、侵权纠纷案，共13867件，其次是知识产权合同纠纷案，共149件，知识产权与竞争纠纷案最少，共25件。禅城区人民法院是佛山市知识产权集中管辖法院，是佛山市知识产权案件的主要审判法院，2021年，禅城区人民法院审结各类知识产权案件13342件，其中著作权纠纷占比接近90%，为保障佛山知识产权经济平稳发展，化解案多人少矛盾，禅城区人民法院继续扩大佛山市著作权"一门式"和解机制的适用范围，2021年共有7777件案件通过"一门式"和解机制进行调解，其中2267件民事案件达成和解协议。2021年，佛山市两级法院共新收商标及不正当竞争纠纷案件1682件，审结1557件。这些案件呈现出与佛山市产业结构及行业分布密切相关的特点，制造业领域案件占比较高，其他还涉及食品饮料、出版著作等多个行业。

（四）其他

2021年，佛山市知识产权优势示范企业建设取得了一定的成绩，截至2021年，佛山累计获国家知识产权优势示范企业181家、广东省知识产权示范企业393家，数量均排名全省首位。截至2021年，佛山全市高新技术企业达7100家，约是2015年的10倍。科技企业孵化育成体系也深化完善，科技企业孵化器121家，是2015年的4倍以上。2021年初，佛山市通过了科技部成果转化与区域创新司的评估，成功创建创新型城市。2021年，佛山市知识产权局被人力资源和社会保障部和国家知识产权局授予"全国知识产权系统先进集体"称号，是广东全省唯一获奖的市级局。2021年9月26日，佛山市集成电路产业知识产权联盟正式揭牌成立，联盟由29家单位组成，涵盖了产业中下游企业、国家重点实验室、科研院所、社会团体和服务机构，未来联盟将共同攻克产业难题，制定行业标准，进一步推动集成电路产业发展。2021年12月30日，100家头部版权企业签署《佛山版权产权发展联盟公约》，佛山版权产业发展联盟正式成立，第二季"版权百企行"同步启动。

三、建议和展望

总的来说，佛山市知识产权制度和政策已经比较完备，基本形成一套有利于创新型城市建设的知识产权政策体系，不仅初步建立了知识产权创造、运用和保护的知识产权基础设施，企业知识产权管理体系比较完备，形成了一套从市到区有助于创新型城市建设的知识产权生态系统，而且知识产权制度和政策仍然在进一步发展完善过程中，知识产权制度和政策日益体系化、合理化，不仅注重制度和政策框架建设，更注重体制机制建设。随着国家知识产权政策逐渐趋向于提质增效，重视知识产权质量和知识产权运用，佛山市2021年的知识产权制度和政策适应国家知识产权政策的调整，继续减少那些纯粹催生知识产权泡沫的资助政策，继续增加提升知识产权质量和促进知识产权运用的资助政策，资助面大大拓宽，有助于促进知识产权高质量发展和知识产权运用，注重体制机制建设，有助于促进创新型城市的建设。2021年，佛山市知识产权工作各方面均取得了较好的成绩，专利质量进一步提高，著作权登记方面重塑辉煌，知识产权运用效果进一步体现。

2021年，佛山市的知识产权制度和政策的调整已经在一定程度上体现了2020年度报告所提的建议，尤其在知识产权资助政策方面，2020年报告提出应该逐步取消专利申请阶段的资助、取消专利年费资助、取消普通商标申请资助等，在2021年已经实现。但在许多方面，2019年度报告所提建议仍然未能实现，这意味着佛山市现行的知识产权制度和政策并不完全符合国家知识产权政策，仍需进一步调整。结合粤港澳大湾区建设的新形势和国家知识产权政策的最新调整，有如下几点建议。

第一，在专利方面，逐步取消专利授权阶段的资助，把相关资金转移到专利运用方面。从前文所述可见，目前佛山市知识产权制度和政策已经取消了申请阶段的全部资助，但专利授权资助仍然存在。尽管专利授权阶段的资助更注重专利获得结果，好于对专利申请进行资助，但专利授权资助仍然有鼓励泡沫的效果，因此应逐步取消。当然，有些重点领域的资助仍然是必要的，对于激励市场主体获得专利权仍然具有非常重要的作用。因此，在全面取消专利申请阶段资助的基础上，应该逐步取消专利授权阶段的资助。当然，不宜一步到位取消全部专利授权资助，仍然针对不同类型专利授权进行不同程度的资助，对于的确有必要资助的高价值专利授权，应继续资助以鼓励高价值专利的申请。

第二，在商标方面，建立国际商标注册资助制度。目前，佛山市已经全面取消了对商标申请阶段的资助，但对于国际商标注册还是应该予以鼓励，在取消申请阶段的资助的情况下，应该及时建立注册后资助方式的国际商标注册资助。同时，建议采取措施鼓励企业建立商标档案，对于建立商标档案制度的企业给予适当奖励。

第三，在著作权方面，建议完全取消版权登记资助。我国著作权法采取创作完成著作权自动产生原则，版权登记仅仅起到证据作用，是否登记以及登记多少并不能反映著作权产生的实际情况，对著作权的创造也可能起不到激励作用。因此，建议取消版权登记资助。例如，佛山市对企业采用时间戳、区块链技术或者类似措施保存版权证据的，可以给予适当资助，而且专门举办时间戳、区块链技术在版权领域运用的专门培训课程或讲座，以普及这方面知识。

第四，在知识产权中介机构和知识产权平台方面，建议重点支持业务全面、专业性强、层次高、国际化程度高的中介机构，打造少数几家知识产权服务品牌机构，重点打造高层次的知识产权数据分析处理平台、知识产权融资平台和知识产权培训平台，对于建立这些平台的机构予以重点资助。这些建议已经连续提出过，不过除了知识产权融资平台之外，佛山市在支持重点中介机构发展上效果并不明显。

第五，注重协调市级和区级知识产权制度和政策，避免冲突和重复资助奖励。2021年6月8日发布的《佛山市市场监督管理局关于调整〈佛山市促进专利高质量发展资助办法〉部分条款内容的通知》已经明确规定，发明专利授权资助由市级统筹，各区、镇街及园区不再重复资助，请各单位认真核查和落实。各区、镇街及园区提供各自的资助奖励制度和政策仍然有利于本区、镇街及园区相关知识产权工作的开展，可以补充市级制度和政策激励不到的领域和方面，但统一协调市级和区级、镇街、园区级知识产权制度和政策当然是必要的，而目前有些区的相关知识产权制度和政策明确资助奖励不得与市级重复，有些区的相关知识产权制度和政策却并无此规定，这导致各级知识产权制度和政策的冲突和重复资助奖励。因此，建议由佛山市市场监督管理局和版权局统一审查市级以下知识产权制度与政策，避免冲突和重复资助奖励。

鉴于佛山市已经具备较好的知识产权生态基础、佛山市在粤港澳大湾区中的重要地位以及国家经济发展方式转变和知识产权政策调整的重大机遇，已经进行适度调整的佛山市知识产权制度和政策将进一步调整完善，有力地促进高质量知识产权的获得和运用，为佛山市创新型城市建设提供坚实的制度和政策基础，佛山市的知识产权工作将成为佛山市创新型城市建设的重要推动力量，佛山市创新型城市建设也将取得新的成绩。

第8章 珠海市知识产权报告

2021年珠海市地区生产总值3881.75亿元,同比增长6.9%,两年平均增长4.9%。其中,第一产业增加值为55.02亿元,同比增长7.1%,两年平均增长4.3%;第二产业增加值为1627.47亿元,同比增长6.5%,两年平均增长4.1%;第三产业增加值为2199.27亿元,同比增长7.2%,两年平均增长5.6%。珠海市的经济发展取得这样的成果,离不开知识产权的创造、转化、应用在其中发挥的积极作用。2021年,珠海市结合新冠肺炎疫情影响下的现实需求,积极响应国家号召,出台了多项促进知识产权发展的政策和文件,在企业知识产权发展、专利申请与授权、知识产权人才培养与奖励、知识产权执法与司法、会展的发展与保护等方面都取得了突出的成果。

一、珠海市知识产权制度和政策

(一) 珠海市知识产权制度

2019年,珠海市人民政府制定了《珠海市推进国家知识产权示范城市建设工作方案(2019—2022年)》。该文件作为珠海市知识产权工作的纲领性文件,旨在通过国家知识产权示范城市建设,推动珠海市知识产权事业高质量发展,使珠海市知识产权创造质量、保护效果、运用效益、管理水平、服务能力得到全面提升,进一步突出珠海市知识产权运营特色,立足粤港澳大湾区,成为具有带动作用、示范效应的国内一流的知识产权示范城市,夯实知识产权强市建设的基础。按照《珠海市推进国家知识产权示范城市建设工作方案(2019—2022年)》的规划,珠海市知识产权工作的主要任务有以下九个方面。[1]

第一，进一步强化知识产权行政管理水平。完善知识产权管理体制及政策，加快建设职责清晰、管理统一、运行高效的知识产权行政管理体制。将知识产权工作纳入国民经济和社会发展规划，统筹推进实施。加强知识产权保护，推动出台珠海市知识产权保护相关规定，激发创新活力，建设现代化国际化创新型城市。

第二，全面开展知识产权质量提升工程。健全质量导向的知识产权创造机制，坚持质量第一、效益优先。提升知识产权创造能力，针对珠海市六大支柱产业，加大政府采购对知识产权密集型产品的支持力度。重点围绕电子信息、家用电器、石油化工、电力能源、生物医药、精密机械制造产业，深入实施高价值专利挖掘布局工程，建设重点产业知识产权联盟和区域知识产权分析评议中心，推动知识产权创造向更优更强发展。加速专利成果向现实生产力转化，促进知识产权与产业经济融合发展。制定实施知名品牌培育计划，大力保护企业驰名商标，支持企业品牌建设。

第三，建立健全知识产权大保护体系。加强知识产权执法体系建设，推进知识产权严保护、大保护、快保护、同保护各项工作。建立健全知识产权快速协同保护体系，成立珠海市知识产权保护中心，推动中国（珠海）知识产权保护中心建设，围绕智能装备、家用电器等领域开展集快速审查、快速确权、快速维权于一体，审查确权、行政执法、维权援助、仲裁调解、司法衔接相联动的知识产权快速协同保护工作。支持广东省知识产权维权援助中心珠海分中心、横琴分中心建设发展，切实增强知识产权保护力量，提高知识产权保护服务满意度。构建多元化知识产权保护机制，深化粤港澳大湾区知识产权协同保护合作，建立完善知识产权案件跨境协作机制。研究建立知识产权海外维权服务平台，开展"互联网＋"知识产权保护专项活动。支持珠海横琴自贸区建立非诉讼争议解决方式（包括仲裁、调解、协商等）处理知识产权纠纷机制。

---

[1] 珠海市人民政府办公室关于印发珠海市推进国家知识产权示范城市建设工作方案（2019—2022年）通知［EB/OL］.（2019 - 11 - 01）［2022 - 04 - 20］. http：//credit. zhuhai. gov. cn/zcfg/zhs/201911/t20191101 - 57668370. html

第四,加快知识产权运营服务体系建设。支持国家知识产权运营公共服务平台金融创新(横琴)试点平台建设,支持平台汇聚知识产权高端资源,积极开展知识产权运营、分析评议、金融创新、人才培养等工作,进一步提升知识产权与产业经济发展融合度。支持国家知识产权运营横琴金融与国际特色试点平台拓展知识产权国际运营工作,建设粤港澳大湾区科技成果交易平台,探索完善知识产权跨境交易机制,积极引进境外先进技术、品牌在珠海市落地。

第五,不断创新知识产权金融服务。不断完善珠海市知识产权质押融资业务模式,扩大业务规模,鼓励引导科技型中小企业开展知识产权质押融资,力争每年知识产权质押融资金额和投保企业数量实现突破。利用粤港澳大湾区合作机制下知识产权政策的协调试点,鼓励珠海市横琴自贸区探索开展特色知识产权金融试点工作。

第六,全面提升企事业单位知识产权管理水平。提升企业知识产权综合能力,充分发挥珠海格力电器股份有限公司等龙头企业的带动作用,积极培育知识产权强企。引导企业开展知识产权海外布局,提升企业知识产权国际化水平,鼓励企业加强与港澳知识产权组织、优势企业的合作,以粤澳合作中医药科技产业园等重点园区为载体,促进港澳优质创新资源与珠海市创新需求有效对接。支持珠海市珠海格力电器股份有限公司、丽珠医药集团股份有限公司、珠海联邦制药股份有限公司等重点企业设立海外研发机构、布局海外知识产权、参与国际标准制定。

第七,大力培育强县工程试点示范县(区)。深入贯彻创新驱动发展战略,以建设知识产权强市为目标,以提升知识产权规模和质量为重点,积极培育香洲区等各区建设国家知识产权强区工程试点示范区。

第八,建设粤港澳大湾区知识产权人才高地。完善知识产权人才工作机制,实施"珠海市英才计划",重点支持知识产权人才。进一步完善珠海市知识产权人才政策,重点将知识产权人才纳入"珠海市高层次人才""珠海市产业青年优秀人才"等人才工程。进一步加强粤港澳大湾区在知识产权专业人才培养等领域的合作,积极开展粤港澳大湾区知识产权管理、运营、执法、诉讼、代理等专业人才培训活动。

第九,深入开展知识产权助力创新创业。深化粤港澳大湾区知识产权交流合作，支持开展粤港澳大湾区各类创新创业和人才交流活动，推动港澳优质知识产权资产在珠海市落地。

（二）珠海市知识产权促进政策

1. 市级促进政策

（1）《珠海市知识产权质押融资风险补偿基金管理办法》

为贯彻落实《珠海市人民政府关于建设知识产权强市的意见》，深入实施创新驱动发展战略和知识产权战略，推动知识产权强市建设，帮助中小微企业利用知识产权进行质押融资，解决企业融资难融资贵的难题，珠海市知识产权局牵头制定《珠海市知识产权质押融资风险补偿基金管理办法》。该办法以帮助中小微企业利用知识产权进行质押融资，解决企业融资难融资贵的难题为目标，吸纳了原《珠海市知识产权质押融资风险补偿基金试行管理办法》的部分条款，结合工作实际，对合作机构性质、合作银行条件、基金补偿条件等进行了调整，具体变化包括调整合作机构类型、拓宽扶持企业范围、推动更为市场化方式开展知识产权评估、调整完善基金运作方式。

（2）《珠海市促进知识产权高质量发展资助办法》

《珠海市促进知识产权高质量发展资助办法》提出，知识产权资助遵循"提质增效、促进运用、加强保护、突出重点、诚信申请"的原则，充分发挥市区两级资金拉动作用，推动知识产权工作开展。该办法所指的知识产权包括专利、商标、地理标志。知识产权资助分为一般资助和专项资助。该办法突出高价值发展导向，设置了高质量品牌的资助，包括驰名商标、证明商标、集体商标和地理标志产品的资助规定，以此鼓励培育更多更优的品牌。此外，该办法增加了对知识产权人才的激励机制。与现有的人才激励政策不同，该办法所列的相关奖励举措，是针对基层知识产权从业人员的奖励。[1]

---

[1] 珠海市市场监督管理局.《珠海市知识产权质押融资风险补偿基金管理办法》政策解读[EB/OL]. (2021-12-13) [2022-04-25]. http://www.zhuhai.gov.cn/scjgj/gkmlpt/content/3/3036/post_3036381.html#6581.

(3)《珠海市支持产权优势企业培育和认定工作方案》

为实施知识产权战略,推进知识产权强市建设和打造粤港澳大湾区知识产权高地,进一步推动珠海市企业知识产权工作深入开展,提高企业运用知识产权制度的水平,增强企业的自主创新能力和核心竞争力,规范知识产权优势企业认定工作。❶珠海市知识产权局决定每年认定不超过10家的支柱行业的骨干企业进行重点培育。培育工作的内容主要包括:建立健全企业知识产权工作体系和管理制度,使企业知识产权工作向规范化、制度化方向发展。加强企业的知识产权宣传和培训工作,增强企业知识产权意识,培养知识产权人才,提高企业知识产权保护水平。加强企业专利信息化建设,提高企业运用专利信息的能力和水平。引导企业建立促进技术创新的激励机制,激发员工发明创造积极性,提高企业自主知识产权尤其是专利的拥有量和质量。加快专利技术转化及产业化,不断提高拥有自主知识产权产品的比重。引导企业研究和运用专利战略,把专利战略纳入企业经营管理总体战略之中,推动企业实现可持续发展。加强企业对知识产权的管理和运营,充分发挥知识产权在企业开拓市场和提高经营效益方面的作用。引导企业加大知识产权投入,确保知识产权申请、维护、诉讼、信息利用、专利技术实施、培训和奖励等工作的顺利开展。

(4)《珠海市专利纠纷行政裁决专家管理办法》

为进一步规范珠海市知识产权局专家库管理,有效发挥专家库专家的专业性、独特性、指导性作用,切实提高知识产权决策的科学化水平,珠海市知识产权局研究制定了《珠海市专利纠纷行政裁决专家管理办法》。❷该办法所称专家,是指依照该办法规定入选专家库,从事知识产权创造、运用、保护、管理及服务等工作,具有较强专业理论知识或丰富实践经验知识的知识产权及相关专业人员。

---

❶ 珠海市知识产权局关于开展2021年珠海市知识产权优势企业认定和考核工作的通知[EB/OL].(2021-03-25)[2022-04-25]. http://www.zhuhai.gov.cn/scjgj/gkmlpt/content/2/2746/post_2746258.html#6580.

❷ 珠海市香洲区人民政府办公室关于印发《珠海市香洲区科技创业孵化载体管理和扶持暂办法》的通知[EB/OL].(2021-06-08)[2022-04-25]. http://www.zhxz.gov.cn/xxgk/fggw/gfxwj/content/post_2878127.html.

2. 区级政策

(1) 香洲区

为深入贯彻落实《粤港澳大湾区发展规划纲要》，构建良好的科技创业生态，引导香洲区孵化载体围绕"1+2+1"产业向专业化发展，提升区域创新创业水平，根据国家、省、市有关孵化载体管理工作要求，并结合香洲区科技创新实际情况，香洲区制定《珠海市香洲区科技创业孵化载体管理和扶持暂行办法》。❶ 该办法所指"1+2+1"是指以数字经济等战略性新兴产业为引领，高端智造和高端服务两大产业为支柱，消费升级产业为基底的都市产业生态体系。其所称的香洲区科技创业孵化载体，是指结合香洲区产业发展方向，为创业企业孵化、加速发展等不同阶段提供包括创业场地、共享设施、技术服务、政策咨询、投资融资、创业辅导、资源对接及市场拓展等精准服务，降低创业成本，提高创业成功率，促进企业成长，加速企业做大做强的孵化载体，涵盖科技企业专业孵化器、科技企业专业加速器、港澳台科技企业孵化器、港澳台科技企业加速器等孵化载体。鼓励行业领军企业、创业投资机构、社会组织、高校及科研院所等各类机构发挥主力军作用，通过行业标杆的引领，建设专业孵化服务机构。鼓励孵化机构打造面向港澳台地区的孵化空间，为港澳台创新创业和科技成果转化项目提供孵化场地和孵化服务。

为了加快构建香洲区"1+2+1"都市产业生态体系，促进制造业转型升级和高端智能制造产业集聚发展，香洲区制定《香洲区进一步促进高端智能制造产业发展的若干措施（试行）》。❷ 第一，围绕智能制造产业链开展精准招商，支持香洲区列于市级"十百千计划"培育库中的智能制造龙头骨干企业引进产业链上下游企业进驻香洲区；加快引进智能制造企业，对经认定的新落户智能制造企业，安排产业发展奖励。第二，提升智能制造企业研发创

---

❶ 珠海市香洲区人民政府办公室关于印发《珠海市香洲区科技企业孵化载体管理和扶持暂行办法》的通知［EB/OL］. （2021 - 06 - 08）［2022 - 04 - 25］. http：//www.zhxz.gov.cn/xxgk/fggw/gfxwj/content/post_2878127.html.

❷ 珠海市香洲区人民政府办公室关于印发《香洲区进一步促进高端智能制造产业发展的若干措施（试行）》的通知［EB/OL］. （2019 - 07 - 05）［2022 - 04 - 25］. http：//www.zhxz.gov.cn/xxgk/fggw/gfxwj/content/post_1448468.html.

新能力,鼓励智能制造企业组建技术创新平台,对通过国家、省、市级科技主管部门认定、组建的工程中心、技术中心、实验室、研究院、检验检测中心等技术创新平台,分别给予一次性资助;鼓励企业评选市级独角兽企业;鼓励智能制造企业创建院士工作站。第三,鼓励传统制造业开展智能化改造,鼓励香洲区企业向无关联关系的香洲区内已获得广东省认定的机器人骨干企业购买智能装备;鼓励香洲区企业向无关联关系的区内非机器人骨干企业购买智能制造装备;支持香洲区工业企业在开展智能化改造过程中向系统集成服务商购买智能制造系统解决方案。第四,支持发展智能制造标杆企业,支持创建区级智能制造示范项目。第五,支持智能制造产业服务平台建设,支持优质企业(三大运营商除外)在香洲区建设工业互联网平台;鼓励在香洲区建设运营智能工业融合发展中心、机器人大数据创新平台、智能制造协同创新平台等智能制造公共服务平台,为香洲区智能制造产业发展、企业智能化升级改造提供研发、设计、生产、技术交流等服务。第六,加强对智能制造企业金融支持力度,鼓励银行业金融机构对智能制造企业给予信贷倾斜,支持智能制造企业通过融资租赁、信用贷款、知识产权质押、信保融资等方式进行融资;优先支持和帮助香洲区列于市级"十百千计划"的智能制造重点项目申报《珠海市工业企业培育"十百千计划"重点项目建设贷款贴息工作方案》中有关奖补政策。第七,加大力度引进培养智能制造人才,优先在落户香洲区的智能制造创业项目中遴选"香山创业英才",对入选人才给予创业资助、住房和生活补贴;优先支持智能制造企业人才参与遴选"香山创新英才"和"香山青年人才",对入选人才分别给予工作津贴、住房和生活补贴。第八,优先保障智能制造企业的用地需求,择优支持重点智能制造企业扩大产能。在南屏科技工业园、前山商贸物流中心及其他区内支持建设的产业集聚区内实施"亩均效益"评价机制,清理低效能企业,为智能制造产业集聚发展腾出空间。第九,支持智能制造企业开拓市场,支持企业参加由区正式发文组织的智能制造展会。

为贯彻落实《珠海市专利促进专项资金管理办法》,更好地发挥专利促进专项资金对香洲区知识产权事业的促进和引领作用,规范专利促进专项资金的管理,香洲区制定实施《珠海市香洲区知识产权局专利促进专项资金管理实施方案》。❶ 香洲区知识产权局承担转移支付专利促进专项资金管理的主体责任。发挥各级资金拉动作用，促进专利工作开展，完成上级下达的专利相关工作目标任务；制定资金申报指南，开展资金申报、审核及下达相关工作；开展资金绩效自评工作；配合上级做好绩效检查、审计、统计等相关工作。

（2）金湾区

为贯彻质量强区发展战略，引导企业实施质量发展战略和品牌带动战略，引领质量效益提升，提高金湾区优质产品的知名度和美誉度，推动产业转型升级和创新发展，制定《金湾优质产品推荐目录编制办法（试行）》。❷ 该办法所称的金湾优质产品是指金湾区企业生产（或种植、养殖）的，在质量、标准、品牌、科技创新方面获得相关荣誉、资质的产品，以及在金湾区获得相关荣誉和资质的企业所生产的主要产品；主要产品是指质量、品牌、创新等方面能够代表申报单位发展水平的产品。通过审核的产品汇总形成推荐目录，报金湾区政府常务会议审议通过后，在金湾区人民政府网站对外公布。

金湾区为加强知识产权保护运用，建立了知识产权维权援助工作站。❸ 2021年12月20日，广东省知识产权保护中心维权援助（金湾）工作站正式挂牌成立，该工作站是广东省知识产权保护中心在珠海成立的维权援助分支机构，也是珠海市首家区级知识产权维权援助工作站。该工作站将依托金湾区市场监督管理局知识产权保护专业执法队伍、金湾区知识产权维权援助专家，提供有关知识产权的申请授权、纠纷处理和诉讼咨询等各类服务，并为辖区重点企业的重大研发、经贸、投资和技术转移等活动提供知识产权分析论证和知识产权预警服务。

（3）斗门区

为充分发挥知识产权创新驱动发展作用，斗门区市场监督管理局采取

---

❶ 关于公开征求《珠海市香洲区知识产权局专利促进专项资金管理实施方案》公平竞争审查初步结论意见的公告［EB/OL］．（2021-03-12）［2022-05-20］．http：//www.zhxz.gov.cn/xxgk/tzgg/content/post_2740297.html.

❷ 珠海市金湾区人民政府办公室关于印发《金湾优质产品推荐目录编制办法（试行）》的通知［EB/OL］．（2020-12-11）［2022-04-25］．http：//www.jinwan.gov.cn/jinwan/zwgk/fggw/gfxwj/content/post_3310631.html.

❸ 广东省知识产权保护中心维权援助（金湾）工作站挂牌成立［EB/OL］．［2022-04-25］．http：//www.jinwan.gov.cn/jwxw/spxw/content/post_3037345.html.

"四项举措"推动知识产权战略深入实施,着力强化知识产权保护与运用,推动斗门区知识产权创造质量、运用效益和保护水平稳步提升。❶ 目前,斗门全区拥有有效发明专利768件;专利授权总量2083件,同比增长31.57%;发明专利授权量101件,同比增长6.32%;PCT专利申请量24件,同比增长41.17%。

一是强化政策激励,用好奖励"助推器"。出台《斗门区强化知识产权保护推动经济高质量发展的若干措施》,拟定了7个方面28项政策措施,涵盖了知识产权创造、运用、服务、保护、交流合作全链条,通过奖励、补贴、资助等方式激励企业创新创造。二是强化调研指导,当好企业"智囊团"。通过第三方调查摸底、召开座谈会、实地调研等方式,深入了解斗门全区知识产权发展情况,与企业面对面交流知识产权创造、运用、保护全过程中的困难和需求,为企业提供政策解读、出谋划策。三是强化行政执法,架起违法"高压线"。加大知识产权保护力度,组织开展知识产权执法"铁拳2021"专项行动,严厉查处知识产权违法行为,重点打击面向农村市场的节令食品、酒水饮料及日用消费品的商标侵权假冒行为,2021年共查处商标等知识产权案件11宗,罚没3.4万元,销毁一批侵权假冒防疫物资、食品药品、化妆品、婴幼儿用品、服装鞋帽、汽车配件、建材电器、机械设备以及侵权盗版非法出版物等商品6000余件。四是强化宣传引导,营造创新"好氛围"。通过开展宣传活动、设置宣传展板、发放宣传资料等方式,着力营造浓厚的知识产权保护氛围,让知识产权创造和保护意识深植人心。2021年4月,由珠海市市场监督管理局(知识产权局)和中国(珠海)知识产权保护中心主办、斗门区协办的珠海市2021年知识产权"三进"公益宣传活动在斗门区市场监督管理局开展,5位专家围绕知识产权保护形势、专利预审(复审)、专利撰写及审查等方面进行授课,斗门区70多名企业代表参加培训。

(4)横琴粤澳深度合作区

为进一步落实《横琴总体发展规划》《国务院关于横琴开发有关政策的批

---

❶ 强化知识产权保护与运用 助力斗门创新驱动发展:斗门区市场监管局四举措推动知识产权战略深入实施[EB/OL].(2021-04-30)[2022-04-25]. http://www.zhuhai.gov.cn/zfxxgk/zfxxgkml/content/post_2856299.html.

复》《粤澳合作框架协议》《中国（广东）自由贸易试验区总体方案》及相关文件精神和要求，加快广东自由贸易试验区珠海横琴片区建设，促进产业聚集发展，横琴粤澳深度合作区制定《广东自贸试验区横琴片区产业培育和扶持暂行办法》。❶ 该办法所需经费按照《横琴新区产业培育和扶持专项资金管理方法》有关规定，纳入中国（广东）自由贸易试验区珠海横琴新区片区（以下简称"横琴自贸试验片区"）年度财政预算专项资金安排。专项资金用于培育、扶持符合《横琴新区产业发展指导目录》以及有利于促进澳门产业多元发展、有利于横琴自贸试验片区建设、有利于促进优质资本、行业龙头、先进技术和高端人才在横琴集聚的企业。鼓励创新驱动企业及团队落户，对于由"千人计划"人才领衔的专家团队或者由"两院"院士领衔的创新团队来横琴自贸试验片区创业发展给予专项扶持。

为进一步加快培育横琴新区新一代人工智能产业，形成人工智能产业集聚，横琴粤澳深度合作区制定《横琴新区支持人工智能产业发展暂行办法》。❷ 享受该政策的人工智能企业或机构须具有独立法人资格，注册地、办公地与税收缴纳地须在横琴新区范围内，在横琴新区实际办公人数不少于5人（以企业签订劳动合同且在横琴缴纳社保的人员数量计算），且须经认定并登记入选"横琴新区人工智能企业（机构）库"。对于入库企业或机构，给予发展奖励。

为进一步激发横琴新区科技型企业的积极性和创造性，鼓励企业积极申报国家、省、市科技计划项目，促进提升企业自主创新能力，推动横琴新区高新技术产业高质量发展，横琴粤澳深度合作区修订《横琴新区科技型企业科技计划项目配套扶持暂行办法（修订）》。❸ 申报企业须在横琴新区及一体

---

❶ 横琴新区管委会办公室关于印发《广东自贸试验区横琴片区产业培育和扶持暂行办法》的通知［EB/OL］.（2021-09-01）［2022-04-25］. http：//www.hengqin.gov.cn/macao_zh_hans/zwgk/zcfg/hqzc/cyzc/content/post_3043175.html.

❷ 横琴新区管委会办公室关于印发《横琴新区支持人工智能产业发展暂行办法》的通知［EB/OL］.（2021-09-01）［2022-04-25］. http：//www.hengqin.gov.cn/macao_zh_hans/zwgk/zcfg/hqzc/cyzc/content/post_3043160.html.

❸ 横琴新区管委会办公室关于印发《横琴新区科技型企业科技计划项目配套扶持暂行办法（修订）的通知》［EB/OL］.（2021-09-01）［2022-04-25］. http：//www.hengqin.gov.cn/macao_zh_hans/zwgk/zcfg/hqzc/kjzc/content/post_3043863.html.

化区域实际办公并开展研发，须获批国家、省、市级无偿自主类科技计划项目，且申报企业须为科技计划项目牵头单位。所有科技计划项目均采用"事后补助"方式进行配套扶持。

为深入实施创新驱动发展战略，进一步提升横琴新区高新技术企业发展质量和效益，发挥科技创新引领作用，扎实推动横琴新区创新发展，制定《横琴新区进一步推动高新技术企业高质量发展的扶持办法（暂行）》[1]。对在横琴新区范围内首次通过国家高新技术企业认定或重新认定的企业，根据其当年在横琴新区的企业年度所得与增值收入形成的区级财力贡献总额进行奖励。

为进一步加快横琴新区高层次人才集聚，充分发挥人才高端引领作用，推进自主创新，加速高质量高科技项目落地，大力构筑区域创新型人才高地，制定《横琴新区加快创新驱动企业及团队引进培育扶持办法》[2]。鼓励领军人物为高层次人才的创新驱动企业及团队在横琴新区落户。创新驱动企业及团队落户的项目范围须属于集成电路和芯片设计、大数据和人工智能、生物医药和医疗器械、新材料、金融科技等行业，重点支持取得具有自主知识产权的先进创新成果 实现核心关键技术突破、具有良好产业化前景的创业团队。

（5）保税区

珠海综合保税区贯彻落实《国务院关于促进综合保税区高水平开放高质量发展的若干意见》，以供给侧结构性改革为主线，深入推进"放管服"改革，解放思想，创新发展，赋予综合保税区改革开放新使命，打造具有国际竞争力和创新力的海关特殊监管区域。实行高水平的贸易和投资自由化便利化政策，以高水平开放推动高质量发展，将综合保税区建设成为新时代全面深化改革开放的新高地，做好四个坚持：一是坚持深化改革，简

---

[1] 横琴新区管委会办公室关于印发《横琴新区进一步推动高新技术企业高质量发展的扶持办法（暂行）》的通知［EB/OL］.（2021-09-01）［2022-04-25］. http://www.hengqin.gov.cn/macao_zh_hans/zwgk/zcfg/hqzc/kjzc/content/post_3043779.html.

[2] 横琴新区管委会办公室关于印发《横琴新区加快创新驱动企业及团队引进培育扶持办法》的通知［EB/OL］.（2021-09-01）［2022-04-25］. http：//www.hengqin.gov.cn/macao_zh_hans/zwgk/zcfg/hqzc/kjzc/content/post_3043630.html.

政放权。进一步健全综合监管体系,持续改善营商环境和创新环境,有效降低市场运行成本,充分激发市场活力。二是坚持对标国际,开放引领。对标国际先进水平,注重要素整合和产业配套,深度融入国际产业链、价值链、供应链,更好地统筹利用国际国内两个市场、两种资源,培育和提升国际竞争新优势。三是坚持创新驱动,转型升级。推动综合保税区优化产业结构,支持和鼓励新技术、新产业、新业态、新模式发展。四是坚持质量第一,效益优先。

(6) 高新技术产业开发区

为全面实施创新驱动发展战略,深度参与粤港澳大湾区国际科技创新中心建设,加快打造珠海科技创新中心,充分发挥科技创新的支撑引领作用,不断激发各类创新主体的积极性和创造性,根据国家、省、市有关文件精神,高新技术产业开发区制定《珠海高新区促进科技创新扶持办法(修订)》。❶该办法适用于商事登记住所、税务征管关系以及统计关系在珠海高新技术产业开发区唐家湾园区范围内,具有独立法人资格的企业,以及符合条件的高校、科研机构(含具有研发能力的医疗机构)和个人。该办法详细规定了对通过认定的高新技术企业的奖励标准、对从市外新引进高新技术产业开发区的有效期内高新技术企业的奖励标准。对标杆高新技术企业的奖励标准。支持公共服务平台发展并给予一定程度的补贴与支持。支持科研人员双向流动,以"企业提需求+高校出编制+政府给支持"的模式,鼓励区内企业与区内高校共同吸引集聚一批海内外高层次创新创业人才。支持区内高校设立一定比例的流动岗位,鼓励科研人员在区内企业与区内高校之间双向流动。鼓励产学研合作,鼓励区内企业向非关联的区内高校(含校本部)、港澳高校以市场化方式购买服务(含技术开发、技术转让、技术咨询服务)。

---

❶ 珠海高新区促进科技创新扶持办法(修订)[EB/OL].(2021-03-11)[2022-04-25]. http://www.zhuhai-hitech.gov.cn/zhgxkcj/gkmlpt/content/2/2739/mpost_2739416.html#6569.

二、珠海市知识产权发展状况

(一) 知识产权优势企业发展状况

截至 2021 年 12 月底,珠海市全市累计专利授权量 149374 件,占全省总量的 3.23%;其中,珠海市累计发明专利授权量 24769 件,占广东省全省总量的 4.65%(见表 8-1 至表 8-3)。

表 8-1 2021 年珠海市企业发明专利授权量前十名

排名	企业名称	发明专利授权量/件	所属区
1	珠海格力电器股份有限公司	2574	香洲区
2	珠海格力智能装备有限公司	233	香洲区
3	珠海冠宇电池股份有限公司	121	斗门区
4	珠海格力节能环保制冷技术研究中心有限公司	107	香洲区
5	珠海市魅族科技有限公司	72	高新技术产业开发区
6	珠海市一微半导体有限公司	71	横琴粤澳深度合作区
7	珠海市杰理科技股份有限公司	66	香洲区
8	珠海优特智厨科技有限公司	59	横琴粤澳深度合作区
9	珠海大横琴科技发展有限公司	51	横琴粤澳深度合作区
10	珠海金山网络游戏科技有限公司	49	高新技术产业开发区

表 8-2 2021 年珠海市企业有效发明专利量前十名

排名	企业名称	有效发明专利量/件	所属区
1	珠海格力电器股份有限公司	11451	香洲区
2	珠海市魅族科技有限公司	682	高新技术产业开发区
3	珠海格力节能环保制冷技术研究中心有限公司	568	香洲区
4	珠海格力智能装备有限公司	353	香洲区
5	珠海豹趣科技有限公司	345	横琴粤澳深度合作区

续表

排名	企业名称	有效发明专利量/件	所属区
6	珠海全志科技股份有限公司	252	高新技术产业开发区
7	珠海天威飞马打印耗材有限公司	229	香洲区
8	珠海市杰理科技股份有限公司	170	香洲区
9	珠海艾派克微电子有限公司	159	香洲区
10	珠海优特智厨科技有限公司	159	横琴粤澳深度合作区

表8-3　2021年1-12月珠海企业市PCT专利申请量前十名

排名	企业名称	PCT申请量/件	所属区
1	珠海格力电器股份有限公司	191	香洲区
2	珠海冠宇电池股份有限公司	52	斗门区
3	珠海市赛纬电子材料股份有限公司	15	金湾区
4	珠海赛纳三维科技有限公司	12	横琴粤澳深度合作区
5	珠海奔图电子有限公司	11	金湾区
6	珠海一微半导体股份有限公司	10	横琴粤澳深度合作区
7	珠海司迈科技有限公司	10	高新技术产业开发区
8	珠海艾派克微电子有限公司	8	香洲区
9	香雪生命科学技术（广东）有限公司 珠海纳恩达企业管理有限公司	7	横琴粤澳深度合作区
10	普米斯生物技术（珠海）有限公司	7	高新技术产业开发区

　　珠海市知识产权局根据《珠海市知识产权优势企业培育和认定工作方案》（珠知〔2018〕73号），结合实际发展需求不断提高企业运用知识产权制度的水平，增强企业的自主创新能力和核心竞争力，为推动知识产权强省建设和构建创新型广东而努力，开展了2021年珠海市知识产权优势企业的认定和考核工作，经网上申报、专家评审及珠海市市场监督管理局局长办公会议讨论通过，拟定并通过了2021年珠海市知识产权认定和考核通过的优势企业的名单（见表8-4）。

表 8-4　2021 年珠海市知识产权优势企业公示名单

	序号	企业名称
认定的珠海市知识产权优势企业名单[1]	1	珠海大横琴科技发展有限公司
	2	水发兴业能源（珠海）有限公司
	3	三一海洋重工有限公司
	4	珠海市思卡净化技术有限公司
	5	珠海中电数码科技有限公司
	6	广东龙丰精密铜管有限公司
	7	珠海广通汽车有限公司
	8	珠海市磐石电子科技有限公司
	9	珠海联云科技有限公司
	10	珠海格力能源环境技术有限公司
	11	珠海银隆电器有限公司
通过考核的珠海市知识产权优势企业名单	1	珠海凯邦电机制造有限公司
	2	珠海全志科技股份有限公司
	3	珠海天威新材料股份有限公司
	4	珠海市一微半导体有限公司
	5	珠海联邦制药股份有限公司
	6	珠海中慧微电子有限公司
	7	珠海市润星泰电器有限公司
	8	珠海派诺科技股份有限公司
	9	炬芯科技股份有限公司
	10	珠海上富电技股份有限公司
	11	珠海方正科技高密电子有限公司
	12	珠海光库科技股份有限公司
	13	珠海汇金科技股份有限公司
	14	广东天章信息纸品有限公司
	15	珠海普乐美厨卫有限公司
	16	珠海越亚半导体股份有限公司
	17	中丰田光电科技（珠海）有限公司

[1] 珠海市知识产权局关于 2020 年珠海市知识产权优势企业拟认定和通过考核名单的公示［EB/OL］.（2020-08-14）［2021-05-30］. http：//www.zhuhai.gov.cn/scjgj/gkmlpt/content/2/2625/post_2625145.html#6580.

续表

通过考核的珠海市知识产权优势企业名单	18	珠海双喜电器股份有限公司
	19	珠海理想科技有限公司
	20	珠海优特物联科技有限公司
	21	珠海罗西尼表业有限公司
	22	珠海拾比佰彩图板股份有限公司
	23	珠海惠威科技有限公司
	24	珠海许继电气有限公司
	25	珠海市英格尔特种钻探设备有限公司
	26	珠海精准电子有限公司
	27	珠海格力智能装备有限公司
	28	珠海思美亚碳粉有限公司
	29	珠海天岳科技股份有限公司
	30	珠海福尼亚医疗设备有限公司

(二) 知识产权取得情况

1. 2021 年专利申请授权情况

2021 年,珠海市专利授权量为 27201 件,全省排名第六 (全省前五名分别是深圳、广州、佛山、东莞、中山),同比增长 11.32%。其中,发明专利授权量 5402 件,全省排名第五 (全省前四名分别是深圳、广州、东莞、佛山),同比增长 23.84%。实用新型专利授权量 18176 件,全省排名第七 (全省前五名分别是深圳、广州、东莞、佛山、中山),同比增长 9.70%。外观设计专利授权量 3623 件,全省排名第 12 位 (全省前五名分别是深圳、广州、佛山、东莞、汕头),同比增长 3.43%。

从 2021 年 1—12 月各区专利授权情况看 (见表 8-5),珠海市 6 个区专利授权量实现同比增长,增长量较大的区是香洲区 (9.72%) 和金湾区 (16.74%),分别较 2020 年同期增长 1214 件和 649 件。

从 2021 年 1—12 月各类专利权人授权情况看 (见表 8-6),企业专利授权量较上年同期增长 2151 件,同比增长 9.31%,个人专利授权量较 2020 年同期增长 276 件，同比增长 31.69%。发明专利授权量占专利授权量的比为 19.86%。

表 8-5　2021 年 1—12 月珠海市各区专利授权情况

所属区	专利授权量							
	发明		实用新型		外观设计		合计	
	数量/件	同比增长/%	数量/件	同比增长/%	数量/件	同比增长/%	数量/件	同比增长/%
横琴粤澳深度合作区	488	28.42	1383	-10.83	475	15.29	2346	0.13
香洲区	3374	10.84	8728	14.20	1599	-11.17	13703	9.72
金湾区	416	70.49	3413	11.98	698	19.11	4527	16.74
斗门区	289	186.14	1784	-0.89	222	21.98	2295	10.18
高新技术产业开发区	802	37.33	2620	9.88	594	18.09	4016	16.47
鹤州新区	32	300.00	246	86.36	32	77.78	310	96.20
其他	1	—	2	-50.00	3	50.00	6	-14.29
合计	5402	23.84	18176	9.70	3623	3.43	27203	11.32

注："—"表示上年同期为零，无法计算同比增长；"其他"表示申请人、专利权人的地址有误，非珠海街道。

2. 专利权人

珠海市有 2608 家企业获得专利授权 25261 件，占全市专利授权总量的 92.87%。其中，有 670 家企业获得发明专利授权 5247 件，占全市发明专利授权总量的 97.13%。全市有 824 家规模以上工业企业获得专利授权 16188 件，占全市企业专利授权总量的 64.08%。有专利授权的规模以上工业企业数占全市有专利授权企业总数的 31.60%，较 2020 年同期上升 3.70 个百分点。有专利授权的规模以上工业企业数占全市规模以上工业企业总数的 55.15%，较 2020 年同期上升 410 个百分点。其中，有 269 家规模以上工业企业获得发明专利授权 3810 件，占全市企业发明专利授权总量的 72.61%。有发明专利授权的规模以上工业企业数占全市有发明专利授权企业总数的 40.15%，较 2020

年同期上升281个百分点。有发明专利授权的规模以上工业企业数占全市规模以上工业企业总数的18.01%，较2020年同期上升4.46个百分点。

全市有1249家高新技术企业获得专利授权18868件，占全市企业专利授权总量的74.69%；有专利授权的高新技术企业占全市有专利授权企业总数的4789%，较2020年同期下降100个百分点。有专利授权的高新技术企业数占全市高新技术企业总数的59.45%。其中，全市有393家高新技术企业获得发明专利授权4453件，占全市企业发明专利授权总量的84.87%。有发明专利授权的高新技术企业数占全市有发明专利授权企业总数的58.66%，较2020年同期下降422个百分点。有发明专利授权的高新技术企业数占全市高新技术企业总数的18.71%，较2020年同期上升5.41个百分点。

全市有11所大专院校获得发明专利授权60件，8个科研单位获得发明专利授权20件，10个机关团体获得发明专利授权18件。

全市有644人获得非职务专利授权1147件，其中，40人获得发明专利授权57件，474人获得实用新型专利授权661件，169人获得外观设计专利授权429件。

企业、大专院校、科研单位、机关团体和个人专利授权量占比分别为92.87%、1.36%、0.22%、1.33%和4.22%。五种专利权人发明专利授权量的占比分别为97.13%、1.11%、0.37%、0.33%和1.06%。

3. 有效专利量

截至2021年12月底，珠海市专利有效量114831件，占全省总量的3.97%，同比增长21.63%。其中，发明专利有效量24111件，全省排名第五（全省前四名分别是深圳、广州、东莞、佛山），占全省总量的5.48%，同比增长26.88%。实用新型专利有效量74088件，同比增长22.46%。外观设计专利有效量16632件，同比增长11.56%。

全市每万人口发明专利拥有量9883件，全省排名第二位〔全省第一位是深圳市（11277件），第三位是广州市（4987件）〕，较2020年同期增加493件，比全省平均水平高63.94件。

全市有效发明专利五年以上维持率为65.09%，全省排名第七（全省前五名分别是揭阳、汕头、中山、惠州、深圳）。

全市有 4734 家企业拥有专利 109586 件，占全市专利有效量的 95.43%。其中，有 1985 家企业拥有发明专利 23496 件，占全市发明专利有效量的 97.45%。

全市有 1037 家规模以上工业企业拥有专利 76264 件，占全市企业专利有效量的 69.59%；拥有专利的规模以上工业企业数占全市拥有专利的企业数的 21.91%，较 2020 年同期上升 1.81 个百分点；拥有专利的规模以上工业企业数占全市规模以上工业企业总数的 69.41%。

其中，有 690 家规模以上工业企业拥有发明专利 17436 件，占全市有效发明专利量的 74.21%。拥有发明专利的规模以上工业企业数占全市拥有发明专利的企业数的 34.76%，较 2020 年同期上升 2.14 个百分点。拥有有效发明专利的规模以上工业企业数占全市规模以上工业企业总数的 46.18%。

全市有 1714 家高新技术企业拥有专利 88506 件，占全市企业专利有效量的 80.76%。拥有专利的高新技术企业数占全市拥有专利的企业数的 36.21%，较 2020 年同期下降 4.81 个百分点。拥有专利的高新技术企业数占全市高新技术企业总数的 81.58%。

其中，有 1059 家高新技术企业拥有发明专利 20725 件，占全市有效发明专利量的 88.21%。拥有发明专利的高新技术企业占全市拥有发明专利的企业数的 53.35%，较 2020 年同期下降 5.25 个百分点。拥有发明专利的高新技术企业数占全市高新技术企业总数的 50.40%。

全市有 13 所大专院校拥有发明专利 149 件，14 个科研单位拥有发明专利 51 件，14 个机关团体拥有发明专利 92 件，227 人拥有发明专利 323 件。

企业、大专院校、科研单位、机关团体和个人发明专利有效量的占比分别为 97.45%、0.62%、0.21%、0.38%、1.34%。

表 8-6　2021 年 1—12 月珠海市各区有效发明专利情况

所属区	发明专利/件	同比增长/%
横琴粤澳深度合作区	488	28.42
香洲区	3374	10.84
金湾区	416	70.49
斗门区	289	186.14

续表

所属区	发明专利/件	同比增长/%
高新技术产业开发区	802	37.33
鹤洲新区	32	300.00
其他	1	—
合计	5402	27.87

注："—"表示上年同期为零，无法计算同比增长。

4. PCT 专利申请量

2021年1—12月，珠海市 PCT 专利申请量493件，全省排名第五（全省前四名分别是深圳、东莞、广州、佛山），同比下降5.56%（见表8-7）。

截至2021年12月底，全市累计 PCT 专利申请量3860件，占全省总量的1.65%。

表8-7　2021年1—12月珠海市各区 PCT 专利申请情况

所属区	申请量/件	同比增长/%
横琴粤澳深度合作区	72	24.14
香洲区	237	-31.50
金湾区	62	342.86
斗门区	54	125.00
高新技术产业开发区	65	-17.72
鹤洲新区	2	200.00
合计	492	-5.56

5. 商标申请、注册及有效注册量

2021年1—12月，珠海市商标申请量32555件，全省排名第八（全省前五名分别是深圳、广州、佛山、东莞、中山），同比增长1.26%。商标注册量24991件，全省排名第九（全省前五名分别是深圳、广州、佛山、东莞、汕头），同比增长39.22%。

截至2021年12月底，全市有效注册商标量126382件，全省排名第八

（全省前五名分别是深圳、广州、佛山、东莞、汕头），同比增长21.86%（见表8-8）。

表8-8 2016—2022年珠海市知识产权数据统计

年份	专利授权量						有效发明专利授权量		万人发明专利拥有量*/件	PCT专利申请量*/件	商标		
	专利授权/件	同比增长率/%	*发明/件	同比增长率/%	实用新型/件	外观设计/件	数量/件	同比增长率/%			商标申请量/件	商标注册量/件	商标有效注册量/件
2016	9287	37	1796	45	5953	1538	5470	49	33.47	239	12270	6432	39935
2017	12544	35	2479	38	8021	2044	8401	54	50.15	435	21263	8951	48307
2018	17090	36	5452	39	11174	2464	11739	40	66.49	693	54846	18610	65412
2019	18967	11	3327	-4	12917	2723	14861	27	78.58	561	25880	25586	88378
2020	24434	29	4362	31	16569	3503	19003	28	93.90	522	32150	17951	103708
2021	27201	11	5902	24	18179	3623	24131	27	98.83	498	33585	24991	126382
总计	349374		24769		96306	28299	24131		98.83	2860	—		129382

注：带*为考核指标，其中发明专利申请量、发明专利授权量、PCT专利申请量为珠三角国家自主创新示范区考核主表，万人发明专利拥有量为《珠江三角洲地区改革发展规划纲要（2008—2020年)》考核指标。

（三）知识产权保护状况

1. 行政保护

2021年，珠海市市场监督管理局与珠海市司法局共同签署了知识产权相关工作合作协议，两部门依托中国（珠海）知识产权保护中心，建立联席会议机制，加强对调解中心和调解组织的指导和支持。❶ 中国（珠海）知识产权保护中心设立"珠海市知识产权纠纷人民调解委员会"和"珠港澳知识产权调解中心"，是珠海市深入学习贯彻习近平总书记在中央政治局第二十五次

---

❶ 重磅！一中心一委员会今天揭牌！事关知识产权[EB/OL].（2021-02-05）[2022-03-20]. http://sfj.zhuhai.gov.cn/zwgk/sfdt/content/post_2725019.html.

集体学习时的重要讲话精神，贯彻落实党中央、国务院关于强化知识产权保护和完善矛盾纠纷多元化解机制决策部署，建立健全知识产权纠纷多元化解机制，形成知识产权协同保护工作格局的重要举措。珠海市知识产权纠纷人民调解委员会的设立进一步拓宽珠海市在知识产权领域的调解工作，为各创新主体和市场主体提供快速、灵活、便捷的知识产权纠纷调解途径，提升纠纷解决效率，降低纠纷解决成本。珠港澳知识产权调解中心作为区域内人民调解、行政调解、司法调解联动工作平台，统一受理并组织调解党委、政府和人民法院等有关部门移送委托调解的知识产权纠纷，同时整合珠港澳三地调解资源，提高区域内知识产权纠纷预防和纠纷化解能力，将较好满足企事业单位和人民群众多元的知识产权纠纷解决需求，为建设"法治珠海""平安珠海"作出新的、更大的贡献。

2. 会展保护

为了更全面地实现会展中心的作用，发挥其经济价值，珠海市会议展览局根据《珠海市内外经贸发展专项资金管理办法（修订稿）》（珠商〔2019〕368号）、《珠海市内外经贸发展专项资金（会展事项）实施细则》（珠商〔2020〕308号）和《关于印发〈关于应对新冠肺炎疫情影响促进珠海会展业健康发展的若干措施〉的通知》（珠商〔2020〕149号）等文件的要求和程序，开展实施2021年珠海市内外经贸发展专项资金（会展事项）项目，项目具体方案如表8-9所示❶。

表8-9 2021年珠海市内外经贸发展专项资金（会展事项）分配方案

序号	类型	项目名称	申报单位	拨付金额/万元
1	初创展览	2020珠澳婚博会—新婚旅游展	珠海世纪枫潮会展有限公司	32.65
2	港澳展览	2020珠澳国际汽车博览会	珠海华发国际会展有限公司	75.74

❶ 关于2021年珠海市内外经贸发展专项资金（会展事项）分配方案的公示［EB/OL］.（2021-07-02）［2022-03-20］. http://swj.zhuhai.gov.cn/zwgk/tzgg/content/post_2897728.html.

续表

序号	类型	项目名称	申报单位	拨付金额/万元
3	成长型展会	2020中国（珠海）国际茶业博览会	珠海益武国际展览有限公司	66.19
4	商务会议	2020勃林格殷格翰中国人药业务全国销售年会	广东省拱北口岸中国旅行社有限公司	29.18
5		百世快递2020全国网络大会	广东省拱北口岸中国旅行社有限公司	12.17
6		"开创新未来"世纪保险经纪第二·三届世纪名人堂表彰盛典暨开门红启动会	横琴清扬会务服务有限公司	2.65
7		2020健帆树脂灌流技术交流会	健帆生物科技集团股份有限公司	8.50
8	行业会议	2020年中国护理管理大会	广东省拱北口岸中国旅行社有限公司	14.03
9		2020年冶金产品实物质量品牌培育专业陪审会	珠海度假村酒店有限公司	4.26
10		中华医学会第十四次全国生殖学术会议	珠海十字门国际会展中心管理有限公司	19.08
11		2020第六届中国猪业高峰论坛	东方之珠（珠海）畜牧发展有限公司	5.28
12		中华医学会肾脏病学分会2020年学术年会	珠海十字门国际会展中心管理有限公司	32.07
13	培训补助	珠海市会展旅游业协会2020年度会展人才培训	珠海市会展旅游业协会	8.33
14	会展城市和会展产业宣传推广营销活动项目	第十三届中国会议产业大会	珠海市博唯公关策划有限公司	0.70
15		第十三届中国会议产业大会	珠海度假村酒店有限公司	0.76
16		第十三届中国会议产业大会	广东省拱北口岸中国旅行社有限公司	0.39
17		第十三届中国会议产业大会	珠海远航汽车租赁服务有限公司	0.77
18		第十三届中国会议产业大会	港中旅（珠海）海泉湾有限公司	0.77
19		第十三届中国会议产业大会	珠海市会展旅游业协会	16.88

续表

序号	类型	项目名称	申报单位	拨付金额/万元
20	大型专业展览场馆举办经贸类展览活动运营项目	珠海国际会展中心申请大型专业展览场馆举办展览活动运营补贴	珠海十字门国际会展中心管理有限公司	30.53
21		珠海国际航展中心申请大型展览场馆举办经贸类展览活动运营补贴	珠海航展有限公司	4.96
22	承办获得会展资金扶持的会议活动酒店和地接服务旅行社	2020勃林格殷格翰中国人药业务全国销售年会	广东省拱北口岸中国旅行社有限公司	4.38
23		百世快递2020全国网络大会	广东省拱北口岸中国旅行社有限公司	1.83
24		2020年中国护理管理大会	广东省拱北口岸中国旅行社有限公司	2.10
25		2020年冶金产品实物质量品牌培育专业陪审会	珠海度假村酒店有限公司	0.64
26		2020第六届中国猪业高峰论坛	珠海度假村酒店有限公司	0.79
27		百世快递2020全国网络大会	珠海十字门国际会展中心管理有限公司	1.83
28		2020勃林格殷格翰中国人药业务全国销售年会	珠海十字门国际会展中心管理有限公司	4.38
29		2020年中国护理管理大会	珠海十字门国际会展中心管理有限公司	2.10
30	承办获得会展资金扶持的会议活动酒店和地接服务旅行社	中华医学会肾脏病学分会2020年学术年会	珠海十字门国际会展中心管理有限公司	4.81
31		中华医学会第十四次全国生殖学术会议	珠海十字门国际会展中心管理有限公司	2.86

续表

序号	类型	项目名称	申报单位	拨付金额/万元
32	基础性工作经费	2021年珠海市内外经贸发展专项资金（会展事项）会展项目备案及现场核查服务费	珠海市会展旅游业协会	4.96
33		2021年珠海市内外经贸发展专项资金（会展事项）项目评审服务费	珠海市会议展览业协会	3.9
合计				400.47

3. 司法保护

（1）知识产权巡回法庭

2021年12月22日，珠海市香洲区人民法院在市知识产权保护中心设立知识产权巡回法庭正式揭牌。珠海市知识产权保护中心成立以来，积极与珠海市中级人民法院、珠海市香洲区法院建立诉调对接合作机制，设立诉调对接办公室、知识产权巡回法庭，提高多元化解矛盾纠纷能力。珠海市知识产权保护中心将推动知识产权巡回审理常态化开展，做好知识产权协同保护工作，在快速维权、快速确权、纠纷调解等方面为广大创新主体提供更全面的服务，提高知识产权保护能力，助力珠海市优化营商环境。❶

（2）珠海市人民检察院

珠海市人民检察院牢固树立"保护知识产权就是保护创新"理念，制定《关于进一步强化知识产权保护工作保障和促进高质量发展的实施意见》。严厉打击侵犯商标权、著作权、商业秘密等犯罪，起诉26人，其中贾某某、刘某某销售假冒注册商标的商品案入选广东省首届知识产权检察保护十大典型案例。积极探索在知识产权领域集中开展刑事、民事、行政、公益诉讼检察

---

❶ 香洲法院在珠海保护中心设立巡回法庭创新主体保护知识产权又增新阵地［EB/OL］.（2021-12-23）［2022-04-20］. http://www.zhuhai.gov.cn/scjgj/gkmlpt/content/3/3041/post_3041355.html#247.

监督工作，办理相关案件 15 件，持续加大知识产权检察保护力度。❶

（四）知识产权中介机构发展状况

知识产权代理指的是代理当事人处理知识产权事务的专业公司或机构，包括专利代理和商标代理，以及著作权登记代理、集成电路布图设计登记代理等其他知识产权类别的代理行为。专利代理主要包括专利申请、专利无效、专利诉讼、专利战略布局、专利咨询等方面的业务内容。商标代理主要包括商标申请、商标注册、商标争议与异议、商标维权等业务内容。截至 2021 年底，珠海市获批的专利代理机构一共有 12 家。

三、建议和展望

（一）建议

近年来，港珠澳大桥、广珠铁路、广珠城际轻轨等一系列交通基础设施的建成，珠海市逐渐成为连接我国西南地区与香港特区和澳门特区之间的交通枢纽和珠三角区域性中心城市；华为、阿里巴巴、腾讯等巨头先后牵手珠海，在各个领域展开深度合作，珠海市发展潜能日益突出。随着粤港澳大湾区规划战略实施，珠海市的发展非常迅猛，其可持续发展潜力在全省排名第五，仅次于深圳、广州、东莞、佛山。珠海市的经济发展取得如此优秀的成果，离不开知识产权的创造、转化、应用在其中发挥的积极作用。珠海市在近几年出台了一系列知识产权政策文件，在知识产权建设方面取得了较为明显的效果，对珠海市的经济发展起到了一定的促进作用。但是结合数据分析，珠海市知识产权的发展尚存在一些不足，存在进一步提升的空间。

第一，对知识产权的重视程度需要进一步提升，更大程度发挥知识产权的引领力量。2021 年，珠海市政府增强了对知识产权的重视程度，各行政区、

---

❶ 2021 珠海市人民检察院工作报告［EB/OL］．（2022-01-24）［2022-04-20］．http：//www.zhuhai.jcy.gov.cn/jwgk/gzbg/202201/t20220124_3537000.shtml.

功能区陆续出台了一些知识产权政策文件，对珠海市知识产权的发展进行规划与保护，但是就珠海知识产权现状而言，大多数政策文件存在一定的滞后性，大多数文件的保护条款均是针对企业的，对于知识产权权利人与珠海市居民的相关规定相对较少。因此，政府应当继续加大知识产权的保护力度，完善相关知识产权制度，加快知识产权政策创新，发挥知识产权在全市经济发展中的带头作用与核心力量。同时，要加强知识产权行政监管力量，发挥监管的主导作用，提高执法质量和效率，形成权责统一、分工合理、监督有力的知识产权保护体系。

第二，创新程度不够，珠海市第三产业企业发展不平均，并未打造自己的"品牌"。保护知识产权就是保护创新，当前我国经济已进入高质量发展阶段，在现代化经济体系建设中，知识产权保护是其中的关键一环。截至2021年底，珠海市有2608家企业获得专利授权25261件，占全市专利授权总量的92.87%。其中，有670家企业获得发明专利授权5247件，占全市发明专利授权总量的97.13%。在专利申请和授权数量排名前十位的企业中，格力电器的专利申请数量与授权数量均居首位，成为珠海市知识产权企业发展领军企业。可见，珠海市知识产权的发展主要依赖企业，并且集中于香洲区，2021年，横琴粤澳深度合作区也涌现了一批知识产权新进企业，但发展仍然不平均。中小微企业的知识产权意识提升、知识产权培育和挖掘还任重道远。一个知识产权强市不可能只由少数企业造就，而应当百家争鸣，百花齐放，共同来营造创新驱动的氛围。针对这个问题，珠海市政府应当着力于出台相应的政策文件，促进中小企业及城市居民积极参与知识产权创新开发，提高创新能力，加强知识产权创新体系的形成，进一步提高珠海市知识产权创新成果的数量和质量。力争形成大、中、小企业梯度发展的企业群，为实体经济发展夯实基础。应当充分利用格力电器等龙头企业的优势地位，带领其他中小企业一起发展，吸引集聚上下游配套产业链企业，力争形成数个产值超千亿元、一批产值超百亿元的世界级产业集群。

第三，人才引进资金与力度投入不够，人才黏滞性较低。近两年珠海市出台了引进、培养高层次人才等支持政策，但是知识产权人才在数量和质量方面都严重不足。在专家人才引进方面，珠海市召开了多次会议，开展了相关的人才引进交流活动，建立了质量与标准化人才培养基地，但成立时间都相对较晚，还需要进一步加大发展力度。相对于其他城市而言，珠海市高层次知识产权人才、实务型知识产权人才以及其他重要领域人才缺口都相对较大，一定程度上制约了知识产权和经济的发展。此外，高校是一个富产知识产权的区域，高校之间可利用这一特性进行合作，建立知识产权联盟。由于珠海市欠缺综合性知识产权体系的高校，不利于综合人才的培养和知识产权的发展。珠海市政府应当着力于建立知识产权高校联盟，与粤港澳大湾区众多有实力的高校达成合作，加强与其他城市高校的合作，建立科研机构，完善知识产权保护体系，以强大的知识产权实力与美好的发展前景留住知识产权人才，为建设知识产权强市引进更多优秀的、专业的人才。

第四，社会对知识产权的宣传力度不够，全民的知识产权保护意识较为薄弱，因此，需要强化知识产权全链条保护。知识产权保护是一个系统工程，覆盖领域广、涉及方面多，要综合运用法律、行政、经济、技术、社会治理等多种手段，从审查授权、行政执法、司法保护、仲裁调解、行业自律、公民诚信等环节完善保护体系，加强协同配合，构建大保护工作格局。珠海市在粤港澳大湾区发展中占据不可替代的重要作用，其知识产权水平的高低关系到粤港澳大湾区的发展。因此，珠海市政府要加大知识产权保护的宣传教育，及时传播知识产权信息，增强全社会尊重和保护知识产权的意识，形成便民利民的知识产权公共服务体系。同时，要打通知识产权创造、运用、保护、管理、服务全链条，健全知识产权综合管理体制，增强系统保护能力；要加强知识产权信息化、智能化基础设施建设，强化人工智能、大数据等信息技术在知识产权审查和保护领域的应用，推动知识产权保护线上线下融合发展；要鼓励本地居民开展知识产权创新活动，完善知识产权奖励机制，使得更多个人和企业投入创新，为珠海市知识产权事业的发展贡献一分力量。

第五，粤港澳大湾区法律制度不一，存在适用上的困难。"一国两制三法域"是粤港澳大湾区知识产权法律制度的基本特征，香港特区主要受英美法系影响，澳门特区主要受大陆法系影响，这种影响不是单纯的法律移植，而是深层次的法律文化继受，而包含珠海市在内的广东九市区域适用的是类似于大陆法系的中国特色社会主义法律体系的知识产权法律，粤港澳三地各区域的知识产权法律有较大差异。当下，随着粤港澳大湾区发展战略的成功施行，涉及粤港澳三地知识产权的案件也随之增加，给粤港澳三地创新资源的自由流通造成了阻碍，甚至可能导致一些对粤港澳三地法律不熟悉的知识产权权利人错失对应有权利的保障，因此解决法律制度差异等阻碍以适应粤港澳三地知识产权协作需求变得更加迫切。

在规则衔接方面，《粤港澳大湾区发展规划纲要》明确提出"不断丰富、发展和完善有利于激励创新的知识产权保护制度"，为了全面加强粤港澳大湾区知识产权保护领域的合作，必须大力推进知识产权法律制度的统一进程，无论是国际合作还是区际协作都证明统一的法律规范是区域经济发展的重要保障，统一粤港澳三地知识产权法律是符合国际惯例的方向性实践。粤港澳大湾区涉及三个关税地区，三种不同的海关治理制度，协调大湾区内监管制度、创新边境合作模式将是重要举措。随着电子商务的迅速发展，加强跨区行政知识产权保护很有必要。加强知识产权的跨法域保护，就是完善营商环境，吸引科技企业在大湾区设企建厂。因此，可以通过研究香港、澳门与内地的知识产权保护制度的异同，进行制度融合与规则衔接，甚至通过制度引入来促进粤港澳三地知识产权水平的提高，横琴粤澳深度合作区就是这一方面试点创新的例子。

在人才引进方面，专业人才对于粤港澳大湾区的知识产权保护工作的展开至关重要，应当建立粤港澳知识产权专家库。为提升涉港澳知识产权案件办理和法律服务的专业化水平，可以借鉴深圳前海合作区人民法院引入港澳专业人士作为人民陪审员或广州知识产权法院引进港澳调解员的做法，成立港澳知识产权专家库，聘请港澳知识产权专业人员担任法院的陪审员或者检察机关的专家咨询委员或特约检察员等，召开区际司法制度比较研究会议，有效发挥专家的法律咨询、政策研究、技术调查和技术鉴定等作用。

（二）展望

2021年是国家"十四五"规划开局之年，珠海市知识产权事业发展亦将进入新的阶段。"十三五"时期，珠海市获批建设"国家知识产权示范城市"，完成了由国家知识产权试点城市到知识产权示范城市的跨越。知识产权政策基础持续完善，为知识产权强市建设提供了制度保障。知识产权工作机制持续优化，建立完善了以市长为召集人，由珠海市知识产权局、珠海市版权局、珠海市中级人民法院、珠海市人民检察院等21个职能部门组成的市知识产权战略实施工作联席会议制度，将知识产权保护纳入营商环境评价体系，全市知识产权创造、保护、运用、管理和服务全链条工作统筹力度明显加强。到"十三五"末期，珠海市已经初步探索出了一条以促进知识产权事业高质量发展推动粤港澳大湾区建设的国内一流知识产权强市建设之路。

当前，新一轮科技革命与产业变革突飞猛进，一大批新兴技术深刻改变着人类社会的生产、商业和消费方式，带来新的社会变革和经济推动力，要求加快构建并优化保护创新成果、激励创新投资、促进成果转化运用、推动产业转型升级的新时代知识产权制度和体系。同时，学科交叉融合、数据驱动、智能驱动引领着科学研究方法、创新形式的深刻转变，新业态、新模式不断涌现，对珠海市构建科学化、现代化、国际化的知识产权治理体系提出了新的要求：一是知识产权创造能力应与高质量发展相匹配；二是知识产权保护效能应与强市建设相匹配；三是知识产权价值实现应与区域发展相匹配。

因此，珠海市要高举中国特色社会主义伟大旗帜，深入贯彻党的十九大和十九届二中、三中、四中、五中、六中全会精神，坚持以习近平新时代中国特色社会主义思想为指导，深入贯彻习近平总书记对广东系列重要讲话、重要指示批示精神，统筹推进"五位一体"总体布局，协调推进"四个全面"战略布局，立足新发展阶段，完整、准确、全面贯彻新发展理念，服务新发展格局，把握"四区"建设重大历史机遇，坚持以高质量发展为主题，以全面加强知识产权保护为主线，贯彻好省委"1+1+9"工作部署，大力提升知识产权创造质量、运用效益、管理效能和服务水平，持续深化知识产权交流合作，加快建成知识产权强市，支撑新时代中国特色社会主义现代化国际化经济特区建设，打造粤港澳大湾区关键节点城市，为知识产权强国建设作出更大贡献。

党的十八大以来，在以习近平同志为核心的党中央坚强领导下，我国知识产权事业发展取得显著成效，知识产权法规制度体系逐步完善，核心专利、知名品牌、精品版权、优良植物新品种、优质地理标志、高水平集成电路布图设计等高价值知识产权拥有量大幅增加，商业秘密保护不断加强，遗传资源、传统知识和民间文艺的利用水平稳步提升，知识产权保护效果、运用效益和国际影响力显著提升，全社会知识产权意识大幅提高，涌现出一批知识产权竞争力较强的市场主体，走出了一条中国特色知识产权发展之路，有力保障创新型国家建设和全面建成小康社会目标的实现。珠海市在未来要遵循以下四点发展原则。

一是健全机制，创新监管。进一步完善知识产权行政管理体制，持续强化知识产权发展政策导向，引导知识产权相关行政资源向强化知识产权保护和运用集聚，健全重点产业和重点市场知识产权管理机制，优化知识产权决策辅助机制和维权援助机制，提升综合保护与服务能力，优化知识产权营商环境。

二是系统推进，精准施策。针对市场主体和创新主体反映突出、制约创新驱动和高质量发展的知识产权领域深层次障碍，根据重点产业、核心创新主体发展，以解决知识产权问题为根本指向，深入实施知识产权战略，深化知识产权保护和运用改革试验，提供定制化知识产权服务，完善精准系统有效的政策扶持体系。

三是市场主导，质量优先。充分发挥市场配置创新和知识产权资源的决定性作用，推动知识产权量质齐升，实现知识产权价值最大化。正确处理市场主导和政府推动的关系，加大相关政策供给力度，强化质量导向，及时捕捉市场需求，引导激发知识产权市场主体活力，推动知识产权与全市经济发展、产业转型、企业综合实力提升等相关工作有机融合。

四是重点引领，突出特色。聚集更多资源向高价值、高质量知识产权倾斜，加强关键核心技术领域自主知识产权创造和储备，紧追世界前沿技术，着力固根基、扬优势、补短板、强弱项，充分发挥知识产权对全市产业转型升级的支撑作用，在若干重点领域攀升价值链顶端，提升重点产业核心竞争力。

随着珠海市建设创新型城市发展目标和创新驱动发展核心战略深入推进，知识产权事业蓬勃发展，面临难得发展机遇，承载重大历史使命，珠海市必须因势而谋、顺势而为、乘势而上，走出一条知识产权支撑创新驱动发展的新路径。到2025年，珠海市知识产权综合实力大幅度提升，知识产权事业助力构建新珠海、新经济、新生活的战略支点作用更加突出，知识产权保护和运用综合试验取得实质性进展，对标先进城市建设知识产权高地，打造形成创造能力突出、保护体系完备、运用效益领先、公共服务一流的"国内领先、国际先进"的知识产权强市。

第9章 中山市知识产权报告

一、中山市知识产权制度和政策

(一) 知识产权管理与服务方面的规范性文件

1. 修订《中山市企业知识产权质押融资贷款风险补偿办法》

为进一步推动知识产权、金融与产业有效创新融合，持续开展知识产权质押融资风险补偿项目，结合项目开展情况，中山市市场监督管理局（知识产权局）于2021年对《中山市企业知识产权质押融资贷款风险补偿办法》进行修订。由于项目合作银行增多、项目风险管控有待进一步加强等，原有办法的部分内容已不适应现有项目开展。为严格把握项目运作风险，需要对原有资金管理、扶持对象、资金运作模式等内容进行调整，以保障项目在可控范围内持续良好运作。此次修订主要涉及办法的第三章、第四章、第五章、第七章：①对于第三章资金管理部分，此次修订明确资金管理人职责，要求资金管理人对扶持企业标准、贷款余额等内容进行审核，并强化资金管理人在使用资金时进行报备，进一步加强对风险补偿资金和项目的管理。②对于第四章扶持对象部分，此次修订进一步明确知识产权风险补偿资金扶持的企业具体条件，便于符合条件的企业申请知识产权质押贷款。③对于第五章资金运作模式部分，此次修订完善项目合作模式流程，删除中山市知识产权局入池审查流程，调整为由资金管理人按照该办法规定的标准对扶持企业进行审查。进一步明确参与合作的各方机构条件及主要职责，作为挑选合作机构的必要环节。规定两种模式具体风险分担比例,进一步降低财政资金风险分摊比例至44%、26%,明确合作各方承担的风险比例,规范项目运作。④对于第七章附则部分,此次修订新增条款,要求按照财政资金专款专用的原则,明确利息等补贴费用,由另外的专项资金管理办法进行规定。

经修订后,该办法规定的基本制度如下:该办法所称"风险补偿资金",用于撬动合作机构为扶持企业提供风险补偿资金规模10倍的知识产权质押融资,代为补偿银行及相关机构开展知识产权质押融资贷款项目时产生的部分风险损失。风险补偿资金以其余额为限承担风险补偿责任。其中,"知识产权质押融资"是指以专利、商标、地理标志为主的知识产权实现质押,获得银行资金授信的融资模式。"合作机构"包括银行、保险/担保机构、知识产权评估/服务等主体。其中,合作银行主要负责审核及发放企业贷款、追收逾期贷款等事项;保险/担保机构主要负责为企业提供增信服务、逾期贷款追收等事项;知识产权评估/服务机构主要负责对贷款企业提供知识产权评估、办理知识产权质押登记服务等事项。风险补偿资金由中央、市级两级财政共同出资,总规模7000万元,其中,中央财政支出4000万元、市级财政支出3000万元。视风险补偿资金运作情况和上级要求,市级财政可调整资金规模。新增加的资金继续纳入风险补偿资金总规模。风险补偿资金账户所得利息收入,计入风险补偿资金专用账户内,用于扩大风险补偿资金规模。风险补偿资金在该办法到期并履行相关风险补偿责任后,余额按出资比例退还给出资方。中山市市场监督管理局(中山市知识产权局)作为风险补偿资金的主管机构,负责对风险补偿资金进行总体规划和监督。中山市知识产权局委托市财政局下属的第三方专业机构作为资金管理人,对风险补偿资金进行具体运作和管理,接受市知识产权局的业务指导和监督管理。由风险补偿资金对应支持的单笔知识产权质押融资贷款金额最高不超过500万元,同一企业由风险补偿资金项目对应支持的知识产权质押融资贷款余额不超过1000万元。

扶持企业在获得知识产权质押融资贷款后,应当用于知识产权产品产业化的生产经营活动、技术升级等流动资金周转。不得从事股本权益性投资,不得用于有价证券、基金、期货等投资经营活动及监管机关禁止的其他信贷资金用途。若发生借款人不按合同约定履行还本付息义务,且逾期贷款本金或者利息超过60天仍未还款的,合作机构按照合作协议约定可向资金管理人书面提出补偿申请，并声明同一笔贷款未获得市政府或部门的其他贷款风险补偿。市知识产权局在收到补偿申请之日起，组织专家小组对合作机构提出的风险损失补偿申请进行审核并报市政府批准。

风险补偿资金应承担的损失确认后，从风险补偿资金专用账户中支出，由资金管理人会同合作机构办理资金划转手续，后续追偿事项由合作机构负责，资金管理人配合。若出现以下情形，对风险损失补偿申请可不予受理或不予认定为风险损失，风险补偿资金不承担任何补偿责任：①合作机构未取得有效《知识产权质押融资贷款业务确认函》进行放款的；②合作协议中规定不予受理或不予认定为风险损失的；③其他不予受理或不予认定为风险损失的情形。

知识产权质押融资贷款风险补偿项目实行风险共担，由风险补偿资金与合作机构按照相应比例承担贷款损失，合作机构可选择以下风险分担比例：①风险补偿资金、银行、保险、评估/服务机构分别按照44∶36∶16∶4的比例共担贷款本金风险损失。②风险补偿资金、银行、担保、评估/服务机构分别按照26∶20∶50∶4的比例共担贷款本金风险损失。对事后成功追讨的风险补偿项目，追讨所得款项在扣除相关追讨费用后，剩余款项根据各方承担的风险比例，先行偿还贷款本金损失，其次偿还合作银行利息罚息损失。

2. 修订《中山市知识产权专项资金管理办法》

为进一步规范知识产权专项资金使用和管理，中山市市场监督管理局于2021年对《中山市知识产权专项资金使用办法》（中市监〔2019〕175号）进行了修订。由于实际工作情况有所变化，根据国家知识产权局和省知识产权局对知识产权工作的要求，以及市政府对市级财政资金管理的规定，原办法内容已经不适应现有实际工作情况，需要对原有的扶持范围、扶持条件和标准、项目管理等内容进行调整，以便适应当前知识产权和财政资金管理的要求。主要修改内容包括：①第一章总则。按照市级财政资金管理要求，增加资金绩效目标内容，并对相关条款文字表述内容进行完善。②第二章职责分工。新增中山市市场监督管理局、各镇街知识产权行政主管部门、审核专家、第三方机构、项目承担单位、项目参与单位、项目负责人主要职责内容；对申报主体范围不作限制。③第三章扶持范围、第四章资助的扶持条件和标准、第五章项目的扶持条件和标准。调整对发明专利的资助，取消原办法对代理机构的资助，新增专利标准化资助、镇街商标品牌培育指导站资助、展会知识产权保护项目、重点市场知识产权保护项目、知识产权维权援助项目，完善专利代理师、知识产权保险、知识产权维权、知识产权质押融资、商标和地理标志资助，并将原办法的配套补贴类别纳入资助类别进行管理。④第六章资助类资金的申报与审核。新增该章节内容，明确资金申报和审核具体流程、申报时限等内容，规范资助类资助的申报。⑤第七章项目类资金的申报。新增章节内容，明确项目类资金具体申报和审核流程。⑥第八章资金拨付。明确资金拨付要求，保障资金合法合规进行拨付。⑦第九章专项资金绩效评价和监督管理。新增资金绩效评价规定、资金全流程痕迹化管理内容，并对信息公示、信用管理内容进行修改完善。⑧第十章附则。明确新办法实施时间和解释权限，同时规定修订前后办法扶持类别和条件的衔接，对不符合修订后办法规定的类别不再予以资助。

（二）知识产权保护方面的规范性文件

为规范中山市专利侵权纠纷行政裁决工作，确保行政裁决的质量和效率，充分发挥行政裁决在化解专利侵权纠纷中的重要作用，维护专利权人和社会公众的合法权益，规范市场竞争秩序，营造良好营商环境，中山市市场监督管理局（知识产权局）于2021年1月发布了《中山市市场监督管理局专利侵权纠纷行政裁决工作指引》。中山市各级部门处理专利侵权纠纷，开展行政裁决工作，受该指引调整。该指引所说"行政裁决"是指，行政机关根据当事人申请，根据法律法规授权，居中对与行政管理活动密切相关的民事纠纷进行裁决的行为。该指引从管辖、受理、证据调查、案件审理、裁决等五个方面对专利侵权纠纷行政裁决加以规范。

在管辖方面，根据该工作指引，被请求人所在地或者侵权行为地在中山市的专利侵权纠纷，由中山市市场监督管理局（知识产权局）管辖。被请求人所在地或者侵权行为地在古镇、黄圃、大涌镇的专利侵权纠纷由古镇、黄圃、大涌镇承办部门管辖，市市场监督管局认为案情复杂的，可以直接管辖。管辖权发生争议或者专利侵权行为发生地涉及两个以上管辖区域的，由市市场监督管局指定管辖；对于重大专利侵权纠纷，可以由市镇两级受理部门协同办案。

根据该工作指引，专利侵权纠纷行政裁决的受理须具备实体与形式两方面的条件。在实体条件上，请求需满足以下条件：①请求人是专利权人或者利害关系人；②有明确的被请求人；③有明确的请求事项和具体事实、理由；④属于本部门的受案和管辖范围；⑤当事人没有就该专利侵权纠纷向人民法院起诉。而在形式条件上，请求需满足以下条件：①专利侵权纠纷处理请求书；②主体资格证明。请求人为自然人的应当提交居民身份证或者其他有效身份证件，请求人为法人或其他组织的应当提交有效的营业执照或者其他主体资格证明文件副本及法定代表人或者主要负责人的身份证明；③专利权有效的证明。即专利登记簿副本，或者专利证书和当年缴纳专利年费的收据。专利侵权纠纷涉及实用新型或者外观设计专利的，受理部门可以要求请求人出具由国家知识产权局作出的专利权评价报告（实用新型专利检索报告）。④被请求人实施专利侵权行为的相关证据材料。其中，该请求书应包括以下三项内容：①请求人的姓名或者名称、地址，法定代表人或者主要负责人的姓名、职务，委托代理人的、代理人的姓名和代理机构的名称、地址；②被请求人的姓名或名称和地址；③请求处理的事项以及事实和理由。有关证据和证明材料可以请求书附件的形式提交。请求书应当由请求人签名或者盖章。

根据该工作指引，受理部门应当在收到请求书之日起 5 个工作日内审查请求人的请求是否应予受理。如果请求符合规定条件的，受理部门应当立案并通知请求人，同时指定 3 名或者 3 名以上单数执法人员办理行政裁决案件；如果请求不符合规定条件的，受理部门应当通知请求人不予受理，并说明理由。立案后，一种可能是进入正常的调查审理与裁决程序，另一种可能是案件被撤销。根据该工作指引，出现下列情形之一时，受理部门应当撤销专利侵权纠纷案件：①立案后发现不符合受理条件的；②请求人撤回纠纷处理请求的；③请求人死亡或终止，且无权利义务承受人，或者承受人放弃纠纷处理请求的；④被请求人死亡或终止，且无权利义务承受人的；⑤其他依法应当终止的情形。

立案后，受理部门应当在立案之日起 5 个工作日内将请求书及其附件的副本送达被请求人，要求其在收到之日起 15 日内提交答辩书并按照请求人的数量提供答辩书副本。被请求人逾期不提交答辩书的，不影响案件处理。被请求人提交答辩书的，受理部门应当在收到之日起5个工作日内将答辩书副本送达请求人。在案件调查环节，根据该工作指引，受理部门既可以依职权，也可依据请求人书面申请进行调查取证。但依请求人申请取证的前提是当事人因客观原因不能自行收集部分证据。受理部门可以采取以下调查措施：①对当事人的生产经营场所实施现场勘验检查；②询问当事人或者有关人员，调查与案件有关的情况；③查阅、复制与案件有关的合同、发票、账簿、计算机数据以及其他有关资料；④检查与案件有关的物品，抽样取证；⑤在证据材料可能灭失或者可能转移的情况下，经其部门负责人批准，可以先行登记保存。⑥涉嫌侵犯制造方法专利权的，受理部门可以要求被调查人进行现场演示。对于其中的抽样取证，该工作指引规定，涉及产品专利的，可以从涉嫌侵权的产品中抽取一部分作为样品；涉及方法专利的，可以从涉嫌依照该方法直接获得的产品中抽取一部分作为样品。被抽取样品的数量应当以能够证明事实为限。受理部门进行抽样取证应当制作笔录和清单，写明被抽取样品的名称、特征、数量以及保存地点，由执法人员、被调查方签字或者盖章。被调查方拒绝签名或者盖章的，由执法人员在笔录上注明。清单应当交被调查人一份。对于其中的登记保存，该工作指引规定，受理部门进行登记保存应当制作笔录和清单，写明被登记保存证据的名称、特征、数量以及保存地点，由执法人员、被调查方签名或者盖章。被调查方拒绝签名或者盖章的，由执法人员在笔录上注明。清单应当交被调查人一份。根据该工作指引，受理部门还可以就专业性问题委托专门机构进行鉴定或提供咨询。但在委托鉴定前，鉴定材料应当交由双方当事人认可，并在听取双方当事人意见的基础上确定鉴定范围。当事人对鉴定范围有异议的，应当提出相应的证据予以证明，受理部门可以结合异议人提出的证据综合确定鉴定范围和内容。经受理部门允许，鉴定人可以向当事人收集其认为必要的技术资料，对当事人的技术人员进行询问，查看技术实施现场，进行必要的测试检验等工作。

在案件审理环节，指引对审理方式、审理程序中止、结案方式等内容作出规范。在审理方式方面，受理部门可以根据案情需要决定案件是否进行口头审理，并确定合议组组长、成员，合议组人数应为单数且不少于3人。受理部门进行口头审理的，应当在口头审理3个工作日前将口头审理的时间、地点通知当事人。当事人无正当理由拒不参加的，或者未经允许中途退出的，对请求人按撤回请求处理，对被请求人按缺席处理。受理部门进行口头审理的，应当将口头审理当事人的参加代表和审理要点记入笔录，经核对无误后，由合议组和参加代表签名或者盖章。就审理程序中止而言，该工作指引规范的内容包括可以中止的情形及中止程序和不予中止的情形两个方面。

对于可以中止的情形及中止程序，该工作指引规定，有以下情形之一的，当事人可以请求中止案件程序，受理部门也可以自行决定是否中止案件程序：①被请求人申请宣告涉案专利权无效并被国家知识产权局受理的；②一方当事人死亡或终止，需要等待确定权利义务承受人的；③一方当事人丧失诉讼行为能力，尚未确定代理人的；④一方当事人因不可抗拒的事由，不能参加审理的；⑤案件处理须以相关案件的审理结果为依据，而相关案件尚未审结的；⑥其他应当中止处理的情形。受理部门作出是否中止案件程序的决定后，应书面通知当事人；决定不予中止的，应当说明理由。国家知识产权局作出维持专利权有效或者宣告专利权部分无效的决定的，受理部门应当及时恢复处理，并通知双方当事人。国家知识产权局宣告涉案专利权无效的，受理部门可以告知请求人撤回纠纷处理请求；请求人不撤回的，受理部门应当作出驳回请求的裁决决定，并送达双方当事人。

对于不予中止的情形，指引规定，受理部门认为被请求人提出的中止理由明显不能成立的或者有下列情形之一的，可以不中止处理：①当事人提出无效宣告请求，但未被国家知识产权局受理或者未在指定的合理期限内向国家知识产权局提供无效宣告请求书副本及国家知识产权局出具的无效宣告请求受理通知书；②请求人提交的专利权评价报告未发现导致实用新型或者外观设计专利丧失专利性的；③被请求人请求宣告专利权无效所依据的证据或者理由明显不充分的；④当事人请求宣告无效的专利权属于发明专利或者经国家知识产权局审查维持专利权有效或部分有效的实用新型、外观设计专利；⑤法律法规规定的其他情形。在结案方式方面，既可以作出行政裁决决定结案，也可以调解结案。依该工作指引，受理部门作出专利侵权纠纷行政裁决决定前，可以根据当事人的意愿进行调解。双方当事人意见达成一致的，由受理部门制作调解协议书，加盖公章，并交双方当事人签名或者盖章确认。调解不成的，应当及时裁决。

以裁决方式结案的,该工作指引从裁决期限、裁决书内容、裁决备案与公开、裁决内容、裁决执行等方面加以规范。就裁决期限而言,受理部门应当自立案之日起3个月内作出行政裁决决定。案件特别复杂需要延长期限的,应当经受理部门负责人批准,延长期限最多不超过1个月。案件处理过程中的公告、鉴定、中止等时间不计入前款所述办理期限。就裁决书内容而言,裁决书应写明以下内容并加盖中山市市场监督管理局行政裁决业务专用章:①当事人的姓名或者名称、地址;②当事人陈述的事实和理由;③认定侵权行为是否成立的理由和依据;④裁决认定侵权行为成立并需要责令侵权人立即停止侵权行为的,应当明确写明责令被请求人立即停止的侵权行为的类型、对象和范围;认定侵权行为不成立的,应当驳回请求人的请求;⑤不服裁决提起行政诉讼的途径和期限。就裁决备案与公开而言,该工作指引规定,古镇、黄圃、大涌镇承办部门作出行政裁决决定后,5个工作日内将行政裁决文书报送市市场监督管理局知识产权保护科,进行备案。认定侵权事实成立、作出行政裁决的专利侵权纠纷案件,受理部门应当主动通过官方网站公开案件相关信息,公开内容应当包括:行政裁决书文号、案件名称、违法法人或者其他组织名称或自然人姓名、违法法人或者其他组织的组织机构代码或统一社会信用代码及法定代表人或者负责人姓名、主要违法事实、行政裁决的依据及履行方式和期限、作出行政裁决的机关名称和日期。

就裁决内容而言,受理部门认定专利侵权行为成立,作出行政裁决,应责令侵权人立即采取以下措施停止侵权行为:①侵权人制造专利侵权产品的,责令其立即停止制造行为,销毁制造侵权产品的专用设备、模具,并且不得销售、使用尚未售出的侵权产品或者以任何其他形式将其投放市场;侵权产品难以保存的,责令侵权人销毁该产品;②侵权人未经专利权人许可使用专利方法的,责令侵权人立即停止使用行为,销毁实施专利方法的专用设备、模具,并且不得销售、使用尚未售出的依照专利方法所直接获得的侵权产品或者以任何其他形式将其投放市场;侵权产品难以保存的,责令侵权人销毁该产品;③侵权人销售专利侵权产品或者依照专利方法直接获得的侵权产品的,责令其立即停止销售行为,并且不得使用尚未售出的侵权产品或者以任何其他形式将其投放市场;尚未售出的侵权产品难以保存的,责令侵权人销毁该产品;④侵权人许诺销售专利侵权产品或者依照专利方法直接获得的侵权产品的,责令其立即停止许诺销售行为,消除影响,并且不得进行任何实际销售行为;⑤侵权人进口专利侵权产品或者依照专利方法直接获得的侵权产品的,责令侵权人立即停止进口行为;侵权产品已经入境的,不得销售、使用该侵权产品或者以任何其他形式将其投放市场;侵权产品难以保存的,责令侵权人销毁该产品;侵权产品尚未入境的,可以将处理决定通知有关海关;⑥责令侵权的参展方采取从展会上撤出侵权展品、销毁或者封存相应的宣传材料、更换或者遮盖相应的展板等撤展措施;⑦停止侵权行为的其他必要措施。受理部门或者人民法院作出认定侵权成立并责令侵权人立即停止侵权行为的裁决或者判决之后,被请求人就同一专利权再次作出相同类型的侵权行为,专利权人或者利害关系人请求处理的,受理部门可以直接作出责令立即停止侵权行为的行政裁决。就裁决的执行而言,该专利指引规定,受理部门作出认定专利侵权行为成立并责令侵权人立即停止侵权行为的行政裁决后,被请求人向人民法院提起行政诉讼的,在诉讼期间不停止行政裁决决定的执行。侵权人收到受理部门作出的认定侵权行为成立的行政裁决书后,可15日内向人民法院起诉,期满后不起诉又不停止侵权行为的,受理部门可以申请人民法院强制执行。

二、中山市知识产权发展状况

(一) 知识产权取得

1. 专利授权情况

2021年1—12月,中山市专利授权量合计41513件。其中,发明专利1546件;实用新型专利20094件;外观设计专利19873件。❶

---

❶ 广东省市场监督管理局.2021年12月各市专利授权情况[EB/OL].(2022-01-26)[2022-04-05]. https://amr.gd.gov.cn/gkmlpt/content/3/3776/post_3776734.html#3066.

2. 地理标志保护

"黄圃腊味"是国家地理标志产品,更是中山的知名传统品牌之一,深受消费者喜爱。近年来,中山市采取四轮驱动发展模式,从产品质量、生产标准、专用标志、品牌保护四方面发力,持续铸牢"黄圃腊味"地理标志品牌,推动传统腊味产业高质量发展。2021 年,黄圃镇腊味产值超 20 亿元,同比增长 26%,其中电商销售占全国广式腊味市场份额 60% 以上。

一是优化产品质量品牌。充分发挥广东蓝雁冷藏实业有限公司冷库配送中心作用,为食品企业的生产原材料提供优质保鲜服务。加强与第三方权威检测机构合作,定期采集样品集体送检,严把产品质量关,保障食品安全。按照地理标志产品的要求,主动对接具备资质的本土经营主体,争取酒厂和酱油厂落户生产,解决黄圃腊味产业的配套发展问题,切实保障黄圃腊味产品质量。

二是标准化生产促发展。建立食品工业基地(兆丰)、镇一(镇三)、岗东(石岭)三个腊味集中生产区,引进 50 多家优质企业,形成以食品加工业为主、食品包装印刷和生活厨具制品业为辅的产业集群。中山市黄圃食品腊味商会先后牵头制订多项腊味产业联盟标准和《地理标志产品黄圃腊味》(DB44/T 567-2008)广东省地方标准,在会员单位中推广应用,规范生产工艺和产品质量指标标准化。

三是推广地理标志专用标志。充分发挥黄圃食品腊味商会桥梁纽带作用,搭建政企对接服务平台,了解最新发展动态,及时协调解决问题。组建中山市黄圃镇商标品牌培育指导站,挖掘并加强地理标志专用标志的使用。2021年,新增 8 家腊味生产企业获准使用"黄圃腊味"地理标志专用标志,进一步推进黄圃腊味产业商标品牌化发展。

四是加强品牌保护激活力。合理运用法律武器,成功解决"黄圃腊味"商标被广西某企业抢注的问题。加大地理标志保护力度,定期监测辖区内 15 家获准使用"黄圃腊味"地理标志专用标志腊味生产企业,签订责任合约明确产品质量主体责任。与中山市技师学院在腊味检测、人才培养、技能提升、

产学研等多方面深度合作,有效推动"黄圃腊味"商标品牌价值提升。❶

(二)知识产权保护状况

1. 立案查处侵权假冒伪劣案件

2021年以来,中山市结合实际,突出重点领域、重点市场、重点环节、重点产品,切实加大整治力度。全市各部门共立案查处侵权假冒伪劣案件896宗,罚没款480.86万元,切实维护了中山市社会经济秩序。一是突出重点领域治理,守住安全底线。加强口罩、防护服等防疫物资监管,积极推进农村和城乡接合部市场治理,对侵权假冒案件高发、问题严重、影响恶劣的批发市场、专业市场、集贸市场加大执法办案力度,坚决打击弄虚作假、以次充好、假冒伪劣违法犯罪行为。二是加强知识产权保护,促进创新创业。加强对商标专用权、专利权及地理标志和其他商业标识权益的保护,依法从严从重打击侵犯知识产权行为。针对电子商务、高新技术等重点领域,以及展会、进出口等重点环节,加强专利侵权纠纷行政裁决和假冒专利执法。开展版权专项整治,强化植物新品种保护和林草种苗市场监管,严肃查处侵权假冒涉税案件。三是加大司法保护力度,严惩违法犯罪。加强行政执法与刑事司法衔接,完善案件移送标准和程序,坚决克服有案不移、有案难移、以罚代刑现象,重点查办一批情节严重、影响恶劣的侵权假冒犯罪案件。四是发挥联合惩戒优势,推动社会共治。发挥政府网站信息公开主渠道作用,依法及时公开侵权假冒行政处罚案件信息。落实市场主体责任,发挥行业组织作用,优化企业知识产权服务,引导律师等法律服务工作者积极参与打击侵权假冒工作,提高知识产权法律服务水平。

2. 知识产权保护监测平台"知识产权行政裁决板块"上线

2021年12月17日,中山市知识产权保护监测平台"知识产权行政裁决板块"正式上线,并通过平台邀请专家审理了一宗专利侵权纠纷行政裁决案

---

❶ 中山市四方发力助推"黄圃腊味"地理标志品牌高质量发展 [EB/OL]. (2022-04-12) [2022-05-20]. http://www.zs.gov.cn/zszjj/gkmlpt/content/2/2092/post_2092069.html.

件。据了解，该案于 2021 年 11 月 18 日受理立案，审理结束后合议组当庭宣读裁决意见，并于 12 月 20 日出具行政裁决。从受理到解决纠纷，仅用了 1 个月，相比过去 3—4 个月，极大缩短了知识产权维权周期。该平台将极大缩短中山市知识产权维权周期，加强跨区域知识产权联合保护机制，进一步完善中山市知识产权行政裁决工作机制，为全市创新主体提供更加便捷、高效的知识产权维权服务。

此次上线的中山市知识产权保护监测平台"知识产权行政裁决板块"（网址：http://zs.ipr.dh-data.com/login）主要具备三项功能。一是知识产权维权在线投诉（网址：http://zs-ent.ipr.dh-data.com/login）和在线取证固证；二是行政裁决案件线上管理，对案件进行全流程录入、资料电子化、节点实时提醒，确保行政裁决案件依法办理，提高案件办理质量；三是专家在线支持案件办理，专家通过手机或计算机应用程序，与办案人员实现实时视频连线、文档共享等功能，实现专家远程线上参与案件的执法、审理、判定全流程，并与深圳市探索建立知识产权专家库资源共享机制。

3. 组织开展市场监管法制业务培训

中山市市场监督管理局于 2021 年 12 月组织开展市场监管法制业务培训，以进一步加强中山市市场监管领域行政执法工作，提高行政执法人员法制意识。全市各镇街综合执法部门、市场监管分局 122 名执法业务骨干以及市局各科室 75 名业务骨干参加培训。此次培训根据 2021 年修订的《行政处罚法》颁布后市场监管行政执法工作的新形势、新要求，结合综合执法改革工作，面向市镇两级市场监管行政执法人员开展综合业务培训，旨在提高行政执法人员行政执法全流程规范意识，强化行政执法风险意识。培训班上，主讲人以 2021 年修订的《行政处罚法》为视角，系统讲解市场监管行政执法各环节的操作实务，并结合近年行政复议诉讼情况作行政执法应诉应议工作提醒。

4. 开展市镇两级市场监管领域执法案卷评查

中山市市场监督管理局于 2021 年 11 月组织开展市镇两级市场监管领域执法案卷评查。此次评查是自 2020 年 10 月中山市全面推行镇街综合行政执法改革后，该局首次组织市局与镇街市场监管分局、食品药品监督所、综合行政执法局交叉评卷,对于横向对比各单位执法质量、纵向检验事权承接效果具有积极意义。此次评查共计88个单位参加,按照自查、抽查两个阶段推进。其中,抽查阶段由市局法规部门随机抽取10个镇街及市局17个科室合计99宗行政许可、处罚、检查案卷,组织市镇两级35名业务骨干分成12个小组,逐案对照《广东省行政执法案卷评查标准》进行集中交叉评查。经过初评,评查人员发现执法单位证据取证不够规范、内部审批程序不够完善、许可文书送达程序瑕疵等问题。评查人员进行组内讨论,小组派代表反馈交流评卷心得,对案卷存在的共性问题、改进方向进行集体研讨,进一步搭建市镇两级执法机构"面对面"的业务交流平台。

5. 开展网络市场监管专项行动

中山市市场监督管理局联合市委宣传部、市委网信办、市公安局、市商务局、市文化广电旅游局、市自然资源局、人民银行中山市中心支行、中山海关、国家税务总局中山市税务局、市邮政管理局等10个部门,在全市开展2021网络市场监管专项行动("网剑行动")。此次行动重点聚焦四个方面,集中整治破坏公平竞争秩序的突出问题,净化网络市场环境,维护消费者合法权益。一是聚焦电子商务平台,突出平台企业责任落实。按照《电子商务法》《食品安全法》《网络交易监督管理办法》等法律法规要求,督促电子商务平台落实资质核验、登记等义务,不断完善规则。二是聚焦竞争秩序问题,突出排除、限制竞争问题治理。按照《反垄断法》《反不正当竞争法》《电子商务法》《价格法》《广告法》《商标法》《专利法》《消费者权益保护法》《电信条例》等法律法规,依法严厉打击网络交易经营者不正当竞争、排除竞争、限制竞争、不正当价格、侵犯商标专用权、假冒专利等违法行为。三是聚焦重点商品和服务,突出社会热点问题治理。以野生动植物、专供特供商品、勋章奖章纪念章、有毒有害物质等为监测监管重点,督促平台经营者集中排查、清理违法违规信息,依法严厉打击网络销售禁售、限售商品等违法行为。以食品(含保健食品)、网络订餐、药品、化妆品(含儿童化妆品)、医疗器械、防疫用品、老人儿童用品、服装鞋帽、家居家装、汽车及配件、摄像头等舆情热点、社会集中反映、关系公众生命健康安全的产品为重点,依法严厉打击网络销售侵权假冒伪劣商品、不符合食品安全要求食品(含保健食品、餐饮食品）等行为。依法惩处网络直播领域销售"三无产品"、侵权假冒伪劣产品和虚假宣传等行为。依法严厉打击线上教育培训、医疗服务、保健食品、药品、医疗器械、化妆品等重点领域虚假违法广告行为。四是聚焦消费痛点问题，突出消费者权益保护。集中整治虚假打折、订金不退、预售商品不适用 7 日无理由退货等侵害消费者权益的违法行为。依法严厉打击平台利用格式条款作出对消费者不公平、不合理的规定或误导消费者等行为。进一步优化网络市场监测工作运行机制，提升网络市场监测的深度和广度，推动网络交易跨区域执法协作，加强信用监管和智慧监管，构建起事中事后监管长效机制。加强网络订餐监管，开展网络餐饮食品安全整治，打好"线上监测、线下核查"的组合拳，营造安全、放心的网络餐饮食品消费环境。

6. 展会驻场协助开展侵权纠纷处理工作

中山小榄五金锁具博览会于 2021 年 10 月 18 日至 20 日在小榄镇五金锁具国际采购中心举办。为切实做好此届展会的知识产权保护工作，中山市市场监督管理局相关领导及业务骨干到展会驻场协助知识产权纠纷投诉接待站开展侵权纠纷处理工作。中山市市场监督管理局驻场人员现场提供知识产权咨询、维权援助、纠纷调解等服务，公布知识产权维权援助热线"12345"，展示了申请商标流程、侵权纠纷处理流程、展会维权服务指南。发放维权手册、知识产权投诉处理办法、中山市"十三五"产业标准汇编等宣传资料 200 余份。多渠道向参展商和参展人员宣传知识产权保护知识并现场接受关于外观专利维权、涉嫌假冒专利行为等知识产权相关咨询近 10 次，营造了尊重知识产权、保护知识产权的良好氛围。

7. 三举措推进知识产权侵权纠纷和补偿争议行政裁决示范试点创建工作

中山市作为广东省确定的开展知识产权侵权纠纷和补偿争议方面的行政裁决示范建设工作城市，以中山市市场监督管理局、古镇镇人民政府作为知识产权行政裁决示范创建单位，有条不紊地加快行政裁决各项工作。中山市构建行政裁决案件多元化"一站式"纠纷化解平台入选全国专利侵权纠纷行政裁决建设典型经验做法，中山市以此次典型经验做法推广为契机，持续加大工作力度，高质量推进专利侵权纠纷行政裁决建设工作。

第一，健全组织架构、统筹谋划工作。成立中山市行政裁决示范创建工作推进小组，市政府分管领导任组长，市政府办公室、市司法局、市市场监督管理局、市自然资源局、市政务服务数据管理局、市财政局、古镇镇为成员单位，小组办公室设在市司法局。作为知识产权行政裁决示范创建单位的中山市市场监督管理局和古镇镇人民政府也相应成立以局主要领导和分管政法工作副书记为组长的工作领导小组。印发《中山市健全行政裁决制度加强行政裁决工作实施方案》，对全市的行政裁决作出明确适用范围、确定实施主体、规范办理程序、细化工作流程、健全配套机制等工作要求。出台《中山市行政裁决事项基本清单（第一批）》，清单共明确11项事项，涉及自然资源、交通运输、市场监管、水务等行政管理领域。通过清单目录式的管理，明确行政裁决事项、实施主体、法律法规设定依据和实施主体，规范部门行政裁决权力和责任，保障行政裁决工作有序有效开展。印发《中山市市场监管局专利侵权纠纷行政裁决示范建设工作方案》，统筹全市知识产权行政力量，明晰工作任务分工职责。出台《古镇镇知识产权行政裁决示范创建工作方案》，明确在电商领域专利侵权纠纷和展会知识产权保护方面探索建立快调快裁机制、建立产业聚集区知识产权失信"黑名单"、探索灯饰行业跨区域专利行政裁决协作机制等。

第二，完善工作规范、提升业务能力。拟定《专利侵权纠纷行政裁决工作暂行办法》，完善案件办理制度规范。加强《专利侵权纠纷行政裁决办案指南》和现行相关法律法规的研究和学习，核定行政裁决的管辖范围、申请、受理、回避、调解、审理和送达等程序，明确行政裁决案件案号、工作流程、法律文书和操作规范。就推进行政裁决示范工作进行业务培训，建立行政裁决快速处理机制、完善行政裁决程序、规范案件办理流程、创新案件办理方式等工作机制。鼓励工作人员参加国家统一法律职业资格和专利代理师资格考试。成立知识产权调解专家库，对疑难案件及时提供侵权判定咨询等服务。与广东专利代理师协会建立合作，为侵权纠纷案件办理提供技术支撑和专业意见。2021年1月至9月30日，专利侵权纠纷行政裁决案件共立案11宗，

已办结11宗,其中出具裁决书4宗,撤销案件6宗,1宗达成调解。❶

第三,开展探索创新、形成中山模板。首先,搭建"一站式"纠纷化解服务平台。中国中山(灯饰)知识产权快速维权中心(以下简称"中山快维中心")将专利侵权纠纷行政裁决示范创建工作作为专利执法工作的重要推手,通过与中山知识产权人民调解委员会、中国广州仲裁委员会中山商事调解中心、广州知识产权法院(中山)巡回审判法庭等分设部门的有机联动,建立起行政裁决告知制度和行政裁决救济制度,对发现通过调解无法化解且能通过行政裁决解决的,引导权利人通过行政裁决解决专利侵权纠纷,切实减轻权利人在依法维权中的负担。其中,由中山快维中心牵头,与法院、检察院、仲裁司法部门、海关、公安等行政执法部门以及行业协会之间加强协调,形成司法保护、行政保护、调解仲裁、社会监督"四轮驱动"的知识产权大保护工作格局。其次,建立专利侵权纠纷行政裁决快调快裁机制。结合行政调解和人民调解特点,借助行政调解员队伍和人民调解员队伍的资源,充分发挥调解工作在行政裁决快调快裁机制中化解纠纷矛盾的重要作用。古镇镇政府与广州知识产权法院建立诉调对接、立案审核、证据互认等机制,做到矛盾纠纷化解在基层,实现矛盾不上交。2021年1月至9月30日,通过对接机制中山快维中心与法院证据移送有22宗,审理法院立案资料共计2817宗,诉前联调案件共63宗。最后,开展知识产权补偿争议方向的行政裁决探索。通过对典型的专利侵权纠纷案件的研究,为办理专利侵权纠纷补偿争议案件提供技术上的参考意见。与广东专利代理师协会达成合作框架协议,建立行政裁决技术调查官制度和专家库制度,对行政裁决案件办理过程中遇到的技术比对难点和法律适用等问题,充分发挥专业协会、行业协会等专家在行政裁决工作中的作用。

8. 中山市文化广电旅游局加大网络版权执法监管力度

为贯彻落实国家和省开展打击网络侵权盗版"剑网2021"专项行动部署,2021年10月,中山市文化广电旅游局聚焦网络侵权盗版问题,加大网络

---

❶ 三大举措!中山高质量推进专利侵权纠纷行政裁决建设工作[EB/OL].(2021-11-04)[2022-05-20]. http://sft.gd.gov.cn/sfw/xwdt/sfxz/content/post_3617967.html.

版权执法监管力度，根据前期摸查线索，对东区、沙溪 2 家经营场所涉嫌未经著作权人许可放映其作品行为进行立案查处。2021 年以来，中山市文化广电旅游局牢固树立网络主战场思维，不断提高网络监测能力和网络巡查能力，将查办案件作为落实"剑网 2021"行动重要手段。截至目前，共查办侵权盗版案件 8 宗，其中网络侵权盗版案件 5 宗，张某某、何某某未经著作权人许可通过私人影院播放他人电影作品牟利案，因涉嫌侵犯著作权罪，已移送公安机关立案侦查。

（三）知识产权管理与服务发展状况

1. 参加全国知识产权公共服务线上工作会议并举办中山市镇街知识产权保护专题培训班

2021 年 12 月 29 日至 30 日，中山市市场监督管理局组织全市知识产权工作人员参加全国知识产权公共服务线上工作会议，并举办 2021 年中山市镇街知识产权保护专题培训班。此次会议及培训班是在《"十四五"国家知识产权保护和运用规划》公布以来，中山市组织开展的第一次全市镇街知识产权政策宣讲和理论学习。此次活动，深入贯彻落实国家知识产权局政策宣导工作部署，通过学习《知识产权强国建设纲要 2021—2035 年》和《"十四五"国家知识产权保护和运用规划》、知识产权理论、知识产权行政保护专项知识、中山市各项知识产权政策文件，推动中山市"1＋1＋N"知识产权公共服务体系建设工作走深走实，加强中山市各级领导干部知识产权意识，增强新形势下做好知识产权服务和保护工作的本领。

会议期间，国家知识产权局对全国知识产权公共服务平台的建设作出总体要求和工作部署，通报了全国知识产权保护中心、知识产权快速维权中心、世界知识产权组织技术与创新支持中心、知识产权信息公共服务网点等平台的建设情况及"十四五"时期工作推进方案，并由各省市代表作优秀经验分享。会议为中山市推进"1＋1＋N"知识产权公共服务体系建设指明了明晰的方向，提供了更新的思路和经验。

培训期间，中山市市场监督管理局邀请华南理工大学法学院杨雄文教授现场授课，围绕知识产权理论、知识产权行政保护、知识产权快速维权等方面内容，结合最新知识产权法律研究成果，作了广泛而深入的讲授和分享。同时，由局机关科室业务骨干王莎莎作"促进中山高质量发展"政策宣讲，对中山市知识产权强市战略规划、中山市知识产权专项资金管理、中山市知识产权公共服务平台建设制度、中山市企业知识产权质押融资工作等重要制度文件和工作计划等进行解读。通过培训，进一步提高了全市各镇街知识产权相关工作人员专业知识水平、政策理解程度及知识产权意识，为全市知识产权工作的整体推进提供了强有力的人才队伍保障。

2. 中山市镇街商标品牌培育指导站集中挂牌

2021年12月14日，中山市市场监督管理局组织全市12个镇街商标品牌培育指导站集中挂牌。中山市镇街商标品牌培育指导站是镇街一级的知识产权公共服务平台，主要为市场主体提供便捷高效的知识产权服务，保护创新创造成果，培养知识产权人才，提升知识产权意识。一是服务市场主体，通过设立知识产权便民服务窗口，办理商标相关业务，为企业提供知识产权咨询等。二是服务产业发展，一方面通过挖掘区域品牌，畅通产业品牌化发展路径，积极鼓励镇街注册集体、证明商标；另一方面，指导站积极推广知识产权政策等，促进知识产权运用。三是营造知识产权氛围，通过基层宣传平台开展知识产权宣传，积极组织企业开展知识产权相关业务培训，有效营造知识产权氛围。截至目前，全市已建成13个镇街商标品牌培育指导站，均已对接国家知识产权局商标业务中山受理窗口并开通商标业务服务。

3. 企业知识产权保护流动工作室001号正式落户

2021年11月22日，中山市市场监督管理局企业知识产权保护流动工作室001号（以下简称"工作室"）正式落户广东通宇通讯股份有限公司。工作室将帮助企业建立并完善知识产权管理体系，以促进企业技术创新、保护企业核心知识产权、提高企业市场竞争力为目的，增强企业知识产权管理能力，强化企业知识产权保护意识，提升企业知识产权综合实力，从而带动中山产业创新能力提升。中山市企业知识产权保护流动工作室设立"有需必应，无事不扰"工作模式，建立专人联系制度，应企业需求开展工作，采用多种形式为企业提供知识产权服务。实现由被动服务向主动服务、承诺服务向需服务、共性服务向个性服务的转变。

4. 举办地理标志保护产品专题培训会

中山市市场监督管理局于 2021 年 11 月 5 日举办地理标志保护产品专题培训会，加深镇街市场监督管理分局业务干部和相关企业对地理标志工作的认识和理解，挖掘培育中山市地理标志保护产品，提升地理标志产品使用效能，推动地理标志产业服务乡村振兴工作。全市 24 个镇街市场监督管理分局，各有关企业、服务机构、行业协会共 70 余人参加了培训学习。此次培训结合中山市地理标志工作的难点热点问题安排课程，内容涵盖地理标志的概念、种类，地理标志产品、地理标志商标的申报流程、材料制作及资助政策，地理标志标准的制定流程及注意事项，地理标志专用标志的申请和地理标志的保护与运用等。会后还进行现场交流、答疑，让参训人员对地理标志保护产品工作有更深的认识，为下一步做好地理标志保护产品工作提供了新思路和新方法。

5. 广东（中山）知识产权分析评议中心揭牌

2021 年 10 月 15 日上午，广东（中山）知识产权分析评议中心揭牌仪式暨成果发布会议在中山市举行，广东（中山）知识产权分析评议中心在电子科技大学中山学院正式成立。广东（中山）知识产权分析评议中心是在广东省、中山市市场监督管理局（知识产权局）指导下，依托电子科技大学中山学院的信息资源和人力资源设立的科研机构，是开展知识产权分析评议相关的科学研究、科技服务和人才培养的重要基地，也是中山市科技创新和科技服务体系的重要组成部分。知识产权分析评议可避免因知识产权问题导致重大经济损失，防范知识产权风险，推动经济高质量发展，是知识产权强市战略实施的重要措施之一。

6. 举办"中山市知识产权质押融资对接会"

2021 年 3 月 3 日，中山市知识产权质押融资风险补偿项目合作银行——广发银行中山分行、农业银行中山分行联合相关金融机构、知识产权服务机构共同举办了"中山市知识产权质押融资对接会"，中山市市场监督管理局作为指导单位参加了此次活动,并见证了企业运用知识产权获得最高1000万元的融资授信。会上,中山市市场监督管理局就知识产权质押融资风险补偿项目情况进行了介绍,向企业宣讲有关知识产权惠企政策,政策支持知识产权优势示范、高新技术等企业,运用专利、商标等知识产权获得最高1000万元的融资,并对企业贷款时产生的利息等成本也给予补贴,以此帮助企业通过知识产权这种无形资产获得融资,实现知识产权市场价值,让企业更加放心大胆地实施创新创造,不断加强知识产权保护意识,助力企业发展壮大。

7. 国家知识产权局商标业务中山受理窗口快速发展

为深入贯彻《粤港澳大湾区发展规划纲要》和《知识产权强国建设纲要(2021—2035年)》,有效加强粤港两地知识产权交流,充分满足创新主体和社会公众对知识产权公共服务的需求,广东省市场监督管理局经与香港特区知识产权署共同协商,国家知识产权局商标业务中山受理窗口被设立为首批香港特别行政区知识产权问询点,于2021年10月20日正式启动,面向公众提供在香港特区申请商标注册、批予专利、外观设计注册相关业务的一般咨询服务。

根据国家知识产权局商标局公布的2021年上半年地方商标受理窗口受理量统计显示,国家知识产权局商标业务中山受理窗口受理业务量在全国255个窗口中排名第22位,在广东省8个商标受理窗口中排名第二,仅次于深圳受理窗口。国家知识产权局商标业务中山受理窗口自2019年9月20日启动以来,不断加强宣传,为群众办实事,各项业务量稳步提升。截至2021年6月底,中山受理窗口受理的商标业务量共3854件,其中商标注册申请1576件,后续业务2278件,接受商标咨询4000余人次。2021年上半年,业务办理量1749件,超过2020年全年总量。据分析,中山受理窗口服务对象来自中山本地的业务量3064件,占总业务量的80%,服务粤港澳大湾区的业务量3591件,占总业务量的93%,中山受理窗口服务中山本地市场主体为主,同时辐射整个粤港澳大湾区乃至全国企业或自然人。2021年上半年,中山受理窗口积极服务区域商标品牌打造。一是中山市脚轮行业协会申请注册的集体商标已于2021年4月30日被国家知识产权局受理;二是中山市化妆品行业协会申请注册的"中山美妆"集体商标已于2021年7月3日被国家知识产权局受理。通过区域集体商标品牌的打造，可以整合分散资源，将众多经营者联合起来，取得规模经济效益，统一质量标准，扩大市场份额和影响力，提高整体竞争力。

8. 举办"2021年度中山市全产业专利导航分析项目成果发布会暨知识产权信息利用培训"

2021年9月10日，由中山市市场监督管理局指导，中山科易网科技有限公司、广州奥凯信息咨询有限公司、广州奥凯咨询有限公司技术与创新支持中心联合承办的"2021年度中山市全产业专利导航分析项目成果发布会暨知识产权信息利用培训"顺利举行。中山市市场监督管理局及各镇街分局知识产权工作人员、国家知识产权优势示范培育企业代表等近50人参加会议。会议采取线上线下相结合的方式，邀请中山各企业、协会代表近200人观看直播。会上，中山市市场监督管理局发布了"中山市全产业专利导航项目"。该项目围绕市内全产业近五年专利情况，创新性地对现行有效专利进行分析，并实施包括产业创新发展现状、专利运营现状、高价值专利等专利导航分析。同时，围绕中山市战略新兴性重点产业，包括智能家居、高端装备、健康医药三大产业，就趋势、区域布局等专利导航分析。在此基础上，结合重点企业需求调研结果，根据周边地市相应产业发展情况，明确产业发展定位，给出产业发展方向和导航路径规划，提出具体、明确、可行的产业发展建议和规划。此外，该项目还在项目期内进行了产业专利信息简报推送宣传。会议邀请广州奥凯咨询有限公司副总经理叶广海和华南理工大学法学院知识产权学院教授万小丽作知识产权专题培训。

9. 中国中山（灯饰）知识产权快速维权中心获批开展实用新型快速预审试点工作

国家知识产权局批复同意中国中山（灯饰）知识产权快速维权中心开展实用新型快速预审试点工作，是全国首家将专利预审业务从外观设计扩展到实用新型的知识产权快维中心。

(四）知识产权人才培养和引进状况

1. "中山市知识产权实践教育基地"挂牌

2021年3月12日，电子科技大学中山学院联合北京盈科（中山）律师事务所共同挂牌建立"中山市知识产权实践教育基地"，中山市市场监督管理局、电子科技大学中山学院相关人员出席此次活动。近年来，中山市市场监督管理局（知识产权局）致力于知识产权专业人才的培养和储备，通过政策引导、项目扶持、奖励资助等多种形式，激励专利代理行业人才发展、支持高校开展知识产权人才培养、鼓励高校科研院所开展知识产权转化对接等活动，加快培养一批优秀的知识产权专业人才队伍，支持中山产业经济高质量发展。在中山市市场监督管理局的推动下，电子科技大学中山学院积极落实政校企联合培养人才的要求，通过建立校企协同育人基地，举办"知识产权创新实验班"，开设知识产权专业理论课程，推荐学生在北京盈科（中山）律师事务所等专业服务机构进行实践学习，进一步提升学生的综合理论素质和实践操作能力，为中山知识产权事业培育储备一批优质人才。

2. 举办2021年知识产权强市建设活动

2021年4月26日，中山市围绕2021年全国知识产权宣传周"全面加强知识产权保护，推动构建新发展格局"主题，举办了2021年知识产权强市建设活动，中山市委宣传部副部长、市新闻出版局（版权局）局长张永军，中山市市场监督管理局（知识产权局）局长高培鹏，华南理工大学法学院教授、知识产权与企业发展研究中心主任杨雄文等出席活动。活动中，执法队伍代表、协会代表、文艺家代表和青年学生代表共同宣读了保护知识产权倡议书，共同呼吁保护知识产权、尊重知识产权。活动还邀请了多位省内专家和企业代表，围绕知识产权从不同角度进行分享。华南理工大学法学院教授、知识产权与企业发展研究中心主任杨雄文作了题为"新形势下知识产权创造、运用、保护、管理和服务战略"的演讲，从我国近年来政策、法律的变化和知识产权国际保护制度变化两个方面详细分析了知识产权环境的变化。中山市第一人民法院民事审判第三庭庭长冯穗波以"浅谈著作权法修订的若干亮点"为题,从增加惩罚性赔偿制度、广播权扩张、针对著作权调整、延长自然人摄影作品保护期限等方面讲解了著作权法中新修订的条例,分析了新修订著作权法对于知识产权保护带来的影响。京信通信集团高级副总裁李学锋从对内和对外两个方面,分析了做好知识产权对企业的重要性。明阳智慧能源集团股份有限公司研究院总工兼副院长陈思范从知识产权创造、维护、运用和保护四个角度对"加强知识产权管理 提高企业竞争力"的主题进行分享。

三、建议和展望

综上所述,中山市 2021 年的知识产权保护工作取得了亮眼的成绩。在新冠肺炎疫情的严峻考验下,这一成绩的取得来之不易。接下来,中山市应深刻学习领会习近平总书记在中共中央政治局第二十五次集体学习上就加强我国知识产权保护工作所作的重要讲话精神,紧紧抓住建设粤港澳大湾区的重大机遇,在建设粤港澳大湾区的过程中,立足自身的比较优势,利用好政策释放的红利,推动知识产权保护工作更上一层楼,以此实现向创新型经济的转型、升级。为此,笔者对中山市知识产权工作提出以下三点完善建议。

第一,进一步加强对地理标志的保护。中山市应认真贯彻落实国家知识产权局发布的《地理标志保护和运用"十四五"规划》,建立地理标志保护资源动态管理制度,强化地理标志产地质量管控,增强地理标志公共服务能力,加强地理标志保护维权援助,加强地理标志品牌建设。

第二,完善行政执法与司法衔接机制,构建大保护工作格局。中山市应着力强化市知识产权局与检察院的知识产权协同保护机制。中山市知识产权局与检察院应明确联络机构,建立会商机制;建立健全关联案件、信息通报制度;建立线索双向移送机制;加强业务协助与建立人才交流与培训机制。

第三,进一步加强知识产权行政执法能力。中山市应下大力气通过各种方式解决因"管执分离"、执法权下放而引发的执法能力与执法任务不匹配的严峻问题。知识产权执法中诸如合理使用的判定、专利权利要求的解释与等同侵权的判断、混淆可能性的认定等问题非常复杂,对执法人员的执法能力与知识提出了非常高的要求。如果欠缺相关知识与能力,执法的结果很可能是阻碍而非促进创新。中山市应认真总结行政执法工作和热点难点问题,通过行政执法典型案例学习、培训,加强执法监督与执法指导等方式不断提高行政执法能力,确保综合行政执法改革成效。

第 10 章　惠州市知识产权报告

2021年是我国"十四五"规划开局之年，惠州市政府总结过去五年的发展经验，立足已取得的成绩，确立了惠州市"十四五"规划的总体布局。创新引领发展，"创新""智能制造""新能源、新材料""电子信息产业"等是惠州市"十四五"规划中的重点词汇，高标准建设重大科技设施，引进培育科技创新主体，加快科技成果转化应用被列入惠州市"十四五"规划具体发展目标。作为承前启后的关键一年，2021年惠州市在科技创新和知识产权保护方面为未来的发展奠定了坚实的基础。数据统计显示，自2017年1月至2021年12月，惠州市创新能力明显提升，全社会研发经费投入占比从2.05%提高到3.1%，规模以上工业企业研发机构覆盖率从40.2%提高到51.8%，省级以上科技创新平台增至225家；高新技术企业从466家增至2050家，科技型中小企业从939家增至1862家❶。未来，惠州市有望成为广东省经济实力排名前五的城市之一，迈入国内综合实力一流城市之列。本章对惠州市2021年知识产权事业发展方面的进展予以描述和分析，展望未来，提出相应建议。

一、惠州市知识产权制度和政策

（一）促进知识产权保护的规范性文件与方案

2016年以来，惠州市致力于高标准建设国家知识产权示范城市，至今在

---

❶ 2022年惠州市政府工作报告［EB/OL］.（2022-03-23）［2022-05-10］. http://www.huizhou.gov.cn/gkmlpt/content/4/4580/mpost_4580860.html#873.

知识产权制度建设和政策完善方面已取得很大进展。2021年，惠州市侧重于结合国家最新出台的一系列法律法规和中央各部委以及广东省的政策意见等，明确实施方案，出台实施细则，同时，针对电商经济和网络经济发展趋势，明确对电商业务和网络环境下市场主体行为的规范，为网络环境下的知识产权保护奠定规范基础，相关规范性文件和政策措施主要包括知识产权保护的专门性文件、激励创新的规范文件等。

1. 促进知识产权保护的专门性文件

2021年11月22日，中共惠州市委办公室和惠州市人民政府办公室联合发布关于印发《惠州市关于强化知识产权保护的若干措施》的通知。该若干措施是为深入贯彻落实中央办公厅、国务院办公厅《关于强化知识产权保护的意见》及广东省委办公厅、省政府办公厅《关于强化知识产权保护的若干措施》精神，进一步完善惠州市知识产权保护体系，提升知识产权保护能力而制定，是惠州市知识产权保护的专门性和综合性文件，明确了惠州市知识产权保护的目标、任务、实施方案等内容。该若干措施指出，到2022年，惠州市知识产权保护体制机制更加完备有效，全社会知识产权保护意识进一步提升，知识产权保护社会满意度达到较高水平，到2025年，知识产权法治环境更加优化，知识产权保护体系更加完善，知识产权制度激励创新的基本保障作用得到充分彰显，尊重知识价值的营商环境更加优化。为实现目标，该若干措施明确加强知识产权严保护结构建设、完善知识产权大保护工作体系、强化知识产权快保护协作机制、营造知识产权同保护优越环境、强化支撑知识产权管理服务支撑、强化基础保障措施六大工作方案，提出了打击侵权知识产权犯罪三年专项行动、强化行政保护与刑事司法保护衔接、构建知识产权侵权判定技术鉴定服务体系、加大侵权判赔力度破解"赔偿低"难题、完善知识产权快速维权机制、强化海外知识产权维权援助、构建知识产权信用监管威慑机制、加强新兴产业知识产权法制保障八大细分任务。该若干措施为全面加强惠州市知识产权保护工作，推动知识产权领域改革创新进一步完善知识产权保护政策制定体系，推动惠州市向知识产权强市发展提供了强有力的支撑。

2. 激励创新的规范性文件

至 2021 年，惠州市有效实施的激励创新的规范性文件主要有《惠州市科学技术局科技企业孵化器认定管理办法》《惠州市科学技术局关于市工程技术研究中心管理办法》《惠州市科学技术局关于促进新型研发机构发展的扶持办法》《惠州市科学技术局关于鼓励科技成果转移转化的暂行办法》等，2021 年发布《惠州市财政局 惠州市科学技术局 惠州市人力资源和社会保障局 国家税务总局惠州市税务局关于实施粤港澳大湾区个人所得税优惠政策财政补贴管理办法》。这些规范性文件在国家和广东省等上位层面规定的基础上，立足惠州市的具体情况强化操作层面的指导和规范，分别从科技企业孵化培育、企业研发机构和技术创新体系建设、新型研发机构扶持和管理、促进科技成果转移转化以及科技人才优惠待遇等方面为科技创新提供激励和制度支持。

《惠州市科学技术局科技企业孵化器认定管理办法》（惠市科字〔2019〕116 号）于 2019 年 9 月 1 日起实施，有效期 5 年。该认定办法明确了科技企业孵化器的概念、功能、建设目标、认定类型、等级以及认定条件等，为支持科技型中小微企业快速成长，培育经济发展新动能，构建良好的科技创业生态，形成主体多元、类型多样、业态丰富的发展格局，促进实体经济转型升级，加快创新型城市建设提供支撑。

《惠州市科学技术局关于市工程技术研究中心管理办法》（惠市科字〔2019〕137 号）于 2019 年 9 月 1 日起实施，有效期 3 年。该管理办法明确了惠州市工程技术研究中心的定义、目的、依托单位性质、工程中心分类、主要任务、工程中心认定的基本条件以及惠州市科技主管部门对工程中心工作的监督管理与指导职责等内容。该管理办法的实施对于加快推进企业研发机构建设，将科技创新进一步落实到企业和产业发展上，实现关键核心技术自主可控，建立健全以企业为主体、市场为导向、产学研相结合的技术创新体系，促进科研成果加快向现实生产力转化，培育和提高自主创新能力具有重要意义。

《惠州市科学技术局关于促进新型研发机构发展的扶持办法》（惠市科字〔2020〕102 号）是对《惠州市科学技术局促进新型研发机构发展的扶持办法（修订）》（惠市科字〔2019〕112 号）的修订，于 2020 年 8 月 10 日起实施，有效期3年。该扶持办法明确了新型研发机构的概念、市级新型研发机构的认定条件和程序、对新型研发机构的资金扶持政策等内容。相较于修订前的文件，该扶持办法将2019年9月12日科学技术部出台的《关于促进新型研发机构发展的指导意见》（国科发政〔2019〕313号）和2019年12月10日惠州市人民政府印发的《关于进一步促进科技创新的若干政策措施》（惠府〔2019〕60号）文件精神纳入条款当中，对市级新型研发机构的认定条件、认定程序、扶持政策、组织与实施以及管理与考核等方面均进行了相应修订，为加强新型研发机构过程管理和绩效考核，推进新型研发机构建设，规范新型研发机构的管理，推动新型研发机构健康有序发展提供有力保障。

《惠州市科学技术局关于鼓励科技成果转移转化的暂行办法》（惠市科字〔2020〕166号）于2021年1月1日起实施，有效期3年。该暂行办法明确规定对于高校、科研院所、企业等创新主体及科技人员转移转化科技成果的，以及技术转移转化服务机构开展技术转移转化活动，促成科技成果在惠州市内转化的，给予现金补助，每年最高可达20万元，以激发创新主体科技成果转化活力，促进技术转移转化服务机构建设，强化科技成果市场化交易，加强技术转移人才队伍建设。该暂行办法有利于促进科技成果更快速有效地转化为现实生产力，提升创新驱动发展效能，推进经济提质增效升级。

《惠州市财政局 惠州市科学技术局 惠州市人力资源和社会保障局 国家税务总局惠州市税务局关于实施粤港澳大湾区个人所得税优惠政策财政补贴管理办法》（惠财规〔2021〕2号）于2021年6月30日实施，有效期至2023年12月31日。该个税优惠办法是为落实粤港澳大湾区个人所得税优惠政策，做好境外高端人才和紧缺人才个人所得税财政补贴工作，使在惠州市工作的境外人才切实享受到政策红利，结合惠州市实际情况而制定。该个税优惠办法共15条，明确了惠州市境外高端人才和紧缺人才的认定标准、人才认定及补贴程序、监督管理等事项。认定标准方面，细化了可享受补贴的境外高端人才和紧缺人才的标准，包括基本条件、资格条件和限制条件；相关程序方面，明确由惠州市科学技术局负责境外高端人才的认定和财政补贴的受理审核，惠州市人力资源和社会保障局负责境外紧缺人才的认定和财政补贴的受理审核，人才认定和财政补贴以自愿申报为原则。

（二）保护知识产权的政策措施

2021 年惠州市进一步强化知识产权保护，对于网络环境下和电子商务中的知识产权保护以及通过知识产权保护促进 5G 产业及其制造业数字化转型发展问题予以特别重视，积极探索，采取了一系列措施。

1. 促进 5G 终端产业及其制造业数字化转型发展

为全面推进惠州市制造业数字化转型，聚焦新一代信息技术与制造业融合发展，开展工业互联网创新应用，促进制造业数字化转型和高质量发展，惠州市确立了提升网络基础支撑，深化 5G + 工业互联网应用，推动 5G 与制造业融合发展，推动中小制造企业"上云上平台"，促进产业集群和产业集聚区数字化改造等任务和方案，发布了一系列实施计划，包括《惠州市发展数据中心及 5G 产业行动计划（2020—2025）》《惠州市贯彻落实〈广东省发展新一代电子信息战略性支柱产业集群行动计划（2021—2025 年）〉工作措施》《惠州市加快发展大数据和软件信息服务业集群行动计划（2021—2025 年）工作措施》《惠州市贯彻落实制造业数字化转型实施方案》等。具体措施方面，第一，驱动产业集聚发展，推动惠州市入选广东省 5G 产业园区名单（第二批），组建惠州市 5G 产业联盟，并以惠城区数字经济产业园、广东（仲恺）人工智能产业园等一批重点项目和园区载体为龙头引领驱动，促进 5G 产业集聚发展。第二，对实施"上云上平台"的企业实行奖补。工业企业按照不超过实际签订合同金额 60%（含）的比例予以奖补，单个企业单个项目当年享受奖补资金上限为 20 万元。对入选广东省特色产业集群数字化转型试点的产业集群，与集群平台服务商签订合同的集群内工业企业上云上平台奖补金额比例提升至不超过 80%（含），单个企业当年享受奖补资金上限为 50 万元。

2. 发挥专利导航作用，激励创新

惠州市知识产权局在探索知识产权保护与激励创新过程中，形成了以产业专利分析导航为指引，以企业"贯标"和知识产权优势企业培育认定为抓

手,以专利技术产业化为目标,发挥专利导航、专利产业化的带动作用,鼓励企业积极创新的路径,扶持培育战略性支柱产业和战略性新兴产业的创新型企业,为惠州市经济高质量发展提供知识产权动力。近年来,惠州市在每年的市级知识产权专项资金项目中均有设置专利技术产业化、专利分析导航(微导航)、高价值专利布局等竞争性项目,鼓励企业积极创新。2021年的知识产权专项资金项目中特别设立科技企业高质量专利布局项目,用于扶持小微企业积极申报高新技术企业培育和认定,总扶持资金达470万元。

2021年,惠州市知识产权局举办了惠州市专利预审快速审查业务培训、惠州市中小融平台知识产权质押融资银企对接会暨金融培训等多场活动,邀请专家对企业关心的专利快速预审业务、企业备案流程及管理、知识产权质押融资及证券化等事项进行详细讲解和现场答疑,有效提升企业的科技创新和知识产权能力。此外,惠州市积极探索建设惠州市知识产权运营公共服务平台,该平台包含专利信息检索、专利评估等模块,远期还将实现公共信息推送、企业专利微门户等公共服务功能,实现线上线下共同发展。

通过不懈努力,惠州市这一策略初见成效,不仅培育出了TCL集团、德赛、华阳和TCL移动等多家专利申请总量超千件的专利大户,也培育了亿纬锂能、隆科电子、胜宏、金百泽等一批专利数量不多,但依靠专利取得强大市场竞争力的企业。截至2021年6月,惠州市拥有国家知识产权示范企业2家,国家知识产权优势企业30家,获得中国专利金奖2项,中国专利优秀奖35项,广东专利金奖1项、银奖1项、优秀奖20项。

3. 提升商标宣传推广力度,统筹商标培育指导站建设

在商标保护和促发展方面,惠州市知识产权局采取了一系列措施,包括积极宣传,提升商标推广力度;加强指导,发挥企业主体作用;统筹规划,实现商标培育指导站建设全覆盖;加快知识产权公共服务平台建设,推动商标品牌交易流转等。

具体而言,在积极宣传方面,一方面,利用特殊宣传日的大型活动集中宣传。近年来,在每年的"4·26知识产权宣传周""中国品牌日"等特别活动期间,惠州市知识产权局会注重加强对商标规范使用、商标维权援助等实务的宣传力度。2021年的知识产权宣传周系列活动中,惠州市知识产权局充

分利用媒体力量开展知识产权全媒体科普宣传活动,通过省市主流媒体对相关活动进行报道宣传。另一方面,加强在重要场所开展常规性宣传。在工业园区、企业、政府办公大楼及小区电梯内广告播放宣传主题、视频、海报,在户外发光二极管(LED)屏、大型广告牌投放宣传标语和横幅,强化知识产权宣传普及力度。此外,惠州市知识产权局积极创新宣传方式,在"学习强国"应用程序上的"广东学习平台"推送"惠州打造知识产权'动力火车',有效商标注册突破10万件"等重要报道。在加强指导,发挥企业主体作用方面,惠州市知识产权局积极推动惠州市知识产权协会扩大业务范围,鼓励成员单位大力开展商标工作,提升自身商标美誉度。同时,着手修订惠州市知识产权质押融资风险补偿基金管理办法,将商标、地理标志等纳入质押融资风险补偿范围,推动商标质押融资业务尽快在惠州市落地实施。在统筹规划,实现商标培育指导站建设全覆盖方面,重点推动商标培育指导站向县区全覆盖,采取在项目申报、资金等方面给予各县区政策扶持措施。目前,惠州市仲恺高新区、博罗县已建立商标培育指导站,惠城区、惠东县、龙门县申报了2021年的省市知识产权专项资金相关项目。在加快知识产权公共服务平台建设,推动商标品牌交易流转方面,惠州市正在建设惠州市知识产权公共服务平台,全部建成后将有望实现商标品牌的展示、估值、交易等全流程步骤。

二、惠州市知识产权发展状况

(一) 知识产权取得状况

2021年,惠州市专利授权总量为25624件,相较于2020年的19059件,增长34.4%,在广东省各市专利授权总量对比中排名第八。专利授权各具体项目与2020年相比均有所增长,其中发明专利2158件,同比增长26.5%,实用新型专利18688件,同比增长44.4%,外观设计专利4778件,同比增长8.3%[1]。

---

[1] 2021年1-12月各市专利授权情况 [EB/OL]. (2022-01-26) [2022-05-10]. http://amr.gd.gov.cn/zwgk/sjfb/tjsj/content/post_3776734.html.

第 10 章
惠州市知识产权报告

2021 年，惠州市有效发明专利量为 10482 件，与 2020 年相比，增长 20.9%，在广东省各市发明专利量比较中排名第六，万人发明专利拥有量为 17.35 件，具体数据如表 10-1 所示❶；PCT 专利申请 457 件，增长 38.1%❷；惠州市市场监督管理局（知识产权局）最新公布的数据显示，截至 2022 年 3 月，惠州市全市专利授权总量达 14.0942 万件，年均增幅居全省前列，PCT 专利申请 3274 件，有效发明专利达 10870 件，万人发明专利拥有量 17.99 件；在第 22 届中国专利奖评选中，惠州市金百泽电路科技有限公司等研发的磁芯层压式盲孔电磁感应多层印制电路板的制作方法、惠州市环境科学研究所研发的水体修复方法、惠州中京电子科技有限公司研发的一种线路板双排并列孔金属化半孔的制作方法、惠州迪芬尼声学科技股份有限公司研发的一种扬声器磁钢极限退磁温度的计算方法获中国专利优秀奖，近三年惠州市企业获奖累计 15 项；❸ 截至 2021 年 12 月，企业利用知识产权质押融资风险补偿基金获得知识产权质押贷款累计 142 笔，金额达 35.1082 亿元；全市万人高价值发明专利拥有量 7.54 件❹。

商标注册方面，据国家知识产权局商标局的数据统计，截至 2021 年底，惠州市商标注册申请量为 33828 件，注册量为 28693 件，有效注册量为 124438 件❺，各区县具体数据分布如表 10-2 所示。与 2020 年相比，惠州市 2021 年商标注册申请量下降 4.2%，注册量增长 40.1%，有效注册量增长 27.5%；与广东省其他市相比，惠州市 2021 年商标有效注册量排名第八。据惠州市市场监督管理局（知识产权局）最新公布的数据，截至 2022 年 3 月，惠州市有效商标注册量 132157 件，拥有驰名商标 22 件，纳入广东省重点商

---

❶ 广东省截至当月底各市有效发明专利量（知识产权）[EB/OL].（2022-04-24）[2022-05-10]. https://gddata.gd.gov.cn/opdata/detail?id=29000%2F02600057.

❷ 2021 年惠州国民经济和社会发展统计公报 [EB/OL].（2022-04-06）[2022-05-10]. www.huizhou.gov.cn/bmpd/hzstjj/tjsj/content/post_4592989.html.

❸ 此项专利获奖人包括三家公司：惠州市金百泽电路科技有限公司、西安金百泽电路科技有限公司、深圳市金百泽电子科技股份有限公司。

❹ 市知识产权"一站式"服务平台启动运行：惠州市知识产权公共服务中心挂牌成立 [EB/OL].（2022-04-26）[2022-05-10]. http://hzamr.huizhou.gov.cn/gkmlpt/content/4/4622/mpost_4622313.html#201.

❺ 2021 年四季度全国省市县商标主要统计数据 [EB/OL].（2021-12-11）[2022-05-10]. http://sbj.cnipa.gov.cn/sbsj/202112/t20211231_5806.html.

标保护名录商标 25 件，地理标志产品 15 件。❶

表 10-1 2021 年 1—12 月广东省各市发明专利有效量统计　　　单位：件

地区	数量	每万人口发明专利拥有量	地区	数量	每万人口发明专利拥有量
深圳	198033	112.77	潮州	871	3.39
珠海	24111	98.83	湛江	1850	2.65
广州	93132	49.87	汕尾	685	2.56
东莞	48290	46.14	河源	720	2.54
佛山	34566	36.39	梅州	815	2.10
中山	9673	21.89	云浮	466	1.96
惠州	10482	17.35	阳江	397	1.53
江门	5096	10.62	茂名	916	1.48
肇庆	2420	5.88	揭阳	789	1.41
汕头	3235	5.88	珠三角	425803	54.58
韶关	1379	4.83	修正	22	—
清远	1659	4.18	全省	439607	34.89

注：人口数量使用第七次全国人口普查结果，广东省常住人口为 12601 万人。

表 10-2 2021 年惠州市商标注册申请量、注册量统计　　　单位：件

市	县	申请量	注册量	有效注册量
惠州市		33828	28693	124438
惠州市各区县	惠城区	10099	8311	33490
	惠阳区	5200	4696	18124
	博罗县	4780	4339	18154
	惠东县	2309	2101	12950
	龙门县	848	534	3271

注：数据来源于国家知识产权局商标局 中国商标网 2021 年四季度全国省市县商标主要统计数据。

---

❶ 市知识产权"一站式"服务平台启动运行；惠州市知识产权公共服务中心挂牌成立［EB/OL］.(2022-04-26)［2022-05-10］. http://hzamr.huizhou.gov.cn/gkmlpt/content/4/4622/mpost_4622313.html#201.

(二) 知识产权保护状况

1. 司法保护方面

2021年，惠州市两级法院继续加大知识产权司法保护力度，为惠州市创新驱动发展战略、建设国内一流城市提供有力的司法保障。两级法院共新收知识产权案件4192件，收案总数比2020年增长1.97%，近三年惠州市两级法院收案数量对比如图10-1所示。新收案件中，民事案件4059件，比2020年增长1.70%，刑事案件133件，比2020年增长10.83%；民事案件中，著作权案件3156件，商标权案件847件，不正当竞争案件20件，合同类案件33件，其他案件3件，与2020年相比，各类案件均有不同幅度的增长，其中商标权案件增幅100%，不正当竞争案件增加233.33%，著作权案件减少10.82%，合同类案件增长50%，具体增长幅度对比如图10-2至图10-3所示。2021年，惠州市两级法院共审结案件3749件，其中，民事案件3621件，刑事案件128件，结案总数比2020年结案数减少10.1%，具体数据比较如图10-4所示❶。

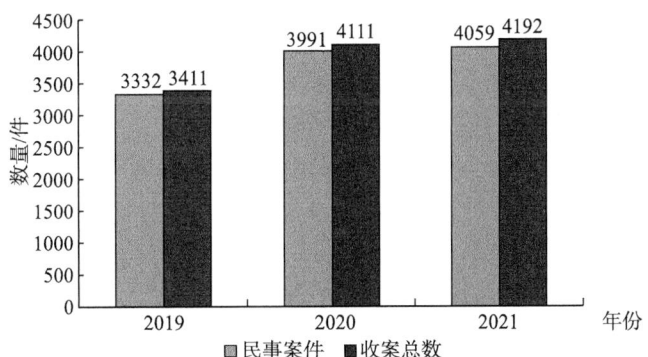

图10-1 近三年惠州市两级法院知识产权案件收案数量对比

---

❶ 2021年度惠州法院知识产权司法保护白皮书 [EB/OL]. (2022-04-26) [2022-05-10]. https://m.thepaper.cn/baijiahao_17814664.

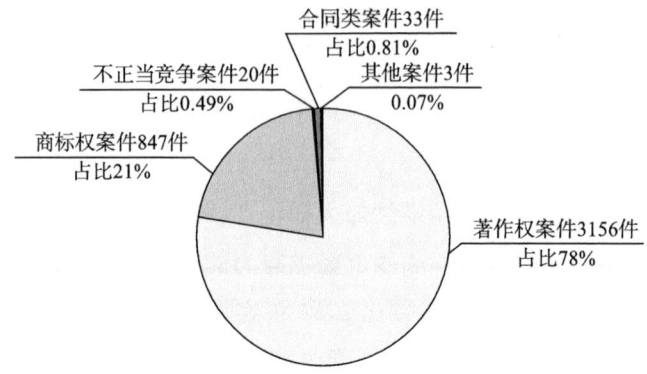

图 10-2 2021年惠州市两级法院知识产权民事收案类型对比

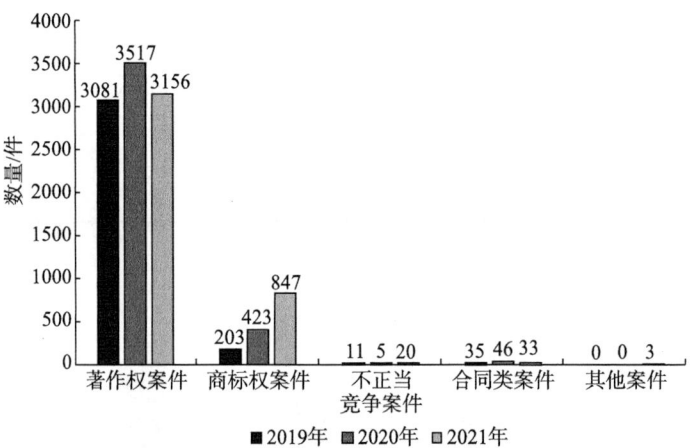

图 10-3 近三年惠州市两级法院各类知识产权民事案件收案数量对比

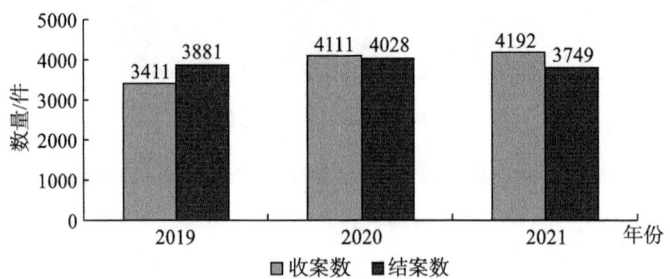

图 10-4 近三年惠州市两级法院收结案数量对比

2021 年，惠州市的知识产权纠纷案件呈现一些新特点，主要表现为：案件类型较多集中于著作权和商标权案件，但是侵害商业秘密纠纷、特许经营合同纠纷、委托创作合同纠纷等新类型案件呈逐渐增多趋势；权利人为同一主体，诉请基本相同，案情相似，被诉对象为数量众多的普通个体工商户的批量化商业维权现象突出；涉知名企业或品牌案件增多以及针对电商领域和网络环境的侵权案件保持高位增长。在知识产权案件类型多元化，涉国内外知名企业的案件日益增多，案件的社会影响日益增大的新形势下，2021 年惠州两级法院积极探索，发挥司法在知识产权保护中的主导作用，推动惠州市知识产权保护水平上一个新台阶。

惠州市两级法院的新举措与创新做法主要有以下三个方面。

第一，研究案件类型，探索有效保护知识产权的纠纷解决方案。主要措施有：①加大商标保护力度，营造品牌创新环境。一方面，依法运用商标近似、商品类似、混淆可能性等要件，加大对商标攀附、仿冒打车等"傍名牌""搭便车"侵权行为的打击力度；另一方面，对于能够证明侵权商品是合法取得并说明提供者的销售商，免除赔偿责任，以侧重从生产源头上制止和打击侵权行为。②加强反不正当竞争司法保护，以竞争活力激发创新活力。一方面，严厉打击不正当竞争和破坏市场竞争规则的行为；另一方面，注重利益平衡，对于不构成侵害商业秘密行为的，依法作出认定，倡导企业依法维护自身权益。③加强著作权保护，维护文化创新创造活力。一方面，依法妥善审理本土创作作品的著作权纠纷，积极保护本土文学艺术，助力本土文化产业的传承、创新与发展；另一方面，不断增强对数据库、软件、游戏、动漫、文化创意等新兴文化产业的司法保护水平，提升文化创新能力。

第二，开拓创新，优化审判机制。主要措施有：①持续推进知识产权案件繁简分流、简案快审机制建设，不断完善民商事速裁审判机制建设，采取书面审理和"门诊式"开庭等灵活审理方式，提升了知识产权审判质效。②推动建立"惠州市知识产权审判专家咨询库"，提升司法服务水平。③更新理念，重视裁判的社会效果。支持权利人合理诉求的同时，支持和鼓励打击源头性侵权，兼顾侵权人的实际承受能力，不盲目支持权利人过高的赔偿请求，而对于源头侵权、重复侵权、恶意侵权等，则加大赔偿力度，提高违法成本。④建立案例引导调解机制。针对知识产权类型化案件集中，特别是商业化维权现象突出的特点，惠州市中级人民法院进一步加大调解力度，建立案例引导调解机制，对于案件事实清楚、法律关系明确、争议金额不大的案件，按照以往同类生效案例引导当事人达成调解或庭外和解，进一步统一裁判标准，提高案件息诉服判率。

第三，发挥司法主导作用，搭建多元化纠纷解决平台。主要措施有：①与惠州市知识产权纠纷人民调解委员会签订合作协议，建立"诉前、诉中、执行委托调解"的诉调对接方式，多渠道化解著作权、商标权等知识产权类纠纷，并建立知识产权纠纷案件信息通报交流共享机制。②加强与行政机构协调建立协同保护机制。与粤港澳大湾区知识产权调解中心、惠州市市场监督管理局、广东省知识产权保护中心维权援助惠州分中心以及惠州市知识产权纠纷人民调解委员会4家单位联合召开知识产权保护座谈会，各方就知识产权司法保护与行政保护的有效对接、建立常态化联络机制，促进知识产权领域合作的健康有序发展达成共识。③及时发布知识产权审判信息和典型案例，引导社会舆论，营造权利保护的良好氛围。

2. 行政保护方面

2021年惠州市继续深入落实国家和省知识产权行政保护工作方案，组织开展知识产权保护"铁拳"、中小企业知识产权保护等专项行动，继续做好疫情相关知识产权保护工作，保持打击侵犯知识产权违法行为高压态势，形成查处假冒专利、商标和地理标志集中执法机制。

一方面，进一步完善知识产权保护行政执法机制，强化行政保护力度。第一，创新监管方式，完善行政执法机制。惠州市知识产权局先后发布《惠州市知识产权局"双随机一公开"工作方案》《惠州市联合奖惩红黑榜管理暂行办法》等执法文件，明确执法随机抽查事项、随机抽查执法人员库和联合奖惩的具体措施，健全事中、事后监管机制；第二，深入开展执法维权"护航""雷霆""铁拳"专利代理行业的"蓝天"专项行动以及中小企业知识产权保护专项行动等，突出对重点环节、重点领域和重点区域的执法和监管，严厉打击侵犯商标、专利、地理标志知识产权违法行为。

另一方面，完善知识产权维权机制，推进知识产权纠纷多元化解决方式的生成。第一，进一步完善广东省知识产权保护中心维权援助惠州分中心工作职能，提高知识产权维权援助工作制度规范水平，完善工作程序和服务标准，形成系统完备的服务规范和服务指南，推进服务能力水平基本均衡化。同时，在县区、高新区、工业园区设立知识产权维权援助工作站，全面建设全市知识产权维权援助"一张网"。第二，设立惠州市知识产权纠纷人民调解委员会。2021年6月15日，惠州市知识产权纠纷人民调解委员会经惠城区司法局同意备案设立，业务范围包括商标、专利、著作权、地理标志、集成电路布图设计、植物新品种方面的纠纷。调解委员会作为解决纠纷的专业性社会组织，在知识产权纠纷解决方面具有低成本、自治性、专业性等优势，可有效降低知识产权维权成本，提高维权效率是破解当前知识产权纠纷存在的"举证难、周期长、成本高、效果差"等一系列难题的有效途径。调解委员会的成立，搭建了知识产权纠纷快速、灵活解决的渠道，有利于形成知识产权人民调解、行政保护、司法保护的协同联动，对于完善惠州市知识产权纠纷多元化解机制，促进科技创新和优化营商环境具有独特意义。第三，搭建平台，促进惠州市知识产权纠纷调解业务发展。调解委员会成立后，惠州市知识产权局积极推动调解委员会工作开展，2021年11月29日，由惠州市市场监督管理局（知识产权局）、惠州市司法局指导，惠州仲恺高新技术产业开发区科技创新局、惠州市知识产权协会、惠州市知识产权纠纷人民调解委员会等多单位主办，举行了惠州市知识产权纠纷调解培训会，受邀专家结合工作实际、自身经验，系统讲解了知识产权调解纠纷相关知识，知识产权案件的审理思路，分享了纠纷案件实例及解决方法，为惠州市知识产权调解纠纷工作提供了有利指导，为人民调解员开展工作开辟了思路、提供了借鉴。

（三）高新技术产业和知识产权服务业务发展状况

惠州市历来重视促进高新技术产业发展，注重创新型企业和创新型平台等创新力量的培育，采取多项政策措施引导和促进创新主体发展。高新技术产业发展方面，2021年惠州市全年全部工业增加值比2020年增长13.3%；全年规模以上工业企业3114家，规模以上工业增加值增长14.1%，先进制造业、高技术制造业增加值占规模以上工业增加值的比重分别为64.1%、43.8%；高技术制造业增加值比2020年增长15.4%，占规模以上工业增加值的比重为 43.8%，与 2020 年持平，其中，医药制造业增长 2.4%，电子及通信设备制造业增长 15.7%，计算机及办公设备制造业增长 11.8%，航空、航天器及设备制造业增长 8.2%，医疗仪器设备及仪器仪表制造业增长 12%；先进制造业增加值比 2020 年增长 14.6%，其中，高端电子信息制造业增长 15.1%，先进装备制造业增长 22.4%，先进轻纺制造业增长 11.8%，新材料制造业增长 23.8%，生物医药及高性能医疗器械业增长 0.2%；2021 年惠州市全年固定资产投资比 2020 年增长 21.8%，工业投资增长 50.5%，占固定资产投资的比重为 33.1%，其中，电子信息业增长 44.6%，先进制造业增长 68.5%，高技术制造业增长 48.3%❶。

2021 年，惠州市在知识产权服务方面注重推进"一站式"服务平台建设，促进知识产权服务线上线下同步，同时进一步推进知识产权质押贷款服务，助力企业融资，解决发展资金不足问题。具体而言，2021 年惠州市积极推进惠州市知识产权运营公共服务平台和惠州市知识产权公共服务中心的建设。惠州市知识产权公共服务平台于 2021 年启动运营，是以知识产权为显著特色的综合服务平台，包含类型全面的多个知识产权服务模块，例如知识产权交易综合服务平台、知识产权信息发布平台、知识产权服务业集聚区、知识产权成果展示区以及为大众提供知识产权"一站式"综合性服务的集提供信息查询、运营交易、维权援助、质押融资、保险等服务为一体的公共服务区域。惠州市知识产权公共服务平台通过创新服务模式，构建便民利民的知识产权公共服务体系，发挥知识产权在供给侧结构性改革中的技术供给双重作用，更好地服务于知识产权创造、保护、运用全过程，为实施创新驱动发展和知识产权强市战略提供重要支撑。惠州市知识产权公共服务中心在前期筹备基础上，于 2022 年 4 月 26 日挂牌运营。惠州市知识产权公共服务中心致力于为惠州市的各类创新主体提供"一站式"知识产权服务，吸引了专利代理、评估、交易，以及法律和维权咨询等各个类型的服务机构进驻，无论是对新的创新发明进行申请认证，还是对既有的知识产权实施评估和交易，在惠州市知识产权公共服务中心都能得到精准的指导和服务。

---

❶ 2021 年惠州国民经济和社会发展统计公报［EB/OL］. (2022 - 04 - 06)［2022 - 05 - 10］. www.huizhou.gov.cn/bmpd/hzstjj/tjsj/content/post_4592989.html.

此外，惠州知识产权事业的蓬勃发展、企业创新驱动能力的不断增强也吸引着金融机构加快布局知识产权质押业务的实施，惠州市相关部门对此予以积极推进。2021年4月21日，由广东省市场监督管理局（知识产权局）和广东省知识产权保护中心指导，由惠州市市场监督管理局（知识产权局）、中国人民银行惠州市中心支行和国家外汇管理局惠州市中心支局主办的"惠州市中小融平台知识产权质押融资银企对接会暨金融培训活动"成功举办，对接会采用线上线下同步召开模式，线下参会人员超150人，线上直播观看流量超6万人次。业务成效方面，据惠州市市场监督管理部门数据，截至2022年初，惠州市企业利用知识产权质押融资风险补偿基金获得知识产权质押贷款累计达142笔，金额约达到35.11亿元；中国建设银行惠州市分行是惠州市最早启动知识产权质押贷款的银行机构，该行相关负责人指出，2021年，该行共计办理知识产权质押20户，质押金额16亿元；截至2022年3月底，累计办理知识产权客户43户，质押金额合计26.31亿元，有贷户37户，贷款余额7.32亿元❶。

三、建议和展望

2021年，惠州市在促进知识产权创造、强化知识产权保护和推进知识产权运用方面取得了较好的成绩，比较显著的有两方面：其一，多元化知识产权纠纷解决机制建构初具规模，多元机制在纠纷解决中的沟通与合作模式正在探索中逐步形成；其二，完成"一站式"知识产权公共服务平台与公共服务中心的建构，知识产权业务实现线上线下同步，推进知识产权服务快速、便捷、高效化。2021年是"十四五"规划的开局之年，在惠州市相关工作已取得成绩的基础上，结合《知识产权强国建设纲要（2021—2035年）》《"十四五"市场监管现代化规划》等文件传达的精神和政策导向，展望惠州市知识产权保护工作前景，建议进一步推进下列方面的工作。

第一，进一步完善知识产权司法保护和行政执法保护机制。法院裁判和

---

❶ 张峰，王昌辉. 未来三年100亿助企贷款！惠州加速创建知识产权强国试点城市［EB/OL］.（2022－04－29）［2022－05－10］. http：//static. nfapp. southcn. com/content/202204/29/c6447423. html.

行政执法制裁违法行为，是利用国家权威保护知识产权的重要方式，在知识产权保护中举足轻重。2021年，惠州市在知识产权的司法保护和行政保护方面均取得很大突破，然而，在科技日新月异，知识产权在我国社会经济发展中的重要性日益凸显的形势下，法院和行政机关需要紧跟时代步伐，及时更新理念，积极探索革新和完善工作机制。一方面，在既有成绩基础上，司法保护需进一步完善知识产权专业化审判体系，继续推进知识产权案件繁简分流、简案快审机制建设，持续探索提升知识产权案件审判质量和效率的审判模式，同时，完善适应互联网技术的证据规则、诉讼方式，加强信息化时代知识产权保护。行政执法需进一步细化执法规程，加强电子商务等重点领域的执法力度，继续探索和推进对不同领域和不同类型的知识产权违法行为的专项行政执法活动。另一方面，促进知识产权行政执法标准和司法裁判标准统一，完善司法审判与行政执法衔接机制。在知识产权执法"双轨制"下，既要充分发挥行政和司法各自的功能优势，也应加强司法和行政执法合作，促进法律适用标准的统一，推进案件信息共享，沟通行政执法程序与司法程序的衔接机制，促进公正执法和助力案件公正裁判。

第二，进一步完善多元化纠纷解决机制。知识产权纠纷多元化解决机制建构不仅涉及解决纠纷的多元主体的组建，多元方式的探索，还涉及多元纠纷解决主体在纠纷解决方面沟通协调机制的建立与完善，如此才能步调协调，形成真正的知识产权大保护格局。目前，惠州市在多元纠纷解决主体组建与多元方式探索方面已取得很大进展，知识产权纠纷人民调解委员会得以成立，知识产权仲裁业务得到很大发展，知识产权纠纷人民调解、司法调解、行政调解方式逐步成熟，但是各个纠纷解决机构之间的案件信息沟通与程序衔接仍需建立机制，明确规程。对此，法院发挥司法主导作用，积极做出了一些探索，与惠州市知识产权纠纷人民调解委员会签订合作协议，建立"诉前、诉中、执行委托调解"的诉调对接方式，并建立知识产权纠纷案件信息通报交流共享机制，这是进一步完善多元化纠纷解决机制的好的开端，仍需深入推进。

第三，推进知识产权全链条协调保护。知识产权保护是一个系统工程，涉及授权审查、行政执法、司法审判、仲裁调整、公民诚信等多个环节。2021年惠州市致力于知识产权业务和服务的"一站式"公共服务平台的打造和"一站式"公共服务中心的建设,"一站式"服务集多种业务功能于一体,尤其是"一站式"公共服务平台提供多元模块服务功能,可以通过网络链接多元主体和多元业务,并能通过平台对接业务和共享信息,为推进知识产权全链条协调保护提供了极大便利。目前,惠州市知识产权公共服务平台和公共服务中心都处于起步运行期,需要积极探索和发展知识产权全链条服务与协调保护机制。

第 11 章　肇庆市知识产权报告

肇庆市地处广东省中西部,与珠三角经济圈毗邻,作为粤港澳大湾区成员之一,具有独特的地理与人文优势。近年来,随着融入大湾区一体化速度的加快,肇庆市的综合竞争力也在逐步增强,成为广东地区生产总值增速较快的城市之一。肇庆市 2022 年政府工作报告显示,2021 肇庆市完成地区生产总值超 2600 亿元,同比增长超 10%,完成一般公共预算收入 146.45 亿元,增长 17.6%,规模以上工业增加值、固定资产投资分别增长 18.5%、12%,主要经济指标增速居全省前列。此外,肇庆市聚焦产业招商落地,签约投资超 1 亿元项目 407 个,其中高新技术企业投资项目 130 个,全球动力电池龙头企业宁德时代落户肇庆,高新区智能网联新能源汽车纳入科技部创新型产业集群试点,新能源汽车及汽车零部件产业发展取得突破,"片式电阻器"入选第六批国家级制造业单项冠军产品,产业平台承载力不断加强,规划建设的大型产业集聚区被列入广东省七大产业平台之一。❶ 肇庆市之所以取得如此骄人的成绩,知识经济功不可没。在过去的一年里,肇庆市在知识产权建设、运用、服务、管理、保护等方面取得了较显著成效。笔者在梳理、分析肇庆市 2021 年知识产权建设、发展与保护经验与不足的基础上,提出了一些完善的建议与对策。

一、肇庆市知识产权制度和政策

2021 年我国在新冠肺炎疫情防控上取得阶段性胜利,全国各地经济开始

---

❶ 肇庆市 2022 年政府工作报告 [EB/OL].（2022 - 01 - 20）[2022 - 05 - 03]. http：//www.zqxq. gov. cn/xwzh/bxgz/content/post_2657419. html.

逐步恢复。为助力广东经济，尤其是知识产权经济复暖，广东省知识产权保护中心积极开展各项行动：2021年3月10日，中华商标协会会长马夫、广东省知识产权保护中心主任马宪民代表各方签署了《中华商标协会 广东省知识产权保护中心关于加强商标品牌服务建设战略合作框架协议》，双方将在未来3年，在助推广东商标品牌创新创牌工作，共同促进提升商标服务便利化水平、强化商标专用权保护工作、促进商标品牌海外（境外）合作、开展商标品牌专业人才培养、加强商标品牌研究推广六个方面强化合作。❶ 该合作框架协议对于加快助推广东引领型知识产权强省建设，更好服务广东"四个走在全国前列"和国家知识产权强国建设具有积极意义。

为促进海内外优质知识产权服务资源交流合作、帮助企业解决海外知识产权服务资源对接难题，2021年4月19日，国际高端知识产权服务资源赴粤考察活动在广州正式启动，广东省知识产权保护中心（国家海外知识产权纠纷应对指导中心广东分中心）、广东省海外知识产权保护促进会和IPR Daily联合组织中国、美国、日本、欧洲等地12家知名知识产权专业服务机构，共同组成国际高端知识产权服务资源赴粤考察团❷；2021年12月28日，在广东省市场监督管理局（知识产权局）的指导下，广东省知识产权保护中心与广东股权交易中心成功举办"知识产权金融路演中心"启动仪式暨首次生物医药企业专场路演活动。创建"知识产权金融路演中心"，将为全省知识产权密集型中小企业提供特定展示场所，有助于实现知识产权价值，促进创新成果资本化、产业化，为创新主体解决"融资难、融资贵"问题提供新路径❸，促进企业"知本"变"资本"。

为提高预算完整性，加快预算执行进度，2020年12月28日，广东省财政厅提前下达2021年度省促进经济高质量发展专项资金（市场监督管理—知识产权创造运用保护及省部会商、专利奖励）通知，并于2020年12月30日

---

❶ 广东省知识产权保护中心与中华商标协会签署战略合作框架协议［EB/OL］.（2021 - 03 - 12）［2022 - 05 - 03］. https://www.gippc.com.cn/ippc/xwdt//202103/13b8bb46d406458f820564127c016786.shtml.

❷ 国际高端知识产权服务资源赴粤考察活动圆满结束［EB/OL］.（2021 - 04 - 23）［2022 - 05 - 03］. https://www.gippc.com.cn/ippc/xwdt//202104/2f5f49cb423f4a59aa55608eb3d1dab2.shtml.

❸ "知识产权金融路演中心"成功启动，推进广东知识产权金融事业的高质量发展［EB/OL］.［2022 - 05 - 03］. https://www.gippc.com.cn/ippc/xwdt//202112/b4d8221340a94c1ca87c17f9359679bf.shtm.

提前下达广东省商务厅经管 2021 年促进经济高质量发展专项资金通知，提高企业的创新积极性。2021 年，广东省市场监督管理局印发《广东省战略性产业集群中小企业知识产权保护与运用三年行动计划（2021—2023 年）》❶，努力推进战略性产业集群中小企业知识产权战略工程建设，完善中小企业知识产权保护运用制度，提升中小企业知识产权意识，有效解决中小企业知识产权维权难问题，改善知识产权创造布局质量，增强知识产权运用效益，优化知识产权公共服务。

随着粤港澳大湾区的建设，为推动粤港澳大湾区市场监管创新合作，找到新的经济发力点，广东省市场监督管理局出台《关于服务粤港澳大湾区建设的行动方案》❷，在发挥知识产权助推国际科技创新中心建设方面，该行动方案提出，推动粤港澳大湾区高质量知识产权创造，推动各类创新主体贯彻实施知识产权管理国家标准、开展高价值专利培育布局，推进知识产权强企培育。强化粤港澳大湾区知识产权保护体系建设，加强粤港澳知识产权执法协作，严厉打击跨境商标侵权等违法行为。因此，为了更好地与省、兄弟城市协同发力，肇庆市在 2021—2022 年先后出台了一系列促进肇庆市知识产权发展的政策和措施，其主要内容如下。

（一）《肇庆市企业研发财政补助资金管理办法》

为引导肇庆市企业持续加大研发经费投入，增强企业自主创新能力❸，2021 年 5 月 27 日，肇庆市公布了《肇庆市企业研发财政补助资金管理办法》，该办法有利于进一步解决拥有自主技术企业资金周转困难问题，鼓励企业创新，提高申请发明专利的积极性，同时推动企业转型升级，提高企业对知识产权变现的热情。笔者将简析该办法中有关知识产权方面的内容。

---

❶ 广东印发《广东省战略性产业集群中小企业知识产权保护与运用三年行动计划（2021—2023 年）》[EB/OL].（2021-11-10）[2022-03-03］. http：//amr. gd. gov. cn/zwdt/xwfbt/content/post_3635810. html.

❷ 广东省市场监管局出台行动方案，提出 16 项支持措施助力大湾区创新发展 [EB/OL].（2021-12-21）[2022-05-03］. http：//amr. gd. gov. cn/zwdt/xwfbt/content/post_3730181. html.

❸ 肇庆市科学技术局关于印发《肇庆市企业研发财政补助资金管理办法》的通知 [EB/OL].（2021-05-28）[2022-04-22］. http：//www. zhaoqing. gov. cn/xxgk/zcfg/zxwj/content/post_2525903. html.

第一,各部门协同合作,形成立体管理格局。由肇庆市科学技术局牵头,会同肇庆市财政局、肇庆市税务局、肇庆市统计局加强补助资金申请的管理,跨部门对企业申请材料进行核查。多个单位共同进行核查工作,一方面发挥特定部门在特定领域的专门性作用,另一方面提高了核查工作的科学性与严谨性,体现了肇庆市对科研企业发展及补助的高度重视。

第二,补助对象为肇庆市符合特定条件科研型企业,如规模以上工业企业需已建立研发机构、年度研发费投入不低于200万元、企业诚信记录良好等。该办法对于扶持企业要求不高,但企业应当具备一定的科研能力与科研热情,体现了肇庆市大力促进科研企业发展的决心和行动力。

第三,加强风险监控,获得补助资金的企业要自觉接受科技、财政、税务、统计部门的监督和检查,肇庆市科学技术局可以遴选第三方机构开展专项检查。应当归还补助资金的企业,经依法追回,仍不按期归还补助资金的,由肇庆市科学技术局列入科研失信名单,并按省、市科研诚信相关管理制度处理。一方面,第三方机构的可引入性防止出现既当裁判员又当运动员的尴尬局面,提升补助监管的可行性与权威性,另一方面,企业不诚信责任的规定也切实避免有部分企业弄虚作假,窃取国家资源。

《肇庆市企业研发财政补助资金管理办法》的制定,对于肇庆市帮助本地科技型企业解决资金问题,化解运营风险,推动肇庆科技型企业更好发展具有重要意义。同时,也有助于促使肇庆市产生一批拥有核心自主知识产权的企业,为该市的知识产权建设提供强大支撑。

(二)《肇庆市关于实施粤港澳大湾区个人所得税优惠政策财政补贴管理办法》

为落实粤港澳大湾区个人所得税优惠政策,切实做好肇庆市境外高端人才和紧缺人才认定及个人所得税财政补贴工作❶,2021年6月29日,肇庆市

---

❶ 肇庆市财政局 肇庆市科学技术局 肇庆市人力资源和社会保障局 国家税务总局肇庆市税务局印发《肇庆市关于实施粤港澳大湾区个人所得税优惠政策财政补贴管理办法》的通知[EB/OL].(2021-07-16)[2022-03-03]. http://www.zhaoqing.gov.cn/xxgk/zfgb/2021nd6q/szfbmgfxwj/content/post_2546829.html.

公布了《肇庆市关于实施粤港澳大湾区个人所得税优惠政策财政补贴管理办法》，该办法有利于缓解和解决受疫情影响在肇人才资金问题，鼓励个人创新，提高申请发明专利的积极性，推动肇庆发展模式转型升级，提高知识产权变现热情。笔者将简析该办法中的有关内容。

第一，明确各相关部门按照工作职责、规范程序和分工协作的原则。科技部门负责境外高端人才的认定和补贴受理，人力资源和社会保障部门负责境外紧缺人才的认定和补贴受理，税务部门负责对申请人缴纳的所得项目、应纳税所得额、已缴税额等数据协助审核，财政部门统筹组织科技、人力资源社会保障、税务部门开展审核和发放工作。多个单位共同协作，各司其职，既体现了肇庆市政府机关上下同心的精神，也可以看出肇庆市对于此次税收优惠政策的重视程度。

第二，该办法申请对象为肇庆市境外高端人才和紧缺人才。申请对象应当符合特定资格条件，如香港特区、澳门特区永久性居民，取得"香港优秀人才入境计划"（优才、专业人士及企业家）的香港特区居民，外国国籍人士，或取得国外长期居留权的留学回国人员和海外华侨、有一定的经营期限或工作期限、遵守法律法规、科研伦理和科研诚信等。申请对象在具备上述条件的基础上，根据所述不同类别，应同时满足进一步条件，包括是否为国家、省重大人才工程的入选者、是否具备博士学位、是否为科研人员等。该办法申请对象具有特定性，在一定程度上为肇庆市的科研创新动力复苏提供了助推力。

第三，加强风险监控，申请人及其所在单位提供虚假申报材料或申请人有不缴、少缴应纳个人所得税税款行为的，经查实后，取消申请人的申请资格；对已经取得财政补贴资金的，对财政补贴资金予以追缴；涉嫌犯罪的，依法追究刑事责任。对提供虚假材料的申请人和提供虚假材料的扣缴义务人，由受理审核部门将有关情况提交肇庆市信用信息共享平台，并取消该申请人三年内申请财政补贴的资格。该规定一方面推进税收优惠政策，为人才发展扫除障碍，另一方面也避免有部分人通过此政策来骗取国家资金，为肇庆市知识产权事业保驾护航。

《肇庆市关于实施粤港澳大湾区个人所得税优惠政策财政补贴管理办法》的公布，对于肇庆市助力新冠肺炎疫情后时代的经济复暖问题，帮助本地科技型人才解决资金问题,推动肇庆科技型人才更好发展具有重要意义。同时,也有助于促使肇庆市凝聚一批拥有创造力的科技型人才,为该市的知识产权建设提供强大支撑。

二、肇庆市知识产权发展状况

如上所述,为加快推进肇庆市科研创新水平,提升肇庆市知识产权保护水平,打造知识产权建设强市,肇庆市从企业和人才两方面入手,先后出台了一系列推动其知识产权建设的制度和政策。随着疫情后时代经济的逐步复苏,肇庆市知识产权建设亦逐步回归正轨,知识产权事业有一定程度的向好趋势,在知识产权企业、专利授权、商标申请和注册、知识产权保护、人才培养等各方面都有所进步。

(一) 知识产权企业发展状况

1. 肇庆市高新技术企业发展态势趋好

(1) 获得广东省高新技术企业认定的数量有所上升

根据广东省科学技术厅于2021年4月13日公布的《广东省科学技术厅 广东省财政厅 国家税务总局广东省税务局关于公布广东省2020年高新技术企业名单的通知》中四批高新技术企业名单,共有13198家企业被认定为广东省高新技术企业,其中肇庆市共有141家。广东省科学技术厅于2022年2月23日公布的《广东省科学技术厅 广东省财政厅 国家税务总局广东省税务局关于公布广东省2021年第一批、第二批高新技术企业名单的通知》,❶ 2022年3月28日公布的《广东省科学技术厅 广东省财政厅 国家税务总局广东省

---

❶ 广东省科学技术厅 广东省财政厅 国家税务总局广东省税务局关于公布广东省2021年第一批、第二批高新技术企业名单的通知 [EB/OL]. (2022-02-23) [2022-03-21]. http://gdstc.gd.gov.cn/zwgk_n/tzgg/content/post_3818488.html.

税务局关于公布广东省 2021 年第三批高新技术企业名单的通知》❶ 分别公布了共计三批高新技术企业名单,其中肇庆市共有 571 家。由于企业数量较多,故以下仅列举 2020 年、2021 年粤港澳大湾区八大城市的情况作对比(不含深圳),具体详见表 11-1。❷

表 11-1　2020—2021 年广东省部分城市获省高新技术企业数量　　单位:家

地区	2020 年数量	2021 年数量
肇庆	141	571
广州	3492	3620
东莞	2089	3145
佛山	1647	3308
中山	581	844
惠州	597	895
珠海	661	693
江门	371	623

从表 11-1 可以看出,与珠三角地区其他城市相比,肇庆市拥有的省级高新技术企业的数量排名比较靠后,但相比于 2020 年的数据,2021 年肇庆市获得广东省高新技术企业数量大幅增长。在 2021 年新冠肺炎疫情后时代的经济恢复期,全省各市获省高新技术企业的数量均有一定涨幅,其中肇庆市的涨幅最大,足以看出肇庆市知识产权事业的建设取得了一定成效,肇庆市政府应当制定相关政策继续激发本市企业的创新潜力,努力缩小与省内其他城市的差距。

(2) 获得市级高新技术企业认定情况

根据肇庆市科学技术局官网公布的《2021 年度肇庆市国家高新技术企业培育库入库企业名单》显示,2021 年度被认定为市级高新技术企业的有 63

---

❶ 广东省科学技术厅　广东省财政厅　国家税务总局广东省总局关于公布广东省 2021 年第三批高新技术企业名单的通知 [EB/OL].(2022-03-28)[2022-03-21]. http://gdstc.gd.gov.cn/zwgk_n/tzgg/content/post_3895984.html.

❷ 广东省科学技术厅　广东省财政厅　国家税务总局广东省税务局关于公布广东省 2020 年高新技术企业名单的通知 [EB/OL].(2021-04-13)[2022-03-21]. http://gdstc.gd.gov.cn/zwgk_n/tzgg/content/post_3260601.html.

家,其中排名前四的区(县/市)分别是:端州区 18 家,高要区 17 家,高新区 9 家,四会市 8 家,占比分别为 28.57%、26.98%、14.29%、12.70%。笔者基于关于认定 2020 年度肇庆市高新技术企业的通知❶的名单进行统计,与 2021 年肇庆市各行政区国家高新技术企业培育库入库企业数量进行对比,详见表 11-2。❷

表 11-2 2020 年肇庆市各行政区获市级高新技术企业数量和 2021 年各行政区国家高新技术企业培育库入库企业数量对比

地区	2020 年市级高新技术企业数量/家	2021 年国家高新技术企业培育库入库企业数量/家
端州区	12	18
高要区	7	17
四会市	13	8
高新区	6	9
鼎湖区	1	4
怀集县	1	—
德庆县	2	4
广宁县	3	3

从以上数据可以看出,肇庆市各区县的市级高新技术企业的分布是比较不均匀的,各地发展差异较大。将 2021 年认定为国家高新技术企业培育库入库企业数量与 2020 年认定为高新技术企业数量进行比较可以看出,2021 年经济发展和技术创新得到一定程度的恢复,但与此同时,数据也反映出肇庆市的高新技术企业数量仍比较匮乏,说明其知识产权事业的发展仍然任重而道远。

2. 肇庆市知识产权示范企业发展状况

2020 年,肇庆市被确定为省级知识产权示范企业有 6 家,2021 年为 14

---

❶ 肇庆市科技局 [EB/OL]. (2022-12-23) [2022-03-23]. http://www.zhaoqing.gov.cn/zqkjj/gkmlpt/content/2/2428/post_2428117.html#4101.

❷ 肇庆市科技局 [EB/OL]. (2022-03-11) [2022-03-23]. http://www.zhaoqing.gov.cn/zqkjj/gkmlpt/content/2/2678/post_2678658.html#21205.

家，发展有所进步。为了进行客观的比较，笔者查找了同期珠三角地区部分城市的相关情况，具体如表11-3所示。❶

表11-3 2020—2021年广东部分城市知识产权示范企业数量

地区	2020年/家	2021年/家
肇庆	6	14
广州	129	135
深圳	67	65
佛山	107	139
东莞	76	51
珠海	33	21
中山	15	24
惠州	11	16

从表11-3可以看出，2020—2021年，肇庆市获得省级知识产权示范企业从6家增加至14家，获得一定成效。但总体上而言，肇庆市在省级知识产权示范企业数量较广东其他城市明显偏少，企业的发展状况和其他城市相比差距明显，这说明肇庆市的知识产权发展仍然不够充分。但也应该看到，肇庆市的知识产权省级示范企业总体呈现增长趋势，未来还有较发展空间。

（二）知识产权取得情况

1. 专利授权数量增长明显

2020年，肇庆市专利授权总数达6326件，其中发明385件，实用新型4314件，外观设计1626件。2021年，肇庆市专利授权数量总共7584件，同比增长19.89%，其中发明602件，实用新型4901件，外观设计2081件。从增长率方面看，2020—2021年的同比增长居珠三角地区中下水平；从数量而

---

❶ 广东省知识产权保护协会［EB/OL］. ［2022-03-21］. http：//www.gdippa.com/news/down.aspx？page=1&ChannelId=020203.

言,远远不及广州、深圳等其他城市。详情见表11-4。❶❷

表11-4 2020—2021年广东省部分城市专利授权情况　　　单位:件

城市	2020年				2021年				同比增长/%
	发明	实用新型	外观设计	合计	发明	实用新型	外观设计	合计	
肇庆	385	4314	1626	6326	602	4901	2081	7584	19.89
深圳	31138	121613	69661	222412	45202	154797	79181	279180	25.52
广州	15077	83462	57296	155835	24120	106900	58496	189516	21.61
东莞	8718	45639	19946	74303	11690	59949	22934	94573	27.28
佛山	5652	41989	26229	73870	8306	54878	33303	96487	30.62
中山	1032	18217	20449	39698	1546	20094	19873	41513	4.57
惠州	1706	12943	4410	19059	2158	18688	4778	25624	34.45
珠海	4362	16569	3503	24434	5402	18176	3623	27201	11.32

从表11-4可以看出,肇庆市专利授权数量整体呈上涨趋势,尤其是发明的授权数量增长较为明显,同比增长56.36%。然而,从组成结构来看,虽然肇庆市的专利授权数量增长快速,但是基本集中在实用新型和外观设计,发明的占比较低。此外,跟广州、深圳等珠三角地区其他城市相比,肇庆市的专利授权数量仍远远不足,这也反映了肇庆市的知识产权发展状况还不够理想。

2. 有效发明数量增长较快

2020—2021年,肇庆市的有效发明数量呈明显增长趋势,从2020年的1977件到2021年的2420件,增长了22.41%,其同比增长在珠三角地区城市中处于中下水平。具体见表11-5。❸

---

❶ 2000—2019年广东省各市专利申请情况［EB/OL］.（2020-02-27）［2022-03-22］. http://amr.gd.gov.cn/zwgk/sjfb/tjsj/content/post_2910458.html.

❷ 2020年1—11月各市专利授权情况［EB/OL］.（2021-01-19）［2022-03-24］. http://amr.gd.gov.cn/zwgk/sjfb/tjsj/content/post_3179136.html.

❸ 广东省截至当月底各市有效发明专利量（知识产权）［EB/OL］.［2022-03-24］. http://gddata.gd.gov.cn/data/dataSet/toDataDetails/29000_02600057.

表 11-5 2020—2021 年广东省部分城市有效发明专利量　　　单位：件

地区	2020 年	2021 年	同比增长/%
肇庆	1977	2420	22.41
深圳	160046	198033	23.74
广州	71342	93132	30.54
东莞	37431	48290	29.01
佛山	27694	34566	24.81
中山	8384	9673	15.37
惠州	8612	10482	21.71
珠海	19003	24111	26.88

从表 11-5 的数据中可以看出，肇庆市的有效发明专利数量跟珠三角地区其他城市相比，差距较悬殊；从其同比增长来看，不如广州、珠海、东莞等城市，这说明肇庆市的知识产权基础较为薄弱，有进一步发展的潜力，未来依然有较大的发展空间。

3. PCT 专利申请量明显偏少

2020 年，肇庆市 PCT 专利申请量是 30 件，占当年广东省 PCT 专利总申请量的 0.14%。2021 年，肇庆市的 PCT 专利申请量是 23 件，占广东省 PCT 专利总申请量的 0.09%，比起 2020 年有所退步，在广东省排名较靠后。具体情况如表 11-6 所示。❶

表 11-6 2020—2021 年广东省部分城市 PCT 专利申请　　　单位：件

地区	2020 年		2021 年	
	申请量	占比/%	申请量	占比/%
深圳	20209	71.92	17443	66.89
广州	1785	6.35	1900	7.29
东莞	3787	13.48	4408	16.90
佛山	745	2.65	924	3.54
惠州	331	1.18	457	1.75

---

❶ 2020 年和 2021 年的数据来自广东省市场监督管理局，由笔者申请信息公开获取。

续表

地区	2020 年		2021 年	
	申请量	占比/%	申请量	占比/%
珠海	522	1.86	493	1.89
中山	256	0.91	163	0.63
肇庆	38	0.14	23	0.09

从以上数据可以看出，2021 年，广东 PCT 专利申请量有所下降，肇庆市 2021 年的 PCT 专利申请量较 2020 年略有下降。从绝对数值方面看，肇庆市的 PCT 专利申请量跟广东省其他城市相比，依然差距悬殊，这也反映了肇庆市在 PCT 专利申请方面存在的不足和劣势，也是未来肇庆市知识产权针对性发展需要努力补齐的短板。

4. 商标申请量和注册量呈增长趋势

截至 2021 年第四季度，广东全省的商标申请量、注册量和有效注册量分别为 1738500 件、1437978 件和 6766377 件，其中，肇庆市的商标申请量、注册量和有效注册量分别为 10876 件、8704 件、45650 件，有效注册量相比 2020 年同期增长 19.45%。肇庆市各地区申请和注册情况详见表 11-7。此外，笔者摘录了广东省其他城市的数据，客观地反映肇庆市在广东省知识产权的发展情况，具体见表 11-8。❶

表 11-7　2020—2021 年肇庆市各区县商标申请、注册状况　　单位：件

区（县、市）	2020 年			2021 年		
	申请量	注册量	有效注册量	申请量	注册量	有效注册量
端州区	1823	1099	7123	1712	1516	8325
鼎湖区	760	608	2433	742	582	3024
广宁县	671	349	2856	675	513	3199
怀集县	1650	838	3909	1477	1374	5147

---

❶ 国家知识产权局商标局 [EB/OL]. [2022-03-21]. http://sbj.cnipa.gov.cn/sbsj/202112/t20211231_5806.html.

续表

区（县、市）	2020年			2021年		
	申请量	注册量	有效注册量	申请量	注册量	有效注册量
封开县	897	308	1494	1050	796	2196
德庆县	231	156	1281	319	209	1476
高要区	1391	860	7106	1667	1153	8097
四会市	1599	1053	6502	1493	1208	7087
高新技术产业开发区	—	—	—	—	—	—

表11-8　2020—2021年广东部分城市商标申请、注册情况　　单位：件

城市	2020年			2021年		
	申请量	注册量	有效注册量	申请量	注册量	有效注册量
肇庆	10662	6305	38216	10876	8704	45650
广州	486261	298343	1514106	485618	395000	1881904
深圳	584659	362942	1730268	574780	464393	2165693
珠海	32150	17951	103708	32555	24991	126382
惠州	35317	20476	97570	33828	28693	124438
中山	55785	33724	194433	55452	45723	235708
佛山	121593	75195	413433	126252	103758	511857
东莞	123711	82284	382716	119358	99541	480317

从表11-7的数据可以看到，肇庆市2020—2021年的商标有效注册量总体呈增长趋势，商标申请数、注册数、有效注册量基本集中在端州区、怀集县、高要区、四会市这四个地方。虽然较2020年，2021年肇庆市的商标有效注册数总体有所增长，但是从表11-8的数据中也可以反映出，就广东范围而言，肇庆市的商标申请量、注册数以及有效注册数仍旧比较靠后，跟广州、深圳、珠海等城市相比，差距是非常明显的，这也在一定程度上为肇庆市未来的知识产权发展提供了需要努力的方向。

5. 地理标志发展优势明显

地理标志商标是鉴别某个地区或地点的产品，对该产品的质量或者其他确定的特性主要取决于产地，标志着产品的正统"出身"，也标志着一个地区或地点的"名片"。通过申请地理标志商标，有效结合当地的人文资源和自然资源，发展当地特色产业。为落实广东省委省政府乡村振兴战略，推进广东省地理标志工作，肇庆市全面推进地理标志培育、运用和保护工作，大力挖掘培育地理标志产品，大力支持地理标志商标注册；强化地理标志使用运用，完善地理标志产品标准化管理体系，积极打造地理标志品牌；严厉打击地理标志违法行为，提高地理标志主体保护能力。在开展地理标志培育工作的同时，肇庆市积极指导商标注册人规范管理和使用专用标志，利用网络交易模式开展电商服务和宣传力度，拓宽产品销售渠道，提高地理标志商标的市场知名度和美誉度，发挥地理标志商标在促进经济增长和农民收入方面的作用。

从"开放广东"公布的数据中可以看到，肇庆市近两年的地理标志注册商标数量一直居全省前列，超过了广州、深圳、佛山等地。在获批的广东省地理标志保护产品名单中，肇庆市占据了20个，详情见表11-9和表11-10❶。

表11-9　2020—2021年广东省部分城市有效地理标志注册数量　　单位：件

城市	2020年	2021年
肇庆	16	20
广州	11	11
深圳	1	1
珠海	1	1
惠州	9	7
中山	3	3
佛山	10	6
东莞	3	2

---

❶ 地理标志保护产品专用标志使用企业清单 [EB/OL]. [2022-03-21]. https://gddata. gd. gov. cn/opdata/detail? id=29000%2F02600072.

表 11-10　2021 年广东省部分城市获批地理标志保护产品情况

所属地市	数量/件	产品名称
肇庆	20	端砚、肇庆裹蒸、文㕶鲤、文㕶鲩、麦溪鲤、麦溪鲩、活道粉葛、高要巴戟天、怀集茶秆竹、汶朗蜜柚、桥头石山羊、谭脉西瓜、岗坪切粉、新岗红茶、封开油栗、封开杏花鸡、德庆贡柑、广绿玉、四会贡柑、四会砂糖桔
广州	11	从化荔枝蜜、钱岗糯米糍、增城丝苗米、增城迟菜心、派潭凉粉草、增城挂绿、增城荔枝、萝岗糯米糍、萝岗甜橙、新垦莲藕、庙南粉葛
深圳	1	南山荔枝
珠海	1	白蕉海鲈
惠州	7	惠州梅菜、龙门年桔、罗浮山大米、柏塘山茶、观音阁花生、观音阁红糖（观音阁黑糖）、罗浮山荔枝
中山	3	中山脆肉鲩、神湾菠萝、黄圃腊味
佛山	6	香云纱、伦教糕、九江双蒸酒、合水粉葛、乐平雪梨瓜、石湾玉冰烧酒
东莞	2	莞香、东莞米粉

从表 11-9、表 11-10 可以看出，肇庆市连续两年有效地理标志注册数量以及地理标志保护产品数量稳居粤港澳大湾区城市之首，而且数量明显超过其他城市，这反映了近年来肇庆市能够利用自身资源优势，充分挖掘当地地理标志产品，打造地方特色品牌，形成独特的地理标志发展优势，这对肇庆市进一步缩小与其他城市之间的知识产权发展差距具有显著意义。

（三）知识产权保护状况

知识产权的保护力度不仅关系知识产权事业的进一步发展，而且涉及整个社会的创新发展。知识产权的保护到位、完善，不仅能激发创新，推动整个肇庆市创新产业继续向前迈进，带动整个社会的不断发展，而且是肇庆市打造国家知识产权强市战略的有力保障。知识产权的保护主要从两方面进行，一是行政保护，二是司法保护，笔者试图通过对肇庆市近两年知识产权行政保护和司法保护的数据进行分析，以期尽可能了解肇庆市 2020—2021 年的知识产权保护状况。

第11章 肇庆市知识产权报告

1. 行政保护

行政保护是知识产权保护的重要组成部分，较之司法保护而言，行政执法能够快捷、及时地制止知识产权的侵权行为。面对知识产权侵权的专业化、技术化以及知识产权纠纷类型多样化、复杂化的趋势，依靠法院处理知识产权纠纷已不能满足社会发展的需求，需要行政执法来强化知识产权保护。

在肇庆市知识产权局的统筹指导下，肇庆市各级知识产权行政执法部门加大了知识产权的执法、普法工作，深入实施知识产权战略，扎实推进国家知识产权试点城市建设，认真落实知识产权事业发展推进计划，稳步推进知识产权创造、运用、保护和管理各项工作，努力提高肇庆市的自主创新能力，为肇庆市实施创新驱动发展战略提供有力的保障和支撑。

（1）着力提升知识产权执法水平

2021年，肇庆市积极推进知识产权维权援助体系建设，将知识产权保护和援助服务有机结合起来，推动企业的创新创造。同时，为进一步加强知识产权人员培训，推进知识产权纠纷行政调解工作，完善知识产权纠纷行政裁决机制，全面开展知识产权纠纷行政裁决工作，推动肇庆市知识产权保护体系的建设，肇庆市市场监督管理局举办专利侵权行政裁决培训班项目。根据肇庆市市场监督管理局《关于公开遴选2021年度肇庆市市场监督管理局专利侵权行政裁决培训班项目实施单位的公告》[1]显示，报名单位应为依法注册设立、具有独立法人资格的相关企事业单位或行业协会。说明肇庆市市场监督管理局积极运用社会力量，从一线企业到行业协会广泛调动相关领域社会人才，让肇庆市知识产权保护更"接地气""接实际""接民生"，展现了肇庆市政府提升行政执法科学性、民主性的强大行动力。

（2）肇庆市知识产权部门2020年、2021年专利纠纷案件收结情况

肇庆及广东其他部分城市2020—2021年专利纠纷执法数据详情见

---

[1] 关于公开遴选2021年度肇庆市市场监督管理局专利侵权行政裁决培训班项目实施单位的公告[EB/OL]. (2021-06-21) [2022-03-21]. http://www.zhaoqing.gov.cn/zqscjgj/gkmlpt/content/2/2535/post_2535458.html#2154.

表 11 - 11。[1]

表 11 - 11 2020—2021 年广东省部分城市专利纠纷案件立案情况 单位：件

城市	2020 年			2021 年		
	侵权纠纷案件	其他纠纷案件	假冒案件	侵权纠纷案件	其他纠纷案件	假冒案件
广东省	4981	35	227	6754	19	192
肇庆	53	0	5	62	0	5
广州	1760	4	12	1974	6	30
深圳	929	27	18	1055	4	1
佛山	917	0	7	1015	0	2
珠海	31	0	0	114	0	0
惠州	3	0	0	121	0	8
中山	375	0	4	384	0	0
东莞	99	3	0	226	0	6

表 11 - 11 表明 2021 年广东省的专利纠纷案件处理数量相比 2020 年有所上升，主要是经济的恢复使得交易频率有所回升，贸易摩擦也有所增多。在总数呈现上升趋势的过程中，肇庆市的专利纠纷处理案件数量亦有所上升，表明 2021 年肇庆市保护知识产权的力度保持在较好的水平。

2. 司法保护

司法是保障社会公正的最后一道防线，司法保护对于知识产权的保护具有积极的意义，是行政保护的重要补充。通过司法保护，能够有效保障知识产权事业的顺利发展和创新驱动发展战略的实施。近两年来，肇庆市加大对知识产权的规范整治，加强对知识产权的监管力度和创新成果保护力度，获得了良好的社会效果。

根据肇庆市中级人民法院官网显示，2020 年肇庆全市法院共审结各类案件 55996 件，结案率 94.65%，其中审结知识产权民事案件 296 件，刑事案件

---

[1] 专利行政执法案件量统计 [EB/OL]. [2022 - 03 - 21]. https://gddata.gd.gov.cn/opdata/detail? id = 29000%2F02600055.

7件。截至2021年，肇庆全市法院共审结各类案件262083件，其中审结假冒注册商标、侵犯商业秘密等侵犯知识产权犯罪案件32件，侵犯著作权、商标权等知识产权民事案件1855件❶，这反映出肇庆市对侵犯知识产权的行为"零容忍"的态度，为推进粤港澳大湾区建设、保障肇庆市知识产权市场发展提供有力司法保障。

3. 拓展多元化知识产权发展机制，提升服务质量

近两年来，肇庆市积极开展各种知识产权立体发展、服务工作，完善知识产权保护体制机制建设，落实有关知识产权保护的相关政策，不仅帮助企业提高知识产权方面的维权意识，而且引导企业加强技术创新和专利运用，努力为经济发展作贡献。

（1）肇庆智能网联新能源汽车产业知识产权运营中心启动

2021年9月27日，由肇庆市市场监督管理局（知识产权局）主办的肇庆智能网联新能源汽车产业知识产权运营中心启动仪式暨知识产权助力产业高质量发展研讨会在肇庆高新区创新创业科学园科技中心成功举办❷。肇庆智能网联新能源汽车产业知识产权运营中心的建设，既是响应《知识产权强国建设纲要（2021—2035年）》的行动要求，也是响应广东省人民政府培育发展战略性支柱产业部署的重要举措。同时，肇庆市新能源汽车产业知识产权联盟也正式揭牌。该联盟依托于肇庆高新区新能源汽车产业协会，由肇庆理士电源技术有限公司、肇庆小鹏汽车有限公司等企业发起成立。该联盟与广东省绿色能源技术重点实验室、智华（广东）智能网联研究院有限公司等研究机构开展合作，推动高新区新能源汽车产业的技术创新，与广东创智知识产权运营服务有限公司等专业知识产权服务机构合作，积极开展产业知识产权专业服务。

肇庆智能网联新能源汽车产业知识产权运营中心将汇聚各方力量，立足建设成高水平产业知识产权运营平台，推进集成高价值专利培育布局、知识

---

❶ 肇庆中院工作报告在肇庆市第十二届人大第七次会议中获高票通过［EB/OL］.（2016-06-06）［2022-03-21］. http://www.gdzqfy.gov.cn/gzdt/628.html.

❷ 肇庆重点建设"两个平台"筑巢引凤 打造大湾区聚才"洼地"用才"高地"［EB/OL］.（2020-12-21）［2022-03-21］. http://www.zhaoqing.gov.cn/xwzx/zwdt/content/post_2425517.html.

产权运营转化、知识产权维权援助、知识产权公共服务等重点工作，进一步挖掘科技成果价值、促进产业知识产权运营，将知识产权融入产业创新链、资本链和政策链，最大程度激发产业的创新活力，积极发挥知识产权对战略性新兴产业发展的激励和保障作用，盘活、释放知识产权储能，推动肇庆市智能网联新能源汽车产业高质量发展，构建肇庆新发展格局。

（2）出台文件进一步优化营商环境

2021年6月，肇庆市人民政府办公室印发了《〈肇庆市进一步优化营商环境若干措施〉的通知》❶，进一步优化营商环境。在激发创新创业活力方面，肇庆市大力支持创新创业载体建设：高标准建设西江先进制造业走廊，打造粤港澳大湾区高水平制造新城。积极建设各类产学研协同创新平台及创业创新、孵化投资相结合的新型众创空间，以期实现市级创业孵化基地数量同比增长30%以上。鼓励支持国有企业、民营企业、高校、科研院所建设众创空间，为各类创新创业人员提供低成本的创新创业空间。

在人才计划方面，优化实施"西江人才计划"，提高优秀人才吸引力。深入推进"百千万"人才引育工程，健全人才评价激励机制，健全人才综合服务保障体系，在居留和出入境、通关、落户、创新创业、金融服务、职称、教育培训、税收、住房福利、医疗保障、配偶安置、子女入学等方面，为高层次人才提供全方位的政策激励。实施产业人才引育计划，探索"广深港澳研发+肇庆落地、加速、产业化"人才协作新模式。

（四）人才培养和科研建设状况

1. 重视人才培养和引进

为健全人才综合服务保障体系，优化实施"人才绿卡"制度，2021年，肇庆市创新启用了"人才绿卡"智能应用平台，建立了肇庆市"人才绿卡"电子证照库，为人才提供智能化、高效化的服务。为持卡人提供在公安、社保、公积金、公立医院、市场监督、国有银行等机构开设的绿色通道，在安

---

❶ 肇庆重点建设"两个平台"筑巢引凤 打造大湾区聚才"洼地"用才"高地"［EB/OL］.（2020-12-21）［2022-03-21］. http：//www.zhaoqing.gov.cn/xwzx/zwdt/content/post_2425517.html.

居保障、子女入学、就业服务、特设岗位、生活服务等方面提供优享服务；❶为不断提高优秀人才吸引力，肇庆市持续深入推进"百千万"人才引育工程，健全人才评价激励机制，健全人才综合服务保障体系，在居留和出入境、通关、落户、创新创业、金融服务、住房福利、医疗保障、配偶安置、子女入学等方面，为高层次人才提供全方位的政策激励。譬如向符合条件的各类青年人才提供生活补贴、租房补贴、购房补贴等优惠，为持续引进高层次人才打下良好基础。此外，肇庆市还实施产业人才引育计划，探索"广深港澳研发+肇庆落地、加速、产业化"人才协作新模式；肇庆市进一步优化实施"西江人才计划"，积极开展西江创新创业领军人才、肇庆市技能大师及工艺美术大师工作室等人才项目。积极创造有利于人才成长成才的生态环境，吸引更多人才到肇庆创新创业、安居乐业。

2. 加快科技研发机构建设，贯彻创新驱动战略

近年来，肇庆市通过出台系列扶持政策，加大财政投入，完善服务体系，科技研发机构建设成效显著。截至2021年底，规模以上工业企业增加到1356家、增长23.3%，净增高新技术企业160家，国家高新技术企业突破1000家，总量增长5倍，科技创新能力持续提升。建成和在建本科院校达10所，肇庆学院申硕成功，发明专利拥有量增长1.4倍，实现国家、省、市重大人才工程项目全覆盖。产值超百亿元工业企业、国家级科技企业孵化器、国家大学科技园、省实验室实现"零"的突破，获批设立中国（肇庆）跨境电子商务综合试验区。此外，西江高新区、高要产业转移工业园（金利高新区）成功获批省级高新区。❷这些都体现了肇庆市近年来创新能力的持续提高。

三、建议和展望

肇庆市在2019~2021年出台了一系列关于知识产权方面的政策，也取得

---

❶ 肇庆重点建设"两个平台" 筑巢引凤 打造大湾区聚才"洼地"用才"高地" [EB/OL]. (2020-12-21) [2022-03-21]. http://www.zhaoqing.gov.cn/xwzx/zwdt/content/post_2425517.html.

❷ 肇庆市2021年政府工作报告 [EB/OL]. (2021-02-08) [2022-03-21]. http://www.zhaoqing.gov.cn/xxgk/zfgzbg/szfgzbg/content/post_2478048.html.

了较显著的效果，有力地促进了肇庆市社会经济的发展。但是，由于基础较为薄弱，肇庆市知识产权事业仍然存在进一步发展和优化的空间。

（一）知识产权建设与发展存在的问题

1. 企业整体创新能力偏弱

截至2021年，肇庆市全市高新技术企业数量相比珠三角地区其他城市明显偏少，知识产权示范企业寥寥无几，全市高新技术产业和战略性新兴产业相对薄弱，而这在一定程度上反映了肇庆市企业创新能力的不足。其中有两个原因，一是肇庆市的城市规模比较小，商业发展相较于广州、深圳等城市有所差距，企业基数少于广州、深圳等城市；二是企业虽然有一定基数，但是从事的行业大多数算不上是高新科技企业，知识产权数量自然也不如高新技术企业多。

2. 知识产权结构不佳

知识产权结构失衡，尤其是发明和商标的授权状况不佳。从目前的情况看，无论在申请的数量还是质量上，肇庆市都远远落后于广州、深圳等其他珠三角地区城市。PCT专利申请量仅占广东省PCT专利申请总量的0.09%，反映了肇庆市国际化程度不够，国际化人才极为匮乏的问题。此外，肇庆市的专利数量以实用新型和外观设计专利为主，发明专利最少，特别是发明专利的授权量，远低于前两者。总体而言，肇庆市的知识产权申请和授权数量跟珠三角地区其他城市相比差距悬殊。

3. 高端知识产权人才匮乏

虽然近两年肇庆市积极制定了多项引进、孵化高新技术人才等政策，但知识产权人才无论是在质量上还是在数量上都严重不足，无法吸引大量的高层次人才入驻肇庆。由于官方暂未发布2021年度相关数据，截至本章撰写时，通过国家企业信用信息公示系统查询结果，肇庆市知识产权代理服务机构只有 18 家,❶ 远不及广州、深圳、佛山等城市。随着广东华商学院、广东华航航空学院、肇庆开放大学等高校落户,广东工商职业技术大学成为全国民办本科层次职业教育试点学校,肇庆已有 9 所高校,可以说,无论是知识产权服务机构还是知识产权人才孵化基地方面,肇庆市缺口都相对较大,严重制约该市知识产权事业的快速发展。其次,肇庆市由于缺乏较为有科研实力的高校,不利于综合型知识产权人才的培养和知识产权基地的建设。

(二) 完善的对策与建议

1. 深度融入大湾区,整体提升知识产权保护与发展水平

首先,肇庆市应强化与粤港澳大湾区内其他城市的合作,切实把握广东省市场监督管理局《关于服务粤港澳大湾区建设的行动方案》❷的要求,进一步优化营商环境,充分运用互联网、大数据、人工智能、区块链、云计算等新技术手段,为肇庆市知识产权发展大环境注入新能量,同时稳步推进与香港、澳门地区在相关规则方面的有效衔接。第一,肇庆市作为粤港澳大湾区的一员,无论是向先进城市学习还是接收核心城市溢出产业都具有非大湾区城市所不能及的优势。知识产权保险工作是知识产权全链条保护工作的重要一环,对于全面加强知识产权保护具有重要作用。2021 年 10 月 27 日,在广东省市场监督管理局(知识产权局)支持指导下,中国人保粤港澳大湾区知识产权保险中心在广州开发区正式揭牌成立,该中心将致力于整合优质服务资源,聚焦企业发展需求,不断创新丰富知识产权保险产品,为企业提供专业安全、高效便捷的知识产权保险服务。肇庆市在知识产权保护工作上的建设,可与广州开发区互通有无,借鉴广州成功的经验,为肇庆市探索市级知识产权保护服务体系的建设添砖加瓦;第二,肇庆市可以加强粤港澳大湾区城市之间的行政执法人员和司法执法人员专业水平的交流,带头举办、积

---

❶ 专利代理机构名录信息(知识产权)[EB/OL]. [2022-03-21]. http://gddata.gd.gov.cn/data/dataSet/toDataDetails/29000_02600044.

❷ 广东省市场监管局出台行动方案,提出 16 项支持措施助力大湾区创新发展[EB/OL]. (2021-12-21)[2022-03-21]. http://amr.gd.gov.cn/zwdt/xwfbt/content/post_3730181.html.

极协办、主动参加先进城市的知识产权培训班、交流会、行政执法和司法保护论坛，提升肇庆市知识产权执法、司法人员的专业水平；第三，建设粤港澳大湾区知识产权肇庆人才港，同时配齐相应人才孵化基地和服务机构。肇庆市的知识产权服务机构相对较少，可以由政府出资补助知识产权服务机构的设立，激发机构热情，同时可由知识产权协会定期组织派遣相关人员前往广州、深圳、佛山、东莞等知识产权先进城市进行学习交流，在知识产权服务机构的运营、专业水平等方面进行深入合作；第四，肇庆市作为粤港澳大湾区一员，具有得天独厚的"成员优势"，可以积极同广州、深圳、佛山东莞等城市强化合作，共建高新产业聚集区或接收溢出产业，以此为桥梁学习先进城市的丰富经验，增强自身核心竞争力。同时，政府可进一步出台给予优惠落地政策，吸引一部分企业在肇庆落地，促进肇庆市本地的其他同类企业发展。

其次，进一步强化与湾区外城市的合作。除了粤港澳大湾区，国内仍有其他优秀的知识产权先进城市可以学习，如上海、南京、青岛等市。譬如上海市，在全国疫情防控常态化情况下，为统筹好疫情防控和经济社会发展，上海市知识产权局出台《全力抗疫情助企业促发展的若干知识产权工作措施》❶，兼顾防疫知识产权创造、知识产权金融服务、助力企业恢复发展、加强知识产权服务保障等方面，全方位多层次发挥社会力量与资源。同时，肇庆市应进一步加大在国际交流方面的投入，采取"请进来，走出去"等多元方式，为行政执法机关、司法机关、高科技企业等参与知识产权建设、知识产权保护的国际交流，使肇庆市的知识产权建设与保护能在较高起点上起步，在较快时间内形成后发优势。

2. 激发高新技术企业创新能力，做大做强做优地理标志产品

首先，高度重视激发与培育高新技术企业的科技创新能力。知识产权事业的发展高度依赖高新技术产业，为了壮大肇庆市知识产权事业，可以发挥

---

❶ 上海市知识产权局关于印发《全力抗疫情助企业促发展的若干知识产权工作措施》的通知[EB/OL]．(2022 – 04 – 08) [2022 – 03 – 21]．https://sipa.sh.gov.cn/zcwj/hzj/20220408/24f041e399724764aeadbe07c3d61ad5.html．

自身的后发优势，在已有高新技术企业，如全球动力电池龙头企业宁德时代、新能源汽车企业小鹏汽车等的带头作用上，进一步加快高新技术企业落地肇庆的步伐，配套相应税收优惠政策、补贴补助政策。同时，要利用广东省财政厅促进经济高质量发展专项资金等机会❶增强肇庆市科技型企业的创新能力，加大对新型科学技术的企业科研投入的支持力度，吸引更多的社会资本投入高新技术产业之中，培育更多、更富创造力的高新技术企业，促进肇庆市企业的知识产权创新、转化和应用能力的提升，进一步优化肇庆市企业的结构。

其次，地理标志是一个城市的名片，而肇庆市拥有广东省内最多的地理标志产品，在一定程度上可以宣传肇庆市，其对于知识产权事业发展也具有重要的作用。肇庆市政府可以以地理标志产品为基础，以已经落户高要区的省农科院农业科技创新中心为技术支撑，发挥自身独特的地理标志产品优势，发展现代化农业，规模化优质地理标志产品，同时加强农业科学技术的发展，增强肇庆市农业科学实力，打造一张肇庆市的知识产权名片。2022年3月，《广东省地理标志条例（征求意见稿）》发布❷，我国将迎来首部综合性地理标志地方性法规。肇庆市作为省内地理标志产品的带头城市，应当加强地理标志品牌意识，增大推动力度，让大量有特色、有价值的地理标志为肇庆创造更多价值，扩大肇庆市的影响力，采取有效措施促进地理标志产品开拓国际市场，提高国际知名度和美誉度。推进粤港澳大湾区地理标志规则衔接，加强与港澳地理标志贸易合作，举办国际地理标志贸易博览会。该征求意见稿的发布是发展肇庆市知识产权事业的机遇。

3. 进一步完善知识产权保护、服务体系，优化知识产权结构

首先，继续完善知识产权服务支持平台与规则。服务型政府是习近平新

---

❶ 关于下达2021年度省促进经济高质量发展专项资金（市场监督管理-知识产权创造运用保护及省部会商、专利奖励）的通知［EB/OL］.（2021-04-19）［2022-02-31］. http：//www.zhaoqing.gov.cn/zqczj/gkmlpt/content/2/2509/post_2509013.html#20896.

❷ 粤拟制定全国首部综合性地理标志地方性法规 推进粤港澳大湾区地理标志规则衔接［EB/OL］.（2022-03-10）［2022-02-31］. http：//www.gd.gov.cn/gdywdt/bmdt/content/post_3881014.html.

时代中国特色社会主义思想领导下的一个重要建设方向，知识产权服务体系是政府为知识产权事业保驾护航的一大重要法宝。只有企业知道如何变现知识产权以及如何保护知识产权，才真正有动力去发展自身的知识产权，激发创造知识产权的热情。目前，广东已上线广东省知识产权维权援助公共服务平台❶，在这方面，肇庆市要积极吸纳经验，结合自身实际情况，逐步完善知识产权维权服务体系，包括但不限于建设市知识产权维权援助公共服务平台、知识产权维权援助中心、各区建立重点产业知识产权维权援助和知识产权保护工作站、支持知识产权侵权纠纷案件行政裁决的检验鉴定工作、知识产权宣传活动、支持知识产权服务机构引进中高端人才、高校和知识产权密集型产业高价值专利培育运营技术和数据支持、支持举办知识产权大型活动等。

其次，正如前文分析，肇庆市发明专利占比较低，应加大对发明专利的资助、扶持力度。发明专利多是行业的核心技术，发明专利的多少已成为衡量一个城市知识产权实力的重要指标。发明专利申请难，申请周期长，部分企业没有足够的精力申请，并且缺乏专业的知识产权代理机构进行指导。因此，肇庆市可学习上海经验❷，探索构建审批时间缩短、审批程序简化的"一站式、一体化"发明专利服务体系，同时加快知识产权代理机构建设，帮助企业申请发明专利。

4. 协同执法，为知识产权稳步发展保驾护航

首先，府院联动，形成合力。知识产权事业的建设需要多方合力，不仅需要企业发展自己的创新能力，还需要政府行政执法人员和司法人员的专业素质过关。知识产权的申请，特别是发明专利的申请需要专业人员审核，如果审核人员的专业素养不够，那么就会不可避免地出现部分专利浑水摸鱼被授权为发明专利骗取国家资助资金的行为，损害国家利益。因此，可以通过开展市内、跨市专家研讨会、定期专业学习班、工作汇报研讨会等形式提升

---

❶ 广东省知识产权维权援助公共服务平台上线运行［EB/OL］．（2021 - 12 - 30）［2022 - 03 - 21］．https：//economy.southcn.com/node_f3202550a3/0823162150.shtml.

❷ 上海市知识产权局关于印发《全力抗疫助企业促发展的若干知识产权工作措施》的通知［EB/OL］．（2022 - 04 - 08）［2022 - 03 - 21］．https：//sipa.sh.gov.cn/zcwj/hzj/20220408/24f041e399724764aeadbe07c3d61ad5.html.

相关人员的专业水平。除了以上形式，还可以通过组织类似检察院中十佳公诉人比赛的竞赛，组织十佳知识产权执法人员的比赛，邀请知识产权专家作为裁判，同行之间友好切磋，提升专业能力。

其次，《民法典》第1185条规定："故意侵害他人知识产权，情节严重的，被侵权人有权请求相应的惩罚性赔偿"，据此，可进一步加强知识产权宣传，进一步提升市内各类主体的知识产权保护意识。另外，肇庆市在培养高新技术企业高端人才和知识产权服务机构高端人才时一方面要加强高端人才的专业技能的培训和交流，如开办知识产权战略培训班❶、组织高端人才论坛、促进本地高校与研究所之间的交流等；另一方面要强化高端人才知识产权意识，认清《民法典》新增知识产权惩罚性赔偿制度的立法目的，自发地尊重他人的知识产权，并通过学习《民法典》增加保护自己知识产权的手段，在思想上武装知识产权。

---

❶ 广东省知识产权保护中心关于举办企业知识产权战略实务线上培训活动的通知 [EB/OL]. (2022-01-21) [2022-03-26]. https://www.gippc.com.cn/ippc/tzgg/202201/3a38579f08e94f41918e106e2e791480.shtml.

第 12 章　江门市知识产权报告

江门市自进入国家知识产权试点城市示范培育阶段以来，一直秉承高质量、绿色发展的理念，稳步推进江门市知识产权建设与保护工作，营造良好的法制化营商环境。根据2021年江门市政府工作报告，预计地区生产总值突破3500亿元，年均增长6.1%；规模以上工业增加值达1250亿元、年均增长7.3%，社会消费品零售总额达1273亿元、年均增长6.7%，外贸进出口总额达1789亿元、年均增长7.2%，地方一般公共预算收入达279.8亿元、年均增长7%；固定资产投资年均增长8.6%，五年累计完成9360亿元。江门市抢抓"双区"建设重大机遇，发展环境愈发优越，趁势加快打造多个重大平台，如江门大型产业集聚区、华侨华人文化交流合作重要平台、人才岛等。

江门市工业创新水平不断提升，不断推动工业立市、制造强市，加快构建现代产业体系。高技术制造业、先进制造业增加值占规模以上工业增加值比重分别提升至12.5%、41%。❶ 在招商引资方面，累计引进投资超亿元工业项目774个，投资总额达3625亿元，其中新投产项目266个，成效显著。科技创新能力显著提升，江门国家高新区排名跃升至第59位，新增2个省级高新区，高新技术企业数量增长5倍，省级工程技术研究中心数量增长2.5倍，省级企业技术中心数量翻一番。❷ 江门市主动融入粤港澳大湾区国际科技创新中心建设，中科院（江门）中微子实验站、华南生物医药大动物模型研究院（江门）基建工程基本完成，与香港科技大学共建江门"双碳"实验室，与澳门科学技术发展基金合作设立江澳科技创新联合资助项目。

江门市改革攻坚重点领域，激发市场发展活力。推进商事制度改革，"多

---

❶❷ 2022年江门市政府工作报告［EB/OL］．（2022 – 01 – 19）［2022 – 04 – 30］．http：//www.jiangmen.gov.cn/newzwgk/bggb/zfgzbg/content/post_2515743.html.

证合一""证照分离"改革成为全国首批法治政府建设示范项目,已连续三年在广东建设考评中荣获优秀等次。

江门市科技创新能力增强,战略性产业集群效应明显。推行"链长制",重点围绕14条制造业产业链、六大特色优势农业产业和建筑业,建立市领导定向联系负责产业链工作制度,出台政策助力稳链、补链、强链、控链,从而壮大江门市的产业规模,增强集聚效应。高技术制造业和先进制造业增加值分别增长35%、18%,新能源电池、金属制品、新一代信息技术、船舶与海工装备等产业链产值增幅超30%。产业创新能力持续提升,新增高新技术企业305家、省级科创平台26家,发明专利授权量达885件,增长57%;培育23个省级工业互联网标杆示范项目,推动204家企业"上云上平台";广东富华重工制造有限公司成为国家"单项冠军"企业,新增6家国家专精特新"小巨人"企业、28家省专精特新中小企业;成立总规模40亿元的新兴产业投资基金;广东奇德新材料股份有限公司、广东芳源新材料集团股份有限公司、广东绿岛风空气系统股份有限公司3家企业成功上市。

下面将围绕江门市2021年知识产权建设与保护工作进行介绍。

一、江门市知识产权制度和政策

2021年,江门市相继出台了一系列知识产权建设与保护方面的政策,这些政策主要有两个特色:一是加大资金扶持力度,出台的政策大多为资金扶持管理办法,比如《江门市知识产权扶持专项资金管理办法》和《江门市科学技术局关于科技金融扶持资金操作细则》;二是重视科技型中小微企业激励,比如《江门市2021年省下达地市知识产权工作专项资金(知识产权促进类)项目申报指南》《江门市商务局关于激励新投资的实施办法》以及《江门市科技企业孵化载体认定管理办法》;三是加大知识产权保护力度,比如《江门市强化知识产权保护工作实施方案》;四是人才引进、优化服务专项,比如《江门市制造业高质量发展人才支撑"八大计划"行动方案》《江门市进一步激励企业高管、骨干人才若干措施》以及《江门市人力资源和社会保障局关于市级人力资源服务产业园认定管理办法》。具体而言,2021年度江门市知识产权建设与保护方面的政策包括以下几项:

(一) 出台《江门市知识产权扶持专项资金管理办法》

科技创新平台是科技创新体系的重要组成部分，具有聚集研发资源、促进关键技术研发、优化产业结构以及提升区域创新能力等作用。科技创新平台的建设离不开政府的政策引导和宏观调控作用。2021年7月，江门市市场监督管理局、江门市财政局发布了《关于印发〈江门市知识产权扶持专项资金管理办法〉的通知》。该办法自2021年8月23日起施行，共9章32条，从适用范围、扶持资金分担比例、部门职责、扶持范围、扶持标准和条件、资金申报和审批流程等内容进行规定。该办法具有以下特色：

第一，降低了国内发明专利授权后和PCT专利进入国家阶段授权的资助标准。根据《广东省知识产权局转发国家知识产权局关于进一步严格规范专利申请行为的通知》（粤知〔2021〕11号）有关要求，逐步减少对专利授权的各类财政资助。该办法规定，国内发明专利授权资助为0.15万元/件；PCT专利进入国家阶段授权资助中，单位为1万元/件，个人为0.3万元/件。

第二，增设知识产权证券化的资助，推动知识产权金融创新，加大对转化运用的支持。该办法规定，对具有创新性的知识产权证券化产品，按其实际发行金额的2%给予发行主体资助，单个发行主体每年最高可获300万元。对通过知识产权证券化产品实现融资的企业，按其实际融资金额2%的年利率给予资助，每笔融资资助期限最长3年，单个企业每年获得最高资助额为100万元。

第三，新设产业规划类专利导航项目，强化利用专利分析开展产业专利布局、发展方向与创新路径导航。该办法规定，通过竞争性方式，择优选择产业规划类专利导航项目给予一次性补助30万元。申请产业规划类专利导航项目应当符合以下条件：①申报主体应由江门市内国家级、省级各类创新中心或由具有独立法人资格的社会团体牵头，联合知识产权服务机构共同申报。②申报主体具有优良的专利信息资源开发的软硬件设施和丰富的专利信息分析利用经验。

第四，新设知识产权海外护航项目，支持企业开展知识产权海外布局和维权工作，为企业"走出去"保驾护航。该办法规定，通过竞争性方式，择优选择知识产权海外护航项目给予一次性补助20万元。

第五，提高了中国专利奖、广东专利奖奖励标准，引导创新主体积极申报中国专利奖和广东专利奖，强化高价值专利培育意识。

第六，对实现知识产权质押融资的企业进行贷款利息、评估费用、贷款保证保险费用资助，进一步提高资助标准、扩大受惠企业面，引导更多金融机构、企业参与知识产权质押融资，更好地解决创新主体的融资难题。

据统计，2021年以来，江门市共发放扶持专项资金约2400万元，扶持战略性产业集群知识产权高质量发展项目4项、高价值专利培育布局中心26个、产业规划类专利导航项目8项和知识产权海外护航项目8项等，充分激发社会创新创造的活力。❶

（二）出台《江门市强化知识产权保护工作实施方案》

2021年以来，江门市建立知识产权战略实施工作联席会议制度，充分发挥知识产权工作协调推进机制的作用，逐渐形成党委、政府统筹推进，部门齐抓共管的工作格局。该实施方案是江门市首个强化知识产权保护的纲领性文件，从六大方面、24项任务、60项举措落实知识产权保护工作，以强化高质量发展导向，进一步发挥知识产权在创新驱动发展中的支撑作用。该实施方案具体亮点如下。

1. 坚持三项原则

（1）坚持目标导向和问题导向相结合

该实施方案坚持目标导向和问题导向相结合，细化《关于强化知识产权保护的意见》《关于强化知识产权保护的若干措施》的落实，增强针对性和可操作性，保障《关于强化知识产权保护的意见》《关于强化知识产权保护的若干措施》的有效实施。同时，聚焦江门市知识产权保护工作中存在的突出问题，提供更为有力、更加务实的制度保障和支撑。

---

❶ 江门一季度发明专利授权量同比增长超两成［EB/OL］.（2022-04-26）［2022-04-30］. https：//www.sohu.com/a/541532954_120046696.

(2) 坚持统筹推进和重点突破相结合

统筹推进知识产权严保护、大保护、快保护、同保护工作基础的同时，重点强化知识产权刑事打击、司法保护、技术鉴定、快速维权、海外维权、信用监管和新兴产业法治保障等工作措施。

(3) 坚持严格保护和综合治理相结合

在全面强化从严保护的基础上，注重提升知识产权制度运用能力，强化维权援助公共服务，加强社会监督共治，加大对创新主体保护力度，营造强化知识产权保护社会生态。

2. 总体要求为高标准打造知识产权保护高地

坚持严格保护、统筹协调、重点突破、同等保护，促进保护能力和水平整体提升，高标准打造知识产权保护高地，助力江门市经济高质量发展。同时，该实施方案还提出2022年和2025年具体目标。在2022年，实现侵权易发多发现象得到有效遏制，权利人维权难的局面明显改观；到2025年，知识产权法治化、国际化营商环境进一步优化，知识产权保护体制机制更加完善，知识产权制度激励创新的保障作用得到更加有效发挥。

3. 布置五大工作任务

第一，强化制度约束，确立知识产权严保护政策导向。企业、公民的知识产权来之不易，如果不对企业、公民的知识产权加以保护，随意被他人侵权，那么企业、公民的创新意识、积极性以及创造能力将会大大下降，进而造成科技水平不进反退的严重后果。因此，该实施方案指出，要加大侵权假冒行为惩戒力度，严格规范证据标准，完善新业态、新领域保护制度，健全信用监管机制以及加强商业秘密保护，全方位保护公民、企业的知识产权不受侵犯，提高创新能力。

第二，加强社会监督共治，构建知识产权大保护工作格局。单单依靠政府独自行动效果将会很有限，只有号召全社会共同加入保护知识产权的行动中来，不断提升公民自觉保护知识产权的意识，才能达到事半功倍的效果。包括加大执法监督力度、建立健全社会共治模式、加强专业技术支撑、强化重点领域源头保护4项举措。

第三，优化协作衔接机制，突破知识产权快保护关键环节，包括加强跨部门跨区域办案协作、强化新业态、新领域知识产权案件快速处理、探索建立知识产权快保护机构3项举措。

第四，健全涉外沟通机制，塑造知识产权同保护营商环境。针对日益复杂的国内国际环境，该实施方案指出要加强粤港澳大湾区交流合作、加强海外维权援助服务、依法同等保护知识产权、积极开展对外交流合作4项举措。

第五，加强基础条件建设，有力支撑知识产权保护工作，包括强化基础平台建设、加强专业人才队伍建设、加大资源投入和支持力度3项举措。

4. 明确保障措施

此外，该实施方案明确了保障措施，包括加强组织领导、狠抓贯彻落实、强化考核评价、加大奖励激励、加强宣传引导5项举措。

（三）出台《江门市2021年省下达地市知识产权工作专项资金（知识产权促进类）项目申报指南》

为全面加强江门市知识产权促进工作，聚焦战略性支柱产业集群和战略性新兴产业领域，支持一项产业对应一个战略，支持创新主体开展精准高价值专利培育布局，促进知识产权高质量发展，江门市市场监督管理局于2021年2月发布了《江门市2021年省下达地市知识产权工作专项资金（知识产权促进类）项目申报指南》。该申报指南主要内容如下。

1. 项目任务

第一，建立战略性支柱产业和战略性新兴产业专利信息数据库，开展产业高质量发展专利导航分析。
第二，通过发布会等方式研讨及运用专利导航项目成果。
第三，培育布局一批产业技术高价值专利，发明专利申请持续增长。
第四，引导企业加强专利协同创新及运营。

2. 申报主体

江门市内经营的企业、高校、科研机构牵头，联合知识产权服务机构共同申报。

3. 申报条件

牵头单位已认定为国家级或省级新兴产业创新中心、制造业创新中心、技术创新中心、产学研协同创新中心、工程技术研究中心、工程实验室、重点实验室、省级企业技术中心等，上述中心需经国家相关部委或省级厅局认定。

4. 申报要求

各申报单位必须围绕高端装备制造、前沿新材料产业集群等其中之一个集群，再从中选取某一细分技术领域，开展高价值专利培育。

5. 项目数量及经费

项目实施周期为1年。计划立项4项，每项扶持25万元，不足部分由企业给予配套。

（四）出台《江门市制造业高质量发展人才支撑"八大计划"行动方案》

创新驱动实质上是人才驱动。为了使创新成果更快转化为现实生产力，要择天下英才而用之，实施更加积极的人才引进政策，集聚一批站在行业科技前沿、具有国际视野和能力的领军人才。当前，江门市正在大力推进工业立市、制造强市，需要进一步建立健全制造业人才引进、培养、使用、发展、服务全链条体制机制，为制造业高质量发展提供坚强的人才支撑。江门市于2021年2月发布《江门市制造业高质量发展人才支撑"八大计划"行动方案》，加强制造业人才队伍的建设。

该行动方案紧紧围绕江门市制造业高质量发展重点工作、任务、目标，以统筹谋划、一体推进制造业高质量发展和制造业人才队伍建设为主导，推动建立健全制造业人才引进培养体系，创新制造业人才发展体制机制。该行动方案具有如下亮点。

1. 注重整体设计，明确发展目标

该行动方案坚持目标导向，既有宏观目标，如"计划到2025年，制造业人才资源结构逐步优化，制造业人才发展环境持续改善，制造业人才集聚高地初步形成，制造业人才资源基本满足制造业发展需求，逐步构建起与江门市制造业高质量发展相适应、具有区域比较优势的人才发展制度体系"，也有具体目标，如"从业人员受过高等教育比例达到30%以上，高技能人才占技能人才比例达到30%以上，规模以上制造业企业研发人员比例达到8%以上；建设博士、博士后科研创新平台70家以上，在站博士后达到70人以上"。

2. 紧扣发展实际，创新政策体系

该行动方案紧紧围绕江门市制造业人才队伍建设存在的问题矛盾，强基础、补短板、增后劲。为了解决人才供需矛盾问题，提出"定期编制和发布江门市急需紧缺人才目录，强化人才供需双方充分对接，增强引人育人精准性"；为了解决制造业企业人才因为没有头衔而无法申请高层次人才的问题，提出"鼓励支持制造业重点企业举荐高层次人才，享受高层次人才政策待遇"；为了解决提高制造业企业引才竞争力的问题，提出"探索根据制造业重点企业对我市的贡献实施差异化的人才政策支持，适当放宽人才政策条件、提高补贴水平、优化发放方式"。

3. 强化落地保障，培育市场意识

充分发挥市场在人才资源配置中的决定性作用，打造粤港澳大湾区西翼人力资源服务产业园，逐步构建市场化、专业化、信息化、产业化、国际化的人力资源服务体系，为江门市制造业引育人才提供强有力的专业保障。

4. 构建多元评价，推动机制完善

探索下放人才管理权限的有效方式方法，充分激发制造业企业在人才使用评价中的积极性、主动性。通过向有关部门下放职称评审权、鼓励用人单位和社会培训评价组织开发先进制造业技能类行业企业评价规范、鼓励高技能人才参加工程技术职称评审等方式，推动人才评价机制不断完善。

(五)出台《江门市商务局关于激励新投资的实施办法》

先进制造业是发展实体经济的必由之路。发展先进制造业,要把技术摆在更加突出的位置,激活企业的"创新因子"。在竞争日益激烈的制造业市场,"咬住"新技术不放松,才能有力提高产品质量这个核心竞争力,为传统制造业转型升级和新兴制造业脱颖而出提供内生动力。为贯彻落实《江门市稳投资若干工作措施(2020—2022年)》,鼓励引进新投资先进制造业重大项目和产业项目加快开工建设,江门市商务局制定《江门市商务局关于激励新投资的实施办法》。该实施办法主要包括两项扶持。

1. 鼓励新投资或增资扩产先进制造业重大项目

对2020—2022年新引进(含增资扩产)的、承诺3年内固定资产投资累计达10亿元以上的先进制造业项目,当实际固定资产投资达2亿元,可给予一次性1000万元奖励。先进制造业项目指广东省培育发展的十大战略性支柱产业集群和十大战略性新兴产业集群行动计划支持范围的制造业项目。固定资产投资指土地、厂房建设、设备购买的投入,以实际发票和行政性收据为准。

2. 鼓励产业项目加快开工建设

对2020年新引进(含增资扩产)并动工建设的投产1亿元(含1亿元)以上的产业项目,按2020年7月至12月实际到位的固定资产投资分档给予一次性奖励。

(六)出台《江门市科学技术局关于科技金融扶持资金操作细则》

为落实党中央、国务院提出的大众创业、万众创新的重大部署,深入实施创新驱动发展战略,中国创新创业大赛聚集和整合各种创新创业资源,采用"政府主导、公益支持、市场机制"的方式,旨在搭建为创新创业服务的公共平台,弘扬创新创业文化,营造良好创新创业氛围,支持中小微企业创新发展,推进大众创业、万众创新。江门市科学技术局于2021年5月发布《江门市科学技术局关于科技金融扶持资金操作细则》,旨在促进科技与金融深度结合,鼓励银行等金融机构开展科技信贷特色服务,拓宽科技型中小企业融资渠道,解决企业融资难、融资贵问题,帮扶企业持续创新发展。

该操作细则规定,纳入扶持范围的对象主要有三类:一是创新创业大赛类,获得中国创新创业大赛江门市分赛区成长组特等奖和一、二、三等奖;初创组一、二、三等奖的科技型中小企业;入围中国创新创业大赛全国总决赛的项目。二是科技贷款贴息类,2020年以来在创新创业大赛中获奖和获评"无限创新"江门科学技术奖的科技型中小企业。三是科技保险补助类,对已纳入科技信贷风险准备金支持的科技型中小企业。

创新创业大赛补助、科技贷款贴息、科技保险补助扶持采用事后补助方式,按年度一次性拨付。

(七) 出台《江门市科技企业孵化载体认定管理办法》

科技企业孵化器是为中小企业培育和扶植高新技术的机构。孵化器通过为新建科技型中小企业提供物理空间和基础设施,提供一系列服务支持,降低创业风险和成本,提高创业成功率,促进科技成果转化,帮助和支持科技型中小企业的成长和发展,培养成功的企业和企业家。对促进国家高新技术产业发展和区域经济社会繁荣发展具有重要作用。江门市2015年出台的孵化政策已相继到期失效,为进一步规范江门市科技企业孵化载体的认定管理,江门市科学技术局修订印发了《江门市科技企业孵化载体认定管理办法》,以推动江门市科技孵化育成体系发展。

该办法具有如下特色和亮点。

第一,根据省相关政策指引,首次将众创空间、孵化器、加速器、大学科技园等孵化载体的管理集合在办法中,统称"科技企业孵化载体"。科技企业孵化载体包括四类,一是科技企业加速器,以高成长科技企业为服务对象;二是众创空间,以创业者、创业团队、初创企业为服务对象;三是科技企业孵化器,以科技企业为服务对象;四是大学科技园,将科教智力与市场优势创新结合。

第二,首次将"市级科技企业加速器认定"纳入管理,引导孵化建设围绕"众创空间—孵化器—加速器"一体化的科技企业孵化链条发展。

第三,对各类市级孵化载体的认定条件给予更加明确的量化指标,积极推动科技企业孵化载体建设上新水平。

第四，加强了孵化载体的动态管理，明确对信息变更、运营评价、资质取消、申报真实性要求等方面规范孵化载体的管理。

二、江门市知识产权发展状况

在上述一系列政策和制度的引导和支持下，2021年江门市的知识产权事业更进一步，在知识产权的创造、管理、保护、运用等各个方面均取得了不错的成绩。

（一）知识产权企业发展状况

1. 江门市高新技术企业数量继续增加，增幅明显

截至2021年12月底，2021年江门市被认定为高新技术企业的共有1412家，远超2020年的689家，增幅达105%（见图12-1）。❶

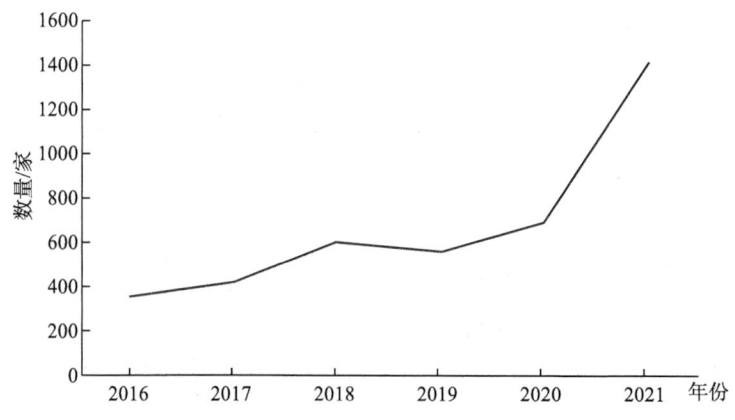

图12-1 2016—2021年江门市高新技术企业数量

---

❶ 广东省科学技术 广东省财政厅 国家税务总局广东省税务局关于公布广东省2021年第三批高新技术企业名单的通知［EB/OL］.（2022-03-28）［2022-04-28］. http：//gdstc. gd. gov. cn/gkmlpt/content/3/3895/post_3895984. html#723；广东省科学技术厅 广东省财政厅 国家税务总局广东省税务局关于公布广东省2021年第一批、第二批高新技术企业名单的通知［EB/OL］.（2022-02-23）［2022-03-23］. http：//gdstc. gd. gov. cn/gkmlpt/content/3/3818/post_3818488. html#723。

2. 江门市知识产权优势企业和示范企业发展状况进步明显

根据国家知识产权局公布的 2019 年度国家知识产权优势企业名单，2019 年，江门市有 8 家企业被评为国家知识产权优势企业，分别是广东绿岛风空气系统股份有限公司、江门崇达电路技术有限公司、江门大诚医疗器械有限公司、量子高科（中国）生物股份技术有限公司、广东华辉煌光电科技有限公司、台山市心华药用包装有限公司、开平市瑞霖淋浴科技有限公司、敲开电气有限公司。❶ 之前江门市国家知识产权优势企业仅 1 家，2019 年进步十分显著。

2021 年，江门市 18 家企业凭借优秀的知识产权创新、管理与运用能力，被认定为广东省知识产权示范企业，数量创历史新高，分别是广东东吉智能设备有限公司、广东芳源环保股份有限公司、广东华鳌合金新材料有限公司、广东金莱特电器股份有限公司、广东聚科照明股份有限公司、广东月福汽车用品有限公司、广东自由之光照明实业有限公司、海鸿电气有限公司、汉宇集团股份有限公司、鹤山市协力机械有限公司、江门杰能刀剪装备科技有限公司、江门市柏兰登照明有限公司、江门市得实计算机外部设备有限公司、江门市德众泰工程塑胶科技有限公司、江门市皇宙实业有限公司、励福（江门）环保科技股份有限公司、派洛奇科技（广东）有限公司、天地壹号饮料股份有限公司。少于中山市（24 家）、珠海市（21 家），与惠州市（16 家）差距不大，超过了肇庆市（14 家）、清远市（6 家）、韶关市（7 家）。❷

目前，江门市被认定的国家知识产权优势企业有 9 家、省知识产权示范企业有 36 家、省知识产权优势企业有 37 家、市知识产权示范企业有 187 家。近年来，江门市市场监督管理局采取多项措施，通过加强知识产权管理体系、服务体系和维权体系建设，提高知识产权应用效益，提高知识产权服务水平，营造良好的知识产权人文社会环境，从而打通知识产权创造、应用、保护、管理和服务的全链条，打造强大的知识产权保护体系和高效的应用转化模式，形成高质量的知识产权发展格局。同时，连续四年举办知识产权宣传周，积

---

❶ 国际知识产权局［EB/OL］.［2019-12-11］. https：//www.cnipa.gov.cn/art/2019/12/11/art_75_132176.html.

❷ 粤知保协发字〔2021〕36 号 - 2021 年度广东省知识产权示范企业认定结果公示［EB/OL］.（2021-12-10）［2022-3-10］. http：//www.gdippa.com/news/detail.aspx? ChannelId =020202&ID =610818.

极营造保护创新、促进创新意识、创新精神迸发的良好知识产权氛围。通过科学引导企业进行专利培育布局，申请知识产权示范企业，培育优势企业，促进企业增强知识产权保护意识，加快自主创新步伐。企业申请知识产权示范企业和优势企业的积极性不断提高。

(二) 知识产权取得状况

1. 专利申请量连年增长

2020 年广东省共申请专利 905277 件，同比增长 12.08%。其中发明 204227 件，实用新型 444402 件，外观设计 256648 件。江门市申请专利 20085 件，总体比 2019 年同期下降 1.9%，增幅下降，增长率低于广东省总体水平。其中发明 3367 件，同比增长 10.21%；实用新型 9834 件，同比增长 12.71%；外观设计 6884 件，同比下降 20.83%。总体上，江门市的专利申请量有所下降，发明申请量与 2019 年相比增加，实用新型、外观设计申请量下降幅度较大。

2. 专利授权量继续保持增长

2021 年，广东省共授权专利 872209 件，同比增长 22.89%，其中发明 102850 件，实用新型 484320 件，外观设计 285039 件。江门市共获得专利授权 21272 件，同比增长 25.94%。其中发明 964 件，同比增长 54.49%，发明授权量具有明显上升；实用新型 12827 件，同比增长 47.40%，实用新型的授权量也有明显上升；外观设计 7481 件，同比下降 1.11%。总体上，江门市 2021 年的专利授权量有所上涨，发明、实用新型授权量增幅明显，外观设计授权量略微下调。截至 2021 年年底，全市发明专利拥有量 5096 件，同比增长 11.5%，发明专利申请量和授权量实现"双增长"（见图 12 - 2 和图 12 - 3）。[1][2]

---

[1] 江门一季度发明专利授权量同比增长超两成 [EB/OL]. (2022 - 04 - 26) [2022 - 04 - 30]. https：//www.sohu.com/a/541532954_120046696.

[2] 2020 年 1 - 12 月各市专利授权情况 [EB/OL]. (2021 - 03 - 30) [2022 - 04 - 30]. http：//amr.gd.gov.cn/gkmlpt/content/3/3251/post_3251873.html#3066.

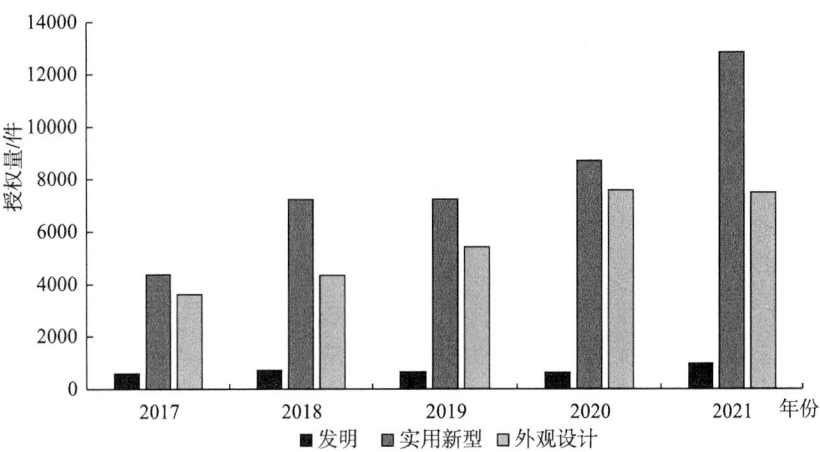

图 12-2　2017—2021 年江门市专利授权量统计

3. 有效发明专利量继续增加

截至 2021 年 12 月，广东全省有效发明专利量升至 439607 件，江门市 5096 件，排名全省第八位。❶

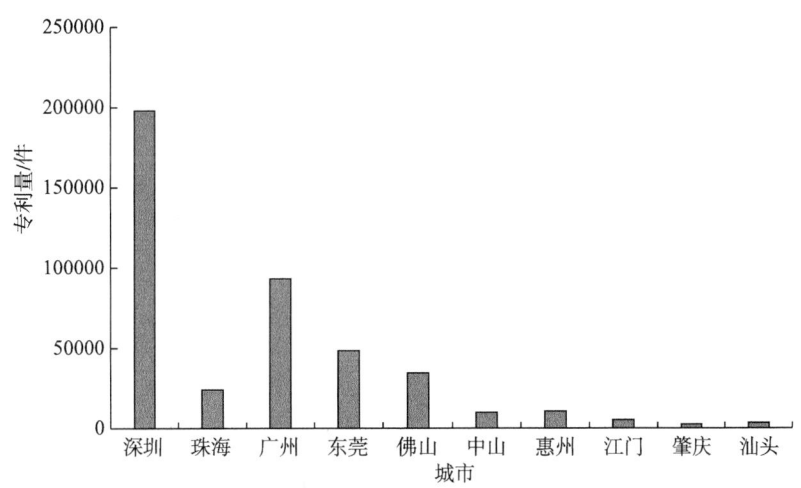

图 12-3　2021 年广东省部分城市有效发明专利量

---

❶　广东省截至当月底各市有效发明专利量（知识产权）[EB/OL].[2022-05-01]. http://gddata.gd.gov.cn/data/dataSet/toDataDetails/29000_02600057.

4. 商标申请量小幅下降，注册量继续大幅度攀升

2021 年，广东省商标申请总量 1738500 件，注册总件数 1437978 件，有效注册量 6766377 件。其中江门市的商标申请总量、注册总件数和有效注册总量分别为 21799 件、18819 件和 97748 件。与 2020 年相比，增长率分别为 -4.99%、38.81% 和 21.40%。截至 2021 年底，江门市商标有效注册量 97748 件，同比增长 21.4%（见图 12-4 和表 12-1）。❶❷

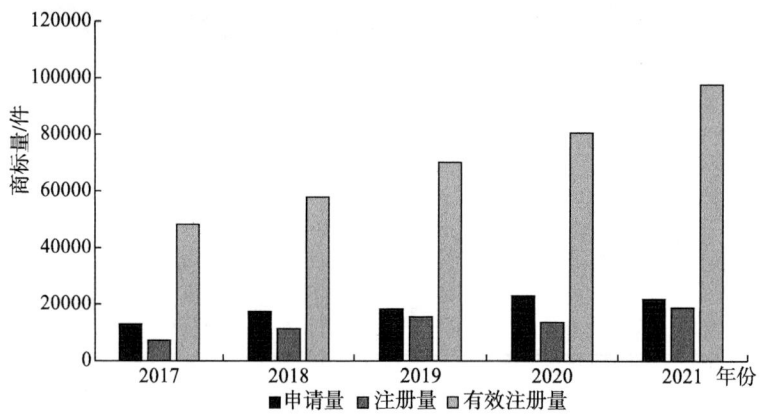

图 12-4 2017—2021 年江门市商标申请与注册情况

表 12-1 2021 年江门市商标申请与注册情况　　　　　　单位：件

地区	申请量	注册量	有效注册量
广东省	1738500	1437978	6766377
江门市	21799	18819	97748
蓬江区	5583	4820	24152
江海区	2687	2392	10936
新会区	5651	4208	20298
台山市	1900	2377	7750

---

❶ 江门一季度发明专利授权量同比增长超两成［EB/OL］.（2022-04-26）［2022-05-01］. https://www.sohu.com/a/541532954_120046696.

❷ 国家知识产权局商标局［EB/OL］.［2022-05-01］. http://sbj.cnipa.gov.cn/sbj/sbsj/202112/W020211231275404643454.pdf.

续表

地区	申请量	注册量	有效注册量
开平市	1443	1420	10669
鹤山市	1022	1022	8379
恩平市	2603	1819	7675

5. 地理标志产品培育、保护和运用情况位居前列

农业品牌建设向来是贯穿"三农"事业的助燃剂。据统计，江门市累计培育地理标志农产品 16 个、农产品区域公用品牌 48 个，数量排名居全省前列。此外，江门市培育"粤字号"农业品牌 124 个，全市"三品一标"农产品数量增至 203 个。❶

值得注意的是，江门市十分重视新会陈皮公共品牌的维护。2021 年，江门市获核准在"新会陈皮""新会柑"地理标志产品上使用地理标志专用标志的企业 64 家，累计获核准企业达 306 家。地理标志证明商标使用企业申请地理标志专用标志实现零的突破，11 家被许可使用"台山大米"证明商标的企业获准使用地理标志专用标志。江门市有 317 家企业获核准使用地理标志专用标志，占广东省获标企业数量的 39.7%，有力推进本地特色产业发展壮大，助力乡村振兴。❷

2021 年 3 月 1 日，随着《中欧地理标志协定》的生效，欧盟委员会发布公报，确认首批 100 种中国产品在欧盟境内获地理标志保护。《中欧地理标志协定》于 2020 年 9 月 14 日签署。根据《中欧地理标志协议》的要求，中国首批 100 个知名地理标志已经生效，并受到欧盟的保护，有效制止仿冒等侵权行为。中欧合作正式开启了历史性篇章。其中，江门市的"新会橙皮"被列入名单。

2022 年 4 月，《2021 中国地理标志农产品品牌声誉评价报告》正式发布，

---

❶ 食在广东，产在江门！[EB/OL]. (2021-09-13)[2022-05-10]. https://mp.weixin.qq.com/s/7_jFCuam-bSUjHcxy68OlQ.

❷ 科技引领，保护创新！江门一季度发明专利授权量同比增长超两成！[EB/OL]. (2022-04-25)[2022-05-12]. https://mp.weixin.qq.com/s/o9PLaPxRddwchuWLyHjSHA.

江门市 4 种农产品入选报告中的中国地理标志农产品品牌声誉排行榜，其中"新会陈皮"凭借 86.36 的高分入选总榜前 100 名，列全国第 64 位。《2021 中国地理标志农产品品牌声誉评价报告》由浙江大学中国农村发展研究院（CARD）中国农业品牌研究中心、浙江永续农业品牌研究院、浙江芒种品牌管理机构等科研机构联合组建的课题组撰写，课题组共选取了 1471 个获得国家相关部门登记保护的地理标志农产品品牌开展品牌声誉评价研究，形成报告。江门市入选的 4 种农产品中，"新会陈皮"以 86.36 的评分居全国中药材类品牌声誉第 8 位，并居品牌声誉总榜第 64 位；"台山大米"以 83.54 的评分居粮油类全国品牌声誉排行第 30 位，"杜阮凉瓜"和"恩平簕菜"分别以 84.09 和 83.80 的评分居蔬菜类全国品牌声誉排行第 27 位和第 34 位。

2021 年 12 月 10 日，江门市举办广东省首宗地理标志质押融资签约仪式，中国农业银行江门分行、江门农商银行与新会陈皮企业代表签订广东省首宗地理标志（新会陈皮）质押融资意向合同，授信额度超 6 亿元，这也是全国首宗超 5 亿元的地理标志质押融资项目。这宗地理标志质押融资主要针对解决陈皮产业中小企业因种植投入大、收益周期长、抗风险能力差等因素造成的流动资金不足、融资难等问题。凡是被核准使用地理标志以及地理标志商标的企业均可向相关银行申请贷款。该项业务拓宽了企业的融资渠道，有助于解决企业因缺少不动产担保而造成的融资难的问题。

2021 年 8 月 16 日，对杜阮凉瓜种植户来说是一个特别的日子。这一天，全新"杜阮凉瓜"包装盒被授予外观设计专利权（专利号 ZL202130334935.4），此举能够树立"杜阮凉瓜"优质农产品形象，让消费者可以直观分辨出真品和赝品，满足瓜农的实际需求，让"杜阮凉瓜"更具辨识度，在市场竞争中发挥应有的优势。

（三）江门市知识产权保护情况

2021 年以来，江门市领导先后 4 次对知识产权工作作出批示，多次召开市委常委会会议、市政府党组会议（常务会议）、专题工作会议研究部署知识产权工作。同时，带队调研江门市知识产权工作，积极向广东省争取对江门市知识产权工作政策支持，为推进知识产权创造、运用和保护工作注入源动力。

第12章 江门市知识产权报告

1. 司法保护情况

司法是保护知识产权的最后一道防线,保护知识产权就是保护创新。因此,通过司法保护知识产权可以激发创新活力,保障知识产权战略和创新驱动发展战略的实施。2018年,江门市中级人民法院被广东省委政法委员会指定为"在营造共建共治共享社会治理格局上走在全国前列广东首批实践创新项目"知识产权司法保护试点单位,成为除广州知识产权法院、深圳市中级人民法院之外的三家试点法院之一。2019年2月28日,江门市中级人民法院召开研究创新知识产权司法保护试点工作会议。会议确定了下一步工作任务:一是法院要深刻领悟"共建共治共享社会治理格局"的精神实质。二是要深入调研,了解行业和重点企业需求,切实形成知识产权保护共建共治共享的局面。三是法院相关部门要积极配合,真正打造江门特色社会治理创新品牌。❶ 2019年4月11日,江门市知识产权司法保护服务中心正式揭牌成立。该中心旨在为江门市市场主体提供知识产权司法保护服务的专门平台,为企业特别是重点产业、重点企业、重点领(区)域的民营经济主体提供精准有效的司法服务,如诉讼引导、建立健全企业知识产权管理制度、促进知识产权纠纷快速审理。❷ 2021年4月26日,江门市中级人民法院发布《江门市知识产权司法保护状况白皮书(2018—2020年)》。江门市中级人民法院积极推进知识产权一站式多元化解纠纷机制建设,知识产权纠纷化解平台成为江门市中级人民法院已建成的九个多元解纷平台之一。江海区人民法院与江海区市场监督管理局联合成立了"知识产权纠纷诉调对接工作室";与江海区侨联签订涉侨纠纷诉调对接机制,建立涉侨纠纷诉调对接工作室。新会区人民法院通过广东诉讼服务网采取了"视频+现场"方式进行庭审,诉讼中借助知识产权纠纷化解平台邀请新会区新闻出版局、开平市新闻出版局派员参与调解,最终将历时三年、争议较大的120宗系列著作权侵权诉讼案件全部调解,纠纷得到圆满解决。2018—2020年,江门市两级法院通过知识产权纠纷化解

---

❶ 陈明辉院长主持召开研究创新知识产权司法保护试点工作会议[EB/OL]. [2019-03-16]. http://fy.jiangmen.cn/web/content? gid=2317.
❷ 我院举行江门市知识产权司法保护服务中心揭牌仪式[EB/OL]. [2019-04-12]. http://fy.jiangmen.cn/web/content? gid=2285.

平台委托调解案件2578件，调解成功722件，调解成功率达28%。2021年，江门市市县两级法院联合广州知识产权法院成立广州知识产权法院江门诉讼服务处、江门市中级人民法院知识产权巡回审判庭、江海区人民法院知识产权法庭，创新打造"巡回法庭+诉讼服务处"江门模式并提档升级。近年来，江门市中级人民法院高度重视知识产权司法保护工作，试点工作取得一定进展，形成了"1+1+N"共建共治共享的知识产权司法保护新格局。

(1) 江门市法院知识产权案件情况

江门市一直致力于加强知识产权司法保护力度。江门法院管辖除专利、植物新品种、集成电路布图设计、技术秘密、计算机软件、驰名商标认定以及垄断纠纷案件之外的知识产权民事、行政、刑事案件。自2013年开始，江门市两级法院由专门的知识产权审判部门对辖区内的知识产权民事、行政、刑事一、二审案件进行集中管辖。具体包括：①知识产权民事案件：除专利、植物新品种、集成电路布图设计、技术秘密、计算机软件、驰名商标认定以及垄断纠纷案件之外的知识产权民事纠纷案件；②知识产权行政案件：当事人对行政机关就著作权、商标权等知识产权以及不正当竞争等所作出的行政决定不服，向人民法院提起的行政纠纷案件；③知识产权刑事案件：《刑法》分则第三章"破坏社会主义市场经济秩序罪"第七节规定的侵犯知识产权犯罪案件。

2019—2021年，江门市两级法院知识产权案件数量整体呈现快速增长态势。2019—2021年，江门市两级法院新收知识产权案件分别为2991件、6298件、15664件，两年增长423.7%；审结知识产权案件分别为2913件、6291件、15565件，两年增长434.3%。其中，涉KTV著作权侵权纠纷案件数量快速增长是重要原因（见图12-5）。❶

---

❶ 知识产权司法保护 江门法院都这么做……［EB/OL］.（2022-04-26）［2022-05-01］. https://mp.weixin.qq.com/s/bM5ZGlAOtdHbm4W70yT6xg.

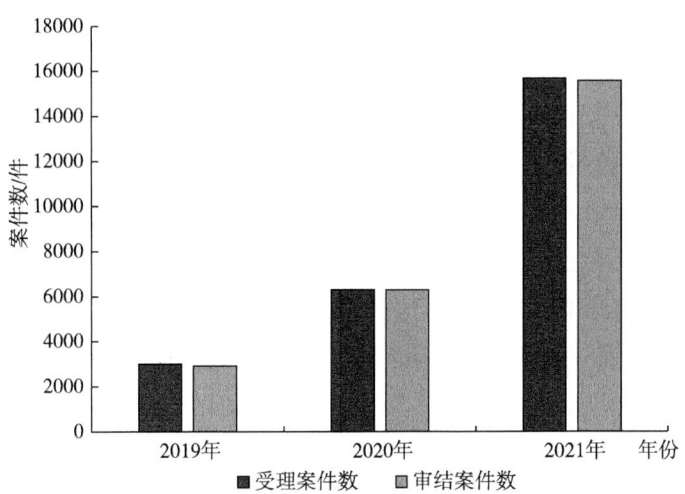

图 12-5 2019—2021 年江门法院知识产权案件审理概况

（2）江门市法院知识产权案件审理模式

江门市法院从 2017 年 1 月正式开展知识产权民事、行政和刑事审判"三合一"工作。在实施"三合一"审判机制初期，由于知识产权案件由三个基层法院集中管辖，其余四个基层法院没有知识产权案件管辖权，存在提起公诉的检察院与受理的法院不在同一个市（区），公安机关、检察院与法院衔接不畅顺等问题。为了进一步完善与公安机关、检察机关、行政执法机关的配合、协调和统一，2019 年，江门市中级人民法院与江门海关、江门市人民检察院、江门市市场监督管理局、江门市文化广电旅游体育局、江门市版权局及江门市公安局联合签署发布了《关于进一步推动知识产权"三合一"审判有效衔接的意见》，完善与公安机关、检察机关、行政执法机关的配合、协调和统一。该意见结合江门市知识产权工作的实际，从职能对接、联络机制、协调机制等方面着手，完善"三合一"审判工作机制，明确了知识产权"三合一"案件管辖、刑事案件侦查和移送衔接以及行政案件的诉讼衔接。在该意见指导下，蓬江区人民法院成立"三合一"审判领导协调小组，与公安、检察机关及其他知识产权行政执法机关建立沟通协调长效机制，加强对相关法律理论问题、程序衔接问题的研讨和合作。自实行知识产权"三合一"审判以来，江门法院知识产权案件专业化审判进一步加强，新会区人民法院审理的陈某等四人"1.11"特大假冒"爱普生""佳能"注册商标案被中国外商投资企业协会优质品牌保护委员会评为"2017—2018年度全国知识产权保护十佳案例"。

(3) 建立"繁简分流、简案快审"机制

2019年4月,江门市中级人民法院出台《关于全面推进知识产权案件快速审判的若干意见》,实现审判流程规范化、便捷化、简易化,对知识产权案件特别是对企业有重大影响的知识产权案件,通过知识产权案件绿色通道,在立审执环节提档增速。各基层法院也制定了落实知识产权案件"繁简分流"的相关政策。蓬江区人民法院对知识产权案件进行分类集约管理,建立"快立案、快审理、快执行"的知识产权维权绿色通道。江海区人民法院设立专门立案窗口,对于知识产权案件实行快速立案,做到当事人立案时只跑一次,充分保障当事人依法行使诉权。新会区人民法院制定了《知识产权案件"简案"标准》《法官助理办理知识产权"简案"工作指引(试行)》《关于知识产权"简案"庭前准备程序指引(试行)》等系列文件;同时,梳理了著作权和商标权裁判说理词库、庭审笔录模板以及要素式裁判文书模板,旨在结合繁简分流要求对知识产权案件审理要点进行梳理,在确保审理质量的情况下,加快审理速度。2018—2020年,江门市两级法院"简案"团队共审了知识产权民事案件7628件,占知识产权民事案件数量的83.61%,平均审理周期约36天,进一步缩短了知识产权案件的审理周期。

(4) 充实完善知识产权专家咨询智库

组建知识产权专家智库,聘请来自江门市不同行业不同专业领域的技术专家,成立江门法院知识产权专家咨询智库。

(5) 探索市场价值因素在侵权损害赔偿确定中的作用

发布《江门市中级人民法院关于商标权侵权损害赔偿认定的适用意见》《江门市中级人民法院关于著作权侵权损害赔偿认定的适用意见》《商标权市场经济价值评估表》以及《著作权市场经济价值评估表》,探索知识产权知名度等市场价值因素在侵权损害赔偿确定中的作用,不断细化法定赔偿适用标准。

(6) 依法加大赔偿力度,提高赔偿数额

对于具有重复侵权、恶意侵权以及其他严重侵权情节的,依法加大赔偿力度,提高赔偿数额,让侵权者付出沉重代价,有效遏制和威慑侵犯知识产权行为，营造不敢侵权、不能侵权的知识产权保护氛围。

（7）推进知识产权纠纷非诉讼解决便捷机制

江门市法院推动与人民调解、行政调解、仲裁等纠纷解决方式的衔接，发挥行业协会、专业部门和专业人士等的沟通协商、参与调解的作用，扩大邀请协助调解的案件范围，实质性定纷止争，印发《江门市中级人民法院关于知识产权纠纷诉前调解工作指引（试行）》，不断完善知识产权多元化纠纷解决机制，推进知识产权一站式多元化解纠纷机制建设。

（8）建立知识产权行政执法与民事司法证据互通互认机制

江门市中级人民法院与江门海关、江门市市场监督管理局、江门市文化广电旅游体育局及江门市版权局联合签署了《关于知识产权行政执法与民事诉讼证据互通、互认的意见》，依法促进知识产权行政执法标准与司法裁判标准的统一，提升行政执法和司法公信力，实现"一案双查"破除举证难题，其所确定的证据清单，能够统一审判要素和行政执法的证据需求，加大双方证据互认互通力度，从而更全面、更有效地获取证据。

（9）不断减轻权利人举证负担

与江门市司法局联合签署《关于在知识产权案件中适用律师调查令的办法（试行）》，建立知识产权案件调查令制度和律师诚信黑名单共享制度，进一步减轻权利人举证负担，规范律师执业行为。

（10）构建知识产权诉讼诚信系统

在与江门海关、江门市公安局、原江门市工商局、江门市科学技术局联合印发《关于建立知识产权信息共享协作机制的意见》的基础上，推动建立行政机关知识产权违法数据与司法机关知识产权侵权数据共享数据库，构建知识产权诉讼诚信系统。

（11）创新知识产权司法保护服务机制

由江门市中级人民法院主导，五邑大学、江门市工商业联合会、江门市律师协会及各市（区）法院共同建立专门平台，为江门市民营企业特别是摩托车、卫浴、食品等支柱产业和知识产权密集行业提供精准有效的司法服务，形成同频共振的共建局面。这是广东省首个由法院主导为市场主体提供知识产权司法保护服务的专门性平台，充分发挥工商联桥梁纽带作用，整合法律服务和法治教育资源，推动实现司法服务优质化、高效化、精细化、多样化，全面构建以司法为主导，具有江门特色的知识产权保护共建共治共享新格局。

2. 行政保护情况

司法保护作为知识产权保护的最后一道防线，具有被动性的特征，而行政执法能够主动、快捷地制止知识产权的侵权行为，是知识产权保护中不可替代的重要部分。行政执法部门既可以依权利人的申请，及时制止有关侵权行为；也可以依自身职权主动展开调查，并对侵权纠纷进行处理。同时配合上门查处、扣押等执法措施，以及没收、罚款等行政处罚手段，保障知识产权权利人的合法权益。

（1）2021年专利纠纷案件收结情况❶

行政执法办理的知识产权案件可分为专利纠纷案件（包括展会、电商领域专利纠纷等）以及查处假冒专利行为，其中专利纠纷案件包括侵权案件和其他。2021年，广东省行政执法部门受理专利纠纷案件共计6754件，其中江门市受理49件，占全省的0.73%。

在结案数量方面，2021年，全省专利纠纷案件结案共计6641件，其中，江门市结案39件，占比0.59%。

（2）专利行政执法情况

2021年，江门市受理和审结的案件中，受理专利侵权纠纷案件47件，其他2件，结案39件；立案假冒专利行为案件2件，结案1件（见表12-2）。

表12-2 2016—2021年江门市专利行政执法案件统计

年度	纠纷案件受理/件			纠纷案件结案/件		
	侵权	其他	查处假冒专利行为	侵权	其他	查处假冒专利行为
2016	18	—	2	6	—	2
2017	36		1	47		1
2018	13		2	0		2
2019	10		0	12		0

❶ 专利行政执法案件量统计（知识产权）[EB/OL].[2022-05-02]. http://gddata.gd.gov.cn/data/dataSet/toDataDetails/29000_02600055.

续表

年度	纠纷案件受理/件			纠纷案件结案/件		
	侵权	其他	查处假冒专利行为	侵权	其他	查处假冒专利行为
2020	19	1	0	—		
2021	47	2	2	39		1

3. 检察知识产权保护情况

(1) 建立全市首个涉知识产权检察业务"四合一"集中办理工作机制

为全面提升涉知识产权检察工作专业化水平，加强知识产权全方位综合性司法保护，服务保障创新型国家建设，新会区人民检察院探索建立涉知识产权检察业务"四合一"集中办理工作机制并于2021年4月2日在新会区人民检察院第四检察部率先挂牌设立全市首个知识产权检察办公室。该机制明确由新会区人民检察院知识产权检察办公室负责办理法律规定由该院管辖的涉知识产权刑事、民事、行政、公益诉讼案件，并进一步规范案件的受理、分流、集体讨论等流程，实现涉知识产权检察业务的"四合一"集中办理。

自新会区人民检察院设立江门市首个知识产权检察办公室以来，始终以强化知识产权综合保护为主线，集中履行刑事、民事、行政、公益诉讼四大检察职能，聚焦打击侵犯知识产权犯罪，保护企业创新成果及消费者合法权益，为助力推动新会区全力建设"首善之区"，当好江门市高质量发展标杆提供强有力的检察保障。

新会区人民检察院办理的侵犯知识产权案件中，涉案的知识产权权利人多为国内外知名品牌，如"贵州茅台""人头马""马爹利""红双喜""PRADA""BURBERRY"等，且涉案金额大。新会区人民检察院在办案过程中，将严惩知识产权犯罪与加强权益保护有机结合起来，为知识产权提供全面的司法保护。

知识产权案件认定难、办理周期长，新会区人民检察院在办理知识产权保护的相关案件中坚持提前介入全覆盖，依法提出法律适用意见，积极引导取证，强化构罪证据，提升知识产权刑事案件办理质效。涉案的外国品牌权利人应及时与其国内知识产权代理机构进行沟通，以保护外国品牌权利人的权益。无法联系的，新会区人民检察院在有关阶段公告其相关的权利和义务。

对于销售假冒注册商标的食品而侵害社会公共利益的行为，新会区人民检察院在依法追究涉案人员刑事责任的同时，依法提起刑事附带民事公益诉讼，要求侵权人承担假冒注册商标商品销毁处置等相关费用，加大违法者违法成本，守护人民群众舌尖上的安全。如办理的刘某假冒注册商标案中，刘某以散装假酒和品牌原装酒勾兑混合，再将勾兑好的酒灌装进品牌洋酒旧酒瓶，假冒"人头马""轩尼诗""马爹利"等注册品牌洋酒出售。部分假冒注册商标的洋酒已对外销售流入市场，对不特定消费者造成安全隐患。新会区人民检察院拟对刘某等人以涉嫌假冒注册商标罪依法提起刑事附带民事公益诉讼。

（2）设立江门市江海区人民检察院知识产权检察办公室

2021年4月，江门市江海区人民检察院知识产权检察办公室正式挂牌成立，同时也是广东省首个进驻国家级高新区知识产权服务平台的知识产权检察办公室。江门高新区知识产权服务平台在江海区人民检察院与企业之间搭建了一个更深、更广的平台。知识产权检察机关通过网络平台，为企业生产经营、经营管理和风险防控提供一站式司法服务，为检察机关服务企业最后一公里保驾护航。

在统一履行知识产权领域刑事、民事、行政"三检合一"办案模式基础上，构建刑事、民事、行政、公益加派驻检察室"4+1"一体化的办案机制，派驻检察室统一负责涉知识产权线索的收集、筛查、初查及两法衔接涉知识产权案件的移送，知识产权检察办公室统一办理派驻检察室移送的刑事、民事、行政、公益案件，形成知识产权办案新格局。

2021年4月2日，江海区人民检察院联合多部门会签《江门高新区（江海区）关于知识产权保护协作机制的实施意见（试行）》，江海区人民检察院知识产权检察办公室将联合知识产权行政管理部门，与江门高新区知识产权运营公共服务中心、广州知识产权法院江门诉讼服务处、江门市中级人民法院知识产权巡回审判庭等服务资源形成合力，围绕高端机电装备、新材料、新一代电子信息与通信三大战略性新兴产业，协助企业建立完善知识产权保护内部机制。

江门市江海区人民检察院知识产权检察办公室的设立，彰显了江海区检察院打击侵犯知识产权犯罪行为的决心和信心，有利于为高新区（江海区）的创新发展提供更加有力的司法保障，推动高新区（江海区）的法治建设迈上新台阶。

（3）设立开平市人民检察院司法调解中心水口知识产权工作站

为服务开平市委、市政府工作大局和落实培育发展"5＋N"产业集群总链长工作会议精神，推动开平市水口镇水暖卫浴行业知识产权服务创新，助力水口镇水暖卫浴产业健康发展，2021年8月19日，开平市人民检察院在该院派驻水口检察室设立司法调解中心水口知识产权工作站。

工作站的设立，能够使水口镇各职能部门和水口镇水暖卫浴企业充分认识到司法调解在知识产权保护中的独特作用，充分整合政府职能部门和检察机关优势资源，充分发挥政府职能部门和检察机关职能作用。

4. 建立江门市版权纠纷人民调解委员会

保护知识产权就是保护创新，服务和推动高质量发展，满足人民美好生活需要，完备的纠纷调解体系是强化知识产权保护的重要手段。江门市版权纠纷人民调解委员会依托江门市版权协会成立，是行业性、专业性人民调解组织，主要开展版权类知识产权纠纷调解，为企业等机构的版权纠纷提供快速、灵活、省钱的解决渠道，有助于强化知识产权保护工作，进一步优化营商环境。江门市司法局组建涵括知识产权等行业专业领域的312名调解专家队伍，出台《江门市人民调解"一案一补""以案定补"管理办法》和《关于调解专家劳务费支付标准的指引》。

为构建版权大保护工作格局，江门市先后成立江门市版权协会、江门市版权纠纷人民调解委员会、各市（区）版权宣传工作站，初步搭建江门市版权登记、宣传、维权的架构，版权事业的推动及落地更加有力。同时，江门市各级版权主管部门结合版权宣传周工作，深入基层群众一线，广泛开展版权知识宣传。

5. 设立广东（江门）知识产权分析评议中心

2021年4月21日，广东（江门）知识产权分析评议中心揭牌仪式在五邑大学成功举办。该中心的建立，能有效规避知识产权决策过程中的风险，实现科学决策，帮助企业优化创新路径，提高创新效率，化解知识产权风险，正确解决在知识产权实际操作中遇到的问题。该中心自成立以来，对园区内主要经济技术活动进行知识产权分析评议，培养专利信息分析人才，开展知识产权保护及维权援助服务等工作。

广东（江门）知识产权分析评议中心的成立，将瞄准人才引进、产业布局、企业上市、企业并购等重大经济科技活动，聚焦江门市重点产业开展知识产权分析评议活动，为江门市重大经济科技活动、产业布局科学决策提供专业服务，支持引导产业发展。同时，推动建立起知识产权分析评议支撑区域经济科技活动决策实施机制，填补江门区域知识产权分析评议体系的空白。

6. 设立香港特别行政区知识产权问询点

2021年10月20日起，广东省市场监督管理局（知识产权局）在粤港澳大湾区内地8个城市的12个知识产权政务服务窗口设立香港特别行政区知识产权问询点，面向公众开展香港知识产权业务一般咨询服务。该问询点的设立，有利于深入贯彻《粤港澳大湾区发展规划纲要》，全面强化粤港澳大湾区知识产权合作。

广东省市场监督管理局（知识产权局）和香港特区知识产权署经过认真研究和充分沟通，决定在深圳、广州、珠海、佛山、东莞、中山、江门、肇庆的指定知识产权业务受理窗口面向公众提供在香港特区申请商标注册、批予专利、外观设计注册相关业务的一般咨询服务。实现不用专程赴港即可了解香港特区知识产权一般性业务办理流程和相关资讯服务。江门受理窗口可以办理商标注册申请、商标变更、转让、续展等7项商标业务，为江门市场主体提供咨询服务，充分激发市场主体商标品牌意识和创业创新活力。

在粤港澳大湾区内地城市业务窗口开展香港特区知识产权业务一般咨询

服务，一方面，在粤港澳大湾区知识产权合作领域，营造良好的营商环境，满足创新主体对知识产权服务的需求；另一方面，为实现粤港澳大湾区知识产权公共服务的进一步整合和共享，积极探索构建粤港澳大湾区知识产权公共服务"一站式"平台迈出了关键的一步。

7. 举办全国首个地级市高价值专利培育布局大赛

2021年7月13日，首届江门市高价值专利培育布局大赛（以下简称"江高赛"）启动仪式在江门市顺利举行。通过举办这次大赛，希望发现、筛选出一批技术领先、市场潜力大、专利价值优势明显的创新项目，以点带面增强区域创新能力，加快融入粤港澳大湾区发展，打造知识产权保护新高地。通过江高赛这个项目展示的擂台，促进各创新主体相互学习、相互借鉴，努力提升高价值专利培育布局水平，提升核心竞争力。江高赛正以高价值专利培育为主题，将知识产权要素贯穿全过程，通过跨界融合、跨区域合作，为江门市乃至粤港澳大湾区创新发展引入源头活水，助力经济高质量发展。

此次江高赛有来自江门市企业和高校的项目72个，其中成长组43个，发明初创组29个，最终评出30个项目进入决赛。经过激烈的角逐，4个优秀项目脱颖而出。其中，由五邑大学选送的"一种碳基的柔性触觉传感器技术"项目以及江门市国彬机器人有限公司选送的"一种仿人神经网络模型行走机器人"项目获发明初创型金奖；由嘉宝莉化工集团股份有限公司选送的"一种用于建筑表面的有机无机复合硅酸盐隔热涂料的开发及应用"项目及海鸿电气有限公司选送的"一种110kV以上电压等级立体卷铁芯变压器压紧结构"项目获发明成长型金奖。

8. 设立江门市知识产权快速维权中心

2021年12月10日，江门市获批成立江门市知识产权快速维权中心，并创新采用市县共建的模式向国家申请设立中国江门开平（水暖五金）知识产权快速维权中心，着力为企业提供集知识产权快速审查、快速确权、快速维权于一体的产业知识产权快速协同保护服务。

国家级知识产权快速保护机构是经国家知识产权局同意，围绕产业发展需求开展集快速审查、快速确权、快速维权于一体，审查确权、行政执法、维权援助、仲裁调解、司法衔接相联动的知识产权快速协同保护机构，是助力产业转型升级、创新驱动发展的新路径。

江门市市场监督管理局结合江门市实际情况，定准方向，组织国家级知识产权运营平台对江门市产业发展、专利申请和维权需求等进行调查研究。根据江门市水暖五金产业集群优势突出、创新能力较强、知识产权保护需求强烈等特点，采取市县共建的模式，向国家申请设立中国江门开平（水暖五金）知识产权快速维权中心，着力构建上下联动、快速协同的知识产权保护体系。最终确定以水暖五金产业为方向申报国家级知识产权快速保护机构。

9. 其他

此外，江门市先进装备制造业知识产权保护平台建设也在持续推进。目前，江门市已成功为 LED、卫浴、家电、摩托车 4 个产业和 15 家重点行业出口企业提供专利预警分析和商标海外布局服务，引进省内外 12 家优质知识产权服务机构进驻，为企业提供知识产权咨询、检索、申请、交易、保险及维权等"一站式"服务。

（四）知识产权中介机构发展状况

2008 年发布的《国家知识产权战略纲要》把"知识产权中介服务"作为发展战略之一。截至 2018 年底，全国获得专利代理师资格证人数达到 42581 人，执业专利代理师超过 18668 人，专利代理机构达到 2195 家。近十年，我国的专利代理机构数量每年都在上涨，尤其是 2016 年开始，上涨幅度大幅提升。2020 年，全国新设专利代理机构 615 家，其中广东、北京、江苏位列前三，分别新设 98 家、97 家、93 家。2021 年，国家知识产权局共批准设立专利代理机构 734 家（见图 12-6）。❶

---

❶ 知识产权服务业 2021 年度大事件盘点 [EB/OL]. (2022-01-30) [2020-05-03]. http://zjxx.hnpatent.gov.cn/home/detail/6/9252.shtml.

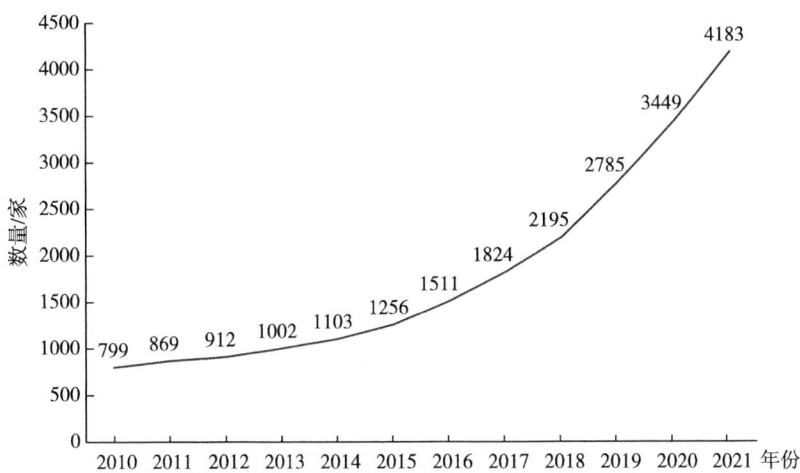

图 12-6　2010—2021 年我国知识产权专业代理机构数量变化情况

（五）知识产权人才引进和培育情况

1. 江门市人才引进情况

2021 年，江门市建成人才供给基地 11 家、博士和博士后科研平台 114 家；现有专业技术人才 21.8 万人（其中副高以上职称 2.03 万人，政府特殊津贴专家 49 人）、高层次人才 8081 人、在站博士后 74 人；支持企事业单位柔性引进两院院士、国家重点人才项目入选者、海外著名高校教授等高层次人才累计 27 人。❶ 2021 年 1 月，江门市印发《江门市博士和博士后工作管理办法》。实施产业集群人力资源支撑行动。首次发布《江门市急需紧缺产业人才目录》。实施产业工程师集聚计划，举办首次产业工程师暨博士博士后人才揭榜创新赛。连续三年承办广东"众创杯"博士博士后创新赛。在首届"520"人才节期间，举办广东省博士后创新工作交流活动、广东省制造业江门市引才合作交流会等系列活动。2021 年 6 月，作为广东省首个也是目前唯一的乡村工匠专业人才职称评价试点，评出广东省首批次 1041 名乡村工匠专

---

❶ 江门市人力资源和社会保障局 2021 年工作总结及 2022 年工作计划 [EB/OL]. (2022-01-11) [2020-05-03]. http://www.jiangmen.gov.cn/bmpd/jmsrlzyhshbzj/sylm/ghjh/content/post_2509195.html.

业人才（含工程师、助理工程师、技术员）。2021年10月，江门市出台《江门市"三支一扶"工作管理办法》，首次将新会区、鹤山市纳入"三支一扶"实施区域，全省首创评选8名"三支一扶帮扶能手"和4家"三支一扶"示范实践基地。江门人力资源服务产业园获评为首批省级人力资源服务产业园称号，举办首届广东江门人力资源服务业高峰论坛和人力资源服务业知识大赛，首次开展人力资源服务业强基赋能培训。

2. 江门市实施推进"三项工程"

近年来，江门市人力资源和社会保障局坚持高质量推进"粤菜师傅""广东技工""南粤家政"三项工程和"园区技校"项目，分类分层开展本土技能人才的全员培训计划，全力做好"定向培"文章，推动"人人能成才、行行出状元"。随着三项工程的深入推进，江门市就业创业环境不断向好，人才平台载体持续增加，从业人员的数量和质量持续提升。目前，江门市扶持开业的"粤菜师傅"彩虹计划餐饮创业项目店达到70个，获得广东省给予的1000万元资助，高标准建成了广东厨艺技工学校省级"粤菜师傅"培养示范基地及新会技师学院陈皮研发中心。❶

2021年，江门市率先发出全省首张职业培训合格证，累计发放职业培训券2.3万张，服务企业1876家次，成为全省首个双超100%完成国家、省下达任务的地级市。此外，创新打造"工匠讲堂"培训课程服务体系，有2.6万人次产业技术工人获得技能提升。江门市中家职业培训学校被评为"2020年度广东省家政服务培训示范基地"。在2021年广东省"众创杯"创新创业大赛中，江门市参赛项目获得2个金奖、3个银奖、3个铜奖的好成绩。2021年11月，江门市组建全省首个农村电商发展共同体，举办全国首个"连锁经营管理师"试点项目，扶持建设120家基层示范站，为助力乡村振兴、推动共同富裕提供了坚实的技能人才支撑。

---

❶ 江门市推进"人才倍增"工程 助力万千个体成长［EB/OL］.（2022-04-30）［2022-05-20］. https://mp.weixin.qq.com/s/baxbzOmDV5RY8TnTr_Sssw.

3. 创新用才，优化技术技能人才评价体系

"十三五"期间，江门市累计认定评定高层次人才6420人，新增专业技术人才3.45万人，新增技能人才9.52万人。❶

2018年以来，江门市大力推进深化职称制度改革，专业技术人才评价在"破四唯"中立新标。近3万名职称申报者在江门市工程、工艺美术、档案、农业系列中级职称申报中，获得取消对论文发表的硬性要求；60名专业技术人才破除学历限制直接以专利申报取得中级职称；根据传统家具从业人员、乡村工匠等专业技术人才工作特点，创新采取"专家评审+成果展示+面试答辩"评价方式，为传统行业发展培育高质量适用型人才。

2021年，广东省在全国首创发布了乡村工匠专业技术人才职称评价标准，并指定江门市作为唯一试点城市率先在全省开展乡村工匠职称评价工作。首批1041人已于2021年率先在全省取得乡村工匠职称，"江门样板"试点经验在全省推广。此外，江门市还是全省唯一具备工艺美术（传统家具）高级职称评审权限的地级市。

近年来，随着粤港澳大湾区建设的全面开展，江门市人力资源和社会保障局创新思路，在促进江港澳技能人才的职业资格互认和技能人才流动等方面积极展开探索，开展港澳及国际技能人才"一试多证"评价。全面推进职业技能等级认定工作，大力支持符合条件的行业协会、企业等开展自主评价，累计100家用人单位备案成为技能人才评价载体，进一步畅通了人才职业发展路径。

三、建议和展望

2021年江门市出台了一系列知识产权方面的政策，取得了较显著的效果，有力促进了江门市社会经济的发展。但是，江门市知识产权事业仍然存在一些不足。

---

❶ 江门市推进"人才倍增"工程 助力万千个体成长 [EB/OL]. (2022-04-30) [2022-05-20]. https://mp.weixin.qq.com/s/baxbzOmDV5RY8TnTr_Sssw.

（1）企业创新能力仍需加强。2022年政府工作报告已指出江门市仍然面临困难和挑战，如"工业发展质量不高，主导产业不够突出，科技引领能力有待加强，园区建设质量和产城融合程度有待提升。"2021年，江门市全市高新技术企业数量大幅增长，高新技术得到一定的发展。虽然国家知识产权优势企业、省知识产权示范企业增长显著，但相较于其他粤港澳大湾区城市，在知识产权优势企业和示范企业的总体数量上，江门市尚有追赶空间，仍有待进一步推动企业自主创新能力以及知识产权的保护和运用，在前期落后的情况下，继续付出更多的努力。因此，应高度重视并花大力气增强江门市企业尤其是科技型企业的创新能力，加大对企业科研投入的支持力度。推动企业自主创新能力以及知识产权的保护和运用，促进江门市企业的知识产权创新、转化和应用能力的提升，进一步优化江门市企业的结构。

（2）知识产权获取，尤其是专利申请和授权状况不佳，有效发明专利数量偏低。从目前的情况看，无论在专利申请的数量还是质量上，江门市都远远落后于广州、深圳等其他珠三角地区的城市。在专利构成中，实用新型和外观设计专利居多，发明专利则相对较少，且发明专利申请量和授权量出现了下跌趋势。值得注意的是，江门市的有效发明专利量2021年虽然居广东省第八位，但与粤港澳大湾区其他城市相比，仅高于肇庆、汕头，落后于粤港澳大湾区其他城市。总体而言，江门市的专利申请、授权数量和有效发明量跟珠三角地区其他城市相比差距悬殊。因此，江门市应该有针对性地采取以专利为核心的知识产权促进措施。江门市已经意识到这一点，于2021年7月颁布《江门市知识产权扶持专项资金管理办法》，加大对知识产权培育的扶持力度。但仍然需要进一步完善优惠与扶持政策，形成良好的竞争和激励机制，激发企业的创新积极性，鼓励企业加大自有资金投入力度。通过政府、社会与企业的多方合力，努力提升江门市以专利为核心的知识产权的成果数量和质量，尤其是提高发明专利的数量和质量。

江门市还应加大宣传和支持以专利为核心知识产权的成果的创造，激发江门市学校、个人的创新创造能力，营造一个大众创新创造的环境，而不仅仅是依靠企业推动以专利为知识产权的发展。要继续积极推动知识产权质押融资工作，引入优质知识产权金融服务机构，推动银行、保险等机构开展知识产权质押融资，充分发挥知识产权的市场价值。另外，江门市在专利代理服务方面的发展还较为落后。江门市可以加强发展专利代理服务,由申请人委托专利代理机构申请专利,提升专利申请的成功率等。通过做好以上工作来提高江门市的自主创新能力,提高以专利为核心的知识产权成果的数量和质量。

(3)知识产权保护力度尚需加强。首先,在知识产权保护的宣传、教育方面存在明显不足。就目前的情况看,江门市的知识产权保护培训和宣传工作基本上是针对企业的,面向知识产权权利人以及普通市民的相关工作几乎付诸阙如。可以通过继续开展知识产权远程教育培训,举办专利布局、专利分析、专利导航、知识产权贯标等业务培训,提高县区、企业知识产权工作水平;赴中小学校开展知识产权创新文化课,宣传知识产权相关知识,让知识产权走进校园,从小培训创新理念。在加大知识产权保护力度的同时,应积极拓宽宣传渠道进行普法教育,可采取行政执法机关、司法机关联合召开新闻发布会等方式,彰显打击知识产权侵权、犯罪行为的合力,形成震慑,或通过向社会公布并评选的方式定期发布知识产权典型案例。继续加强与法院、检察院、仲裁委员会等部门的沟通协调,与市场监管机构紧密融合,深化知识产权领域诚信体系建设,完善专利纠纷调解及运营平台建设,充分发挥知识产权维权协作单位和专家作用,服务企业提供维权帮助,为提高江门市知识产权维权援助和行政执法过程中的科学决策水平夯实基础。同时,利用新媒体传播快捷、覆盖面广等优势,通过微博、微信等网络媒体,制作知识产权保护微博专栏和手机报,普及知识产权取得、运用、保护等方面的知识。其次,江门市应加大知识产权相关数据与信息的统计与发布。虽然已发布《江门市制造业知识产权司法保护白皮书》等报告,但仍缺少全面数据与信息。江门市应加强知识产权相关数据与信息库的建设,加大对知识产权的重视与保护;最后,江门市知识产权保护协会尚待建立。2019 年,江门市成立了知识产权司法保护中心,但该中心是由江门市中级人民法院主导的,提供知识产权司法保护服务的专门性平台,并不能取代地方性知识产权保护协会,二者的定位与功能并不相同。在过去几年里,广东省知识产权保护协会以及东莞市知识产权保护协会、汕头市专利保护协会等地方性知识产权保护协会,都在知识产权的保护中起到了重要的作用。但是,江门市迄今仍未成立地方性知识产权保护协会。根据《国家知识产权战略纲要》部署,成立知识产权协会是贯彻《国家知识产权战略纲要》的重要举措之一,其目的是发挥协会在知识产权保护、运用、管理方面的能力,提高成员单位的保护知识产权水平,健全知识产权保护的社会化服务体系。

第13章 中新广州知识城知识产权报告

2021年无疑是特殊的一年，作为"十四五"的开局之年，在新冠肺炎疫情冲击下，百年变局加速演进，外部环境更趋复杂严峻和不确定，新技术、新经济、新形势对知识产权制度变革提出重大挑战。新一轮科技革命和产业变革深入发展，国际力量对比深刻，国际环境日趋复杂，新冠肺炎疫情影响广泛深远。而我国经济已由高速发展阶段转向高质量发展阶段，创新驱动发展战略深入实施，现代产业体系加快推进，高水平对外开放不断深化，我国也正在从知识产权大国向知识产权强国转变。创新是引领发展的第一动力，保护知识产权就是保护创新。2021年，中共中央、国务院相继印发《知识产权强国建设纲要（2021—2035年）》和《"十四五"国家知识产权保护和运用规划》，描绘了新时代知识产权建设的宏伟蓝图。

广州开发区作为广州东进融合的桥头堡，已经成为广州乃至粤港澳大湾区实体经济主战场、科技创新主阵地、知识产权改革主引擎。2021年，知识产权运用和保护综合改革试验取得丰硕成果，推出20项全国、全省首创清单，在全市发挥了示范引领作用，是名副其实的排头兵。

"十四五"开局以来，广州开发区高度重视知识产权工作，坚持以高质量发展为主题，以全面加强知识产权保护为主线，深入推进知识产权运用和保护综合改革试验，积极打通知识产权全链条，知识产权多项工作领跑全国，为知识产权强国建设提供了一批可复制、可推广的经验模式。商务部每年对200多家经济技术开发区综合发展水平考核评价，广州开发区综合发展水平连续6年位居全国前列。

本章将总结与分析中新广州知识城2021年知识产权发展状况，包括知识产权制度和政策，知识产权创造、保护、运营、管理和服务，区域和国际合作等，并提出相应的建议。

一、中新广州知识城知识产权制度和政策

作为国务院唯一批复同意的知识产权运用和保护综合改革试点,广州开发区也积极探索在知识产权领域衔接港澳规则,打造粤港澳大湾区知识产权政策高地。

在知识产权政策方面,率先推出"知识产权 10 条""知识产权互认 10 条"等一系列知识产权运用和保护的改革创新举措。近年来,该区出台"粤港澳知识产权互认 10 条",在全国首推湾区知识产权互融互通,成立全省首家粤港澳大湾区知识产权联盟,建设"湾创之星"(国际)青年创新创业中心、澳门青年人创新部落等港澳青年创新载体,为港澳青年在区内创新创业提供"一站式、全链条、全周期"服务,营造趋同港澳的工作生活环境。

纵观广州开发区近年来在知识产权政策领域的创新,多个"全省首创"项目引人注目。该区成立了广东省首个政企联合的"知识产权保护联盟",形成了政企之间知识产权保护的强大合力;成立广东省首家知识产权公证处,为知识产权运用和保护提供专业化、特色化公证服务,年均办理知识产权公证业务达 3000 件。

在制度创新方面,联合广东省知识产权研究会、国际争议解决及风险管理协会、澳门特区知识产权研究会以及区司法局,成立粤港澳大湾区知识产权调解中心,推动建立粤港澳大湾区共商、共建、共享的多元化纠纷解决机制。该区于 2019 年成立广东省首家粤港澳大湾区知识产权调解中心,组建 200 人粤港澳大湾区知识产权调解员队伍,其中港澳调解员共 40 人,建立了共商、共建、共享的多元化知识产权纠纷解决机制,并组建企业海外知识产权维权联盟,将海外知识产权保护服务网络覆盖到六大洲 63 个重点国家和地区。

在机制设置方面,成立知识产权工作领导小组,举全区之力推动知识产权保护工作迈上新台阶。

二、中新广州知识城知识产权发展状况

广州开发区是首批设立的国家级开发区之一,也是唯一经国务院批准开展的知识产权运用和保护综合改革试验的区域。目前,广州开发区已成为广州市实体经济主战场、科技创新主引擎,引进高层次人才总数位居全市第一,全社会研发经费投入强度高达5.7%,达到国际较高水平,科技创新实力连续三年位居全国经济技术开发区第一。

(一)企业知识产权发展状况

广州开发区内高新技术企业2128家、国家级专精特新小巨人企业32家,占全市47%。新一代信息技术、生物医药、智能制造等六大创新型产业集群蓬勃发展,2021年全区出口货值1774亿元。随着产业结构调整和"走出去"战略的持续实施,企业越来越注重运用核心技术和自主知识产权提升国际竞争力,对知识产权服务出口需求旺盛。

(二)知识产权取得状况

知识产权创造提质增效。广州开发区强化知识产权高质量创造,持续推进知识产权质量提升工程。指导企业培育高价值核心专利,提升企业出口产品核心竞争力。连续几年,全区发明专利授权量位居全国经济技术开发区第一。2021年1—12月,广州开发区发明专利授权量5464件,同比增长60.7%;全区商标批准注册量27345件,同比增长58.5%;PCT专利申请711件,居全市首位;新获中国专利奖31项,其中银奖4项。截至2021年12月,每万人口发明专利拥有量176.9件,每万人口高价值发明专利拥有量83.1件,均居全市首位。

广州开发区为大力提升知识产权质量,助力破解"卡脖子"问题,进一步加强重点产业领域高价值专利培育布局。作为首批省级实验室之一,生物岛实验室于2020年12月挂牌成立高价值专利培育中心,开展高价值专利培育工作,打造一流生物医药知识产权团队。据实验室科技成果转化部部长李

中华介绍，截至目前，该中心已累计申请专利215件，其中PCT专利申请32件，通过《巴黎公约》进入日本的专利申请4件，并已有3件获得日本特许厅授权。新冠肺炎疫情发生以来，生物岛实验室充分发挥"头雁"作用，协同相关单位，主动作为，在短时间内启动应急攻关专项，围绕新型冠状病毒性肺炎快速检测、应急药物、疫苗开发、抗疫产品等方面累计部署了16项共23个子课题，以科研成果服务国家需求。

（三）知识产权保护状况

1. 司法保护

2021年，广州知识产权法院审判质效显著提高，新收案件15244件，审结案件14297件，法官人均结案数530件，同比分别增长了10.95%、17.51%和4.5%，均创历史新高。一审服判息诉率高达90.13%，同比提高7.09个百分点。一审判决案件改判、发回重审率2.88%，同比下降0.89个百分点（见图13-1）。

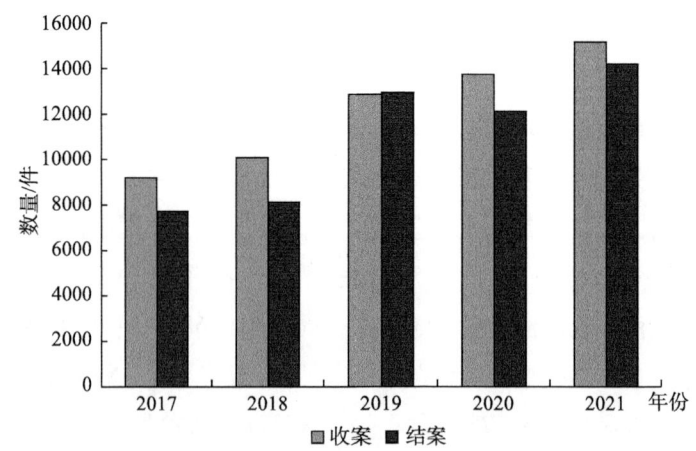

图13-1 2017—2021年广州开发区知识产权案件收结数对比

注：未包括诉前调解成功件数。

广州知识产权法院制定一审外观设计专利案件速裁指引，上线全要素审判智能辅助系统，全年分别办结一审、二审速裁案件1441件和5137件，平均结案周期分别为 98 天和 61 天。此外，诉前成功调解案件 1988 件，同比增长 97.81%，调解成功率 36.15%，快速化解了一大批知识产权纠纷（见图 13-2）。

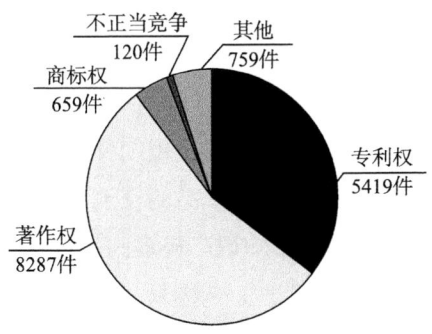

图 13-2　2021 年广州知识产权法院受理案件类型分布

广州知识产权法院充分发挥知识产权审判职能，严格知识产权保护，依法适用惩罚性赔偿，服务创新驱动发展，保障"双区""两个合作区"建设。

加强对前沿领域知识产权保护。全面加强对涉及通信、人工智能、生物医药、高端设备制造、新材料新能源、植物新品种等前沿领域和高新技术纠纷案件的审判，积极适用惩罚性赔偿措施，探索先行判决、"判决+禁令"等创新形式。如在深圳天源中芯半导体有限公司与佛山市蓝箭电子股份有限公司上海国芯集成电路设计有限公司、侵害集成电路布图设计专有权纠纷案中，就侵权事实部分作出先行判决，判令侵权人停止侵权行为，避免权利人的损失扩大。

加强科技创新成果保护。公正合理确定权利保护边界，依法保障创新创造空间，促进科技创新发展。如在美利肯公司与徐州海天石化公司发明专利权纠纷案中，依法规制优势市场主体滥用权利，维护了我国企业应有的创新权益。

加强商标保护和公平竞争秩序维护。依法严惩侵犯商业秘密行为，OPPO广东移动通信有限公司及其深圳分公司与西斯威尔国际有限公司、西斯威尔香港有限公司标准必要专利费率纠纷案、湖南快乐阳光互动娱乐传媒有限公司与广州唯思软件有限公司不正当竞争纠纷案获评"2021 年全国法院十大反垄断与反不正当竞争典型案例"。

加强对版权的保护。依法保护著作权人合法权益，促进社会主义文化繁荣。在济宁市罗盒网络科技有限公司与广东玩友网络科技有限公司等侵害计算机软件著作权纠纷案中，广州知识产权法院作出全国首份确定开源协议系具有合同性质的格式化著作权协议，并确认开源协议具有传染性的判决，对规范企业开发、利用开源软件有良好指引作用，该案获评"2021年中国法院十大知识产权案件"。在"喜剧之王"纠纷案中，依法认定正某公司与导演李某构成仿冒混淆以及虚假宣传，责令停止侵权并赔偿损失，对引导文娱行业健康发展、促进粤港澳大湾区内文化作品的交流与传播具有积极作用，该案获评"2021年中国法院50件典型知识产权案例"。

积极参与构建知识产权大保护工作格局。与国家知识产权局建立专利案件无效优先审查机制，在佛山、东莞等地巡回审判法庭设立法官工作室4个，筹建广东知识产权纠纷调解中心，健全知识产权多元解纷机制，强化知识产权全链条保护。

2. 协同保护

广州开发区大力构建知识产权协同保护模式，逐步构建起完善的知识产权保护网。集聚国家知识产权局专利局专利审查协作广东中心、中国（广东）知识产权保护中心、广州知识产权法院等一批国家级、省级、市级知识产权保护机构，各种保护资源协同联动、信息共享，形成"审查授权、行政执法、司法保护、仲裁调解、行业自律"五位一体的知识产权大保护、大协同格局。2019年11月，"知识产权大保护大协同机制"入选广州市首批优化营商环境典型经验。

2021年，全省首个政企联合的"知识产权保护联盟"成立，形成政企之间知识产权保护的强大合力。全省首家知识产权公证处成立，为知识产权运用和保护提供专业化、特色化公证服务，年均办理知识产权公证业务达3000件。建立多元化知识产权纠纷解决机制，全省首家粤港澳大湾区知识产权调解中心成立，组建200人粤港澳大湾区知识产权调解员队伍，其中港澳调解员共40人，建立共商、共建、共享的多元化知识产权纠纷解决机制。首创司法案件诉前、诉中全过程调解合作机制，覆盖各级法院及各区知识产权行政执法部门，并引入技术专家咨询制度，该机制累计完成案件调解1988件。搭建企业海外知识产权维权平台，组建企业海外知识产权维权联盟，将海外知识产权保护服务网络覆盖到六大洲 63 个重点国家和地区。进一步发挥广州知识产权法院、中国（广东）知识产权保护中心、中国版权保护中心广州版权产业服务中心、广东知识产权纠纷调解委员会、广州知识产权仲裁院等各类知识产权保护机构的作用，形成立体保护格局。

3. 企业出海知识产权保护

面对错综复杂的国际形势，2021 年 10 月，广州开发区推动全国首家知识产权保险中心——中国人保粤港澳大湾区知识产权保险中心落地，构建覆盖六大洲 63 个重点国家和地区的知识产权保护全球服务网络，进一步完善了海外知识产权保护机制。在此之前，广州开发区签订国内首张千万保额知识产权海外侵权责任险保单，为企业积极应对出海风险提供了有力支持。知识产权海外侵权责任险落地 1 年多以来，已累计为 22 家粤港澳大湾区企业提供风险保障，保额高达 7710 万元。粤港澳大湾区的京信通信系统股份有限公司首次出险保单已获理赔，国际业务逆势增长。万孚生物新冠病毒检验试剂产品覆盖全球 140 多个国家和地区，海外业务占该公司业务总量的 45%，新冠病毒检验试剂海外主营收入占该公司总收入达 80%。

（四）知识产权运营状况

一是创新发行专利商标资产证券化产品。具体来看，在知识产权金融服务方面，广州开发区分别发行了全国首支纯专利、纯商标资产证券化产品，目前已累计发行 4 支知识产权证券化产品，融资额超 10 亿元，为科技型中小企业提供更便利的新型融资渠道。

区别于传统的知识产权质押融资，知识产权证券化产品集合了若干家科技型中小企业核心专利或知名商标知识产权作为底层资产，通过许可方式形成可预期收益，在资本市场上发行资产支持计划，实现对缺乏传统抵押物的中小企业进行批量化融资，有效解决科技企业抵押物不多、融资增信方式不足、贷款期限短等难题。

二是 2021 年，全国首宗网络竞价专利项目在广州知识产权交易中心的促成下顺利成交。通过打破传统交易方式，利用网络平台和拍卖竞价的方式充分激活交易市场，鼓励意向受让方公平竞争，从而实现无形资产增值保值。近年来，交易中心积极拓展知识产权金融领域，截至 2021 年，已累计完成知识产权交易 10366 宗，交易金额 176 亿元；促成科创企业知识产权质押融资项目 267 宗，融资金额 54.41 亿元；帮助企业累计减免税收 2.08 亿元，节约融资成本 6846 万元。

三是锚定全国，知识产权运营业发展先行。为发挥财政资金的杠杆作用，带动社会资本投入，鼓励利用科技成果转移转化收益，广州开发区知识产权局于 2018 年牵头设立广州开发区知识产权运营发展基金，这是区内第一支知识产权领域的专项运营基金。首期基金，共有包括广州奥松电子股份有限公司在内的 6 家企业获得股权投资，总投资额达 5608.67 万元。在提供资金支持的同时，广州开发区还为基金已投企业提供多样化、个性化的增值服务，如知识产权咨询、IPO 申报准备等。目前，运营基金已成功助推 2 家企业分别在上海证券交易所科创板和主板上市。

四是广州开发区不断推进知识产权与金融的深度融合，在知识产权运用和保护综合改革试验工作中，深入研究企业发展轨迹，探索出一条贯穿科技型中小企业发展全生命周期的"投资基金—质押融资—证券化—上市辅导—海外保险"知识产权金融服务供应链，近三年共帮助 600 多家中小企业融资超 100 亿元。通过建设多元化的运营平台，聚焦重点产业、提升交易能力、创新金融服务，打造知识产权最佳运用区。

五是强化知识产权高效率运用，全省首推"知识产权助力科创企业上市工程"，为 1000 家培育企业、100 家潜力企业、40 家重点企业实行分层分级辅导，为每家培育企业出具科创属性评价报告，开展知识产权保护和风险预警分析，为科创企业抢滩上市科创板和创业板并开拓国际市场提供支撑。5 家培育企业突破"卡脖子"技术，区内的广州天赐高新材料股份有限公司成为特斯拉锂离子电池电解液全球唯一指定供应商，电解液销量稳居全球第一；广州方邦电子股份有限公司高性能电磁屏蔽膜打破国际企业技术垄断，市场占有率跃升全球第二。

（五）知识产权管理和服务状况

在深入推进知识产权运用和保护综合改革试验的背景下，广州开发区知识产权工作亮点纷呈。2021年,广州开发区获批国家知识产权服务出口基地,这是对该区知识产权服务出口工作的充分肯定。此外,获批成为广东省唯一开展专利代理领域对外开放试点,推动全国首批2家外国专利代理机构落户,2022年3月,广州开发区获评首批国家知识产权特色服务出口基地,有力推动出口服务高端要素加速集聚。

一是2021年10月,广州开发区启动知识产权助力科创企业上市工程2.0版,服务企业提升至1504家,为每家培育企业出具1份科创属性评价报告;从全国遴选14家品牌知识产权服务机构进一步精准"把脉",助力企业打通从IP(知识产权)到IPO(上市)的晋升之路。值得一提的是,由广州开发区相关单位出具的科创属性评价报告,对企业的持续创新能力、创新设计市场化程度、知识产权资本化进程、知识产权管理有效性等维度进行了全面分析。

二是中新广州知识城国际知识产权服务大厅揭牌并对外开放服务,包括法国诺华技术股份有限公司、新加坡盛凯知识产权公司、柳沈律师事务所、马来西亚联蔚宾大斯专利事务所在内的首批11家国际知识产权服务机构集中入驻服务大厅。该服务大厅目前已与28家国内外知识产权服务机构开展业务合作,将为创新主体提供国际知识产权信息查询、事务咨询、申请代理等专业化服务。

此外,2022粤港澳知识产权公益广告大赛、2022年粤港澳大湾区知识产权人才发展大会暨人才供需对接系列活动启动。活动将围绕"十四五"规划,大力推动粤港澳大湾区人才集聚,以专题论坛的形式探讨知识产权人才与湾区发展、知识产权教育与人才培养、知识产权人才与企业发展、知识产权保护与国际贸易安全等相关话题。同时还将以资源汇聚、精准对接为目标开展人才供需对接活动,打造"粤港澳大湾区知识产权人才供需对接"交流平台,集聚高校、企业、专业机构知识产权人才资源,实现人才供需定向对接。

(六)知识产权区域和国际合作状况

在经济全球化的今天,创新已不再局限于一国之内,而是趋于全球化,知识产权作为促进创新的重要引擎,在全球范围内,对知识产权制度达到一定程度的共识非常重要和必要，知识产权国际化是必然的发展趋势。粤港澳大湾区经济影响力和创新活力在四大湾区中位居前列，相关国际知识产权纠纷也日益增多，其知识产权发展正迈入全球布局的国际化阶段。广东省是中国第一外贸大省，在国内企业走出去和国外企业进入国内的进程中，面临的知识产权环境比较复杂，企业出口时常面临"337调查"、诉前禁令、巨额罚款等，目前中国知识产权保护保护强度不足也阻碍了全球创新资源进入大湾区。在这种情况下，通过区域和国际知识产权合作，加强相互了解、消除隔阂才能实现共赢。

世界知识产权组织技术与创新支持中心公共服务与展示空间也在活动现场正式揭牌。技术与创新支持中心是世界知识产权组织发展议程框架下的合作项目，启动于2009年，旨在向发展中国家的创新者提供依托本地的优质技术信息和相关服务，帮助其开发创新潜能并创造、运用、保护和管理知识产权。截至2021年，世界知识产权组织已经在超过80个国家和地区建立了超过1200家技术与创新支持中心。

三、建议和展望

未来广州开发区做好知识产权工作要统筹国内国际两个大局，准确识变、科学应变、主动求变。在有效应对危机中抓住新机、开拓新局，加快推进知识产权改革发展，充分发挥知识产权制度在推动构建新发展格局中的重要作用，为全面建设社会主义现代化国家提供有力支撑。

一是促进知识产权出口服务高端要素集聚。加快推进知识产权服务园区建设，充分利用国际知识产权服务大厅、世界知识产权组织技术与创新支持中心等各类开放平台，加快促进高端知识产权出口服务资源集聚，推动首批2家外国专利代理机构广州代表处获批、10家国际化服务机构进驻。

二是以更高质量推动知识产权创造运用和保护。持续开展知识产权质量提升工程，组织认定10家高价值专利培育中心，推动广州知识产权交易中心升级为中国（广州）国际知识产权交易中心，促进知识产权在国内国际双循环中加速运营转化。发挥全国首个知识产权保险中心引领示范作用，深入推广知识产权海外侵权责任险。

加强知识产权司法保护，积极推动健全公正高效、管辖科学、权界清晰、系统完备的司法保护体制。依法严打知识产权犯罪，加强民事司法保护，推进司法改革创新。加强知识产权行政保护，持续加大知识产权行政保护力度，健全便捷高效、严格公正、公开透明的行政保护体系。强化知识产权行政执法和行政裁决，完善知识产权快保护机制建设，强化重点领域知识产权保护，加强知识产权领域信用监管，提高知识产权行政保护效能。加强知识产权协同保护，加强知识产权保护协调配合，健全统一领导、衔接顺畅、快速高效的协同保护格局。加强跨部门跨区域办案协作，健全知识产权纠纷多元化解决机制，加大知识产权维权援助力度，强化知识产权保护专业技术支撑。加强海外知识产权保护进一步健全知识产权海外维权援助机制，强化知识产权海外风险防控，加强海外知识产权维权协作。健全海外维权援助体系，加强海外维权援助服务，提升海外维权意识和能力。

三是建设地理标志产品服务贸易基地。与广东省市场监督管理局（知识产权局）合作，打造面向粤港澳大湾区、示范全国、服务"一带一路"国家的地理标志服务贸易基地，举办粤港澳大湾区知识产权交易博览会暨国际地理标志产品交易博览会，提升知识产权出口服务水平。

四是进一步深化知识产权国际合作。以国际化视野谋划和推动知识产权服务出口工作，拓展国际合作的广度和深度，深化与"一带一路"沿线国家和地区以及RCEP成员国知识产权实务合作，为知识产权服务业出口搭建常态化交流平台，推动知识产权服务出口工作更进一步。

五是加强知识产权制度建设，优化知识产权政策法规体系和协调机制，提高知识产权保护工作法治化水平，健全知识产权法规体系，完善知识产权政策体系，强化知识产权保护协调机制。

六是突出知识产权高质量创造导向，坚持质量导向，完善以企业为主体、市场为导向的知识产权高质量创造机制。健全高质量创造支持政策，持续提升知识产权质量。加强高价值知识产权创造和储备，加强关键领域自主知识产权创造和储备，培育一批高价值知识产权。加强关键技术领域核心专利布局，实施商标品牌战略，培育发展优质地理标志产品，推动作品创作和高质量供给。推动知识产权与标准深度融合，促进技术、专利与标准协同发展。提高创新主体知识产权管理效能，完善标准必要专利工作机制。提高创新主体知识产权管理质量效能。

　　七是完善知识产权转移转化运用机制，完善专利导航工作体系，构建要素完备、体系健全、运营顺畅的知识产权市场运行机制。完善专利导航工作体系，优化知识产权运营管理体系，营造知识产权运营服务生态，推动重点产业和园区知识产权协同运营。提升知识产权转移转化运用效益，发挥知识产权作为联接市场和创新的纽带作用，健全运行高效顺畅、价值充分实现的知识产权运用机制。拓宽专利技术供给和价值实现渠道，推动高校和科研院所知识产权转移转化，深化发展知识产权金融。推动知识产权融入产业创新发展，构建知识产权与产业协同共生发展机制，促进产业知识产权协同运用，助力区域经济协调发展。培育发展专利密集型产业，构筑版权产业发展新优势，加强特色产业集群品牌建设，促进知识产权助力乡村振兴。

后 记

本报告是《9+2城市群知识产权研究报告》系列丛书的第四本。本报告主要聚焦于2021年9+2城市群知识产权政策、知识产权发展状况等，对发展过程中出现的问题提出了相应的对策、建议，并对未来的发展进行了展望。2021年是"十四五"规划开局之年，是贯彻落实《关于强化知识产权保护的意见》的关键之年。本书通过对11个城市的知识产权情况进行汇总研究，分析各城市的知识产权政策制度、知识产权创造、保护和运用等情况，力求推动区域城市群内外的知识产权交流与合作，有针对性地为增强和提升区域城市群知识产权创造、保护和运用提出建议。

本报告撰写分工如下：第1—3章：卢纯昕、刘诗蕾、易在成、常廷彬；第4—6章：朱晔、黄丽萍、刘晓蔚；第7—9章：王太平、叶昌富、曾凤辰、许展杰；第10—13章：刘洪华、龙著华、刘睿、欧阳福生、崔肖娜；前言和后记：常廷彬。

本报告撰写过程中得到了广东外语外贸大学校领导、广东省市场监督管理局（省知识产权局）领导、广东省知识产权保护中心领导等的大力支持。在此，对各位领导的关心、指导以及各位作者、编辑等的辛勤付出表示衷心的感谢！